KB139602

혼신의 힘

혼신의

일본을 뒤흔든 16인의 풍운아

누가 일본을 만들고, 흔들고, 버렸는가

힘

• 최석영 지음

인물과 사상사

머리말

2009년, 10년간의 일본 생활을 마치고 한국에 돌아왔을 때 많은 사람에게서 일본에 대한 질문을 받았다. 그런데, 한국에 있는 많은 사람들이 일본 현지의 정보를 상당히 상세히 알고 있었고, 분야에 따라서는 일본에서 오래 산 나보다 자세히 아는 것들도 있었다.

과거에는 한일 간의 시간 차가 있어서, 뉴스나 유행이 한국까지 전해지는 데 짧게는 며칠, 길게는 몇 년이라는 시간이 걸렸다. 하지만 인터넷이 발달한 현재, 일본에 관한 정보는 거의 실시간으로 한국에 전해진다고 해도 과언이 아니다. 과거에는 매체가 전해주는 일방적 정보만을 접할 수 있었던 일반인들이 인터넷을 통해 일본의 정보에 직접 접하는 일이 가능해졌기 때문이다.

그 와중에 재미있는 사실을 알게 되었다. 일본의 유명 스포츠 선수나 연예인, 예술가들은 한국에 상당히 잘 알려져 있지만, 일본 사회에 큰 영향을 미친 사람임에도 한국에서는 무명인 사람이 의외로 많다는 것이다. 혹은 어느 정도 알려지긴 했지만, 그 사람이 가진 여러 측면 중 한쪽

면만 강조된 경우도 많았다.

한국인들이 잘 알고 있는 스즈키 이치로나 아사다 마오 같은 스포츠 선수나 마쓰시타 고노스케, 혼다 소이치로 같은 기업가, 무라카미 하루키나 에쿠니 가오리 같은 소설가, 만화 『드래곤볼』의 도리야마 아키라나 애니메이션 감독인 미야자키 하야오 같은 인물일 것이다.

위에서 언급한 사람들이 일본의 유명인임에는 틀림이 없다. 하지만, 한국에는 잘 알려져 있지 않으면서도, 일본 사회와 일본인들의 모습을 더 잘 보여주는 사람들이 있다는 생각을 개인적으로 한 적이 많다. 그리고 그런 사람들을 소개하고 싶다는 생각을 갖고 있었다. 그러던 차에 월간 『인물과 사상』에서 내가 한국에 소개하고 싶은 일본의 주요 인물들에 대해 쓸 수 있는 기회를 얻었고, 2년 조금 넘는 기간 동안 약간은 생소한 일본의 인물에 대해 연재를 할 수 있었다. 이 책은 그중에서 16명을 추린 것이다.

우리의 예를 들자면, 한국 사회의 특징과 모순, 그리고 문제점을 이해하는 데는 외국에 잘 알려진 싸이, 김연아, 이건희, 반기문 같은 인물들을 관찰하는 것보다는, 탈주범 지강헌이나 줄기세포 사건의 황우석, 만드는 영화마다 대중의 찬사와 질시를 동시에 받는 영화감독 김기덕, 커밍아웃으로 사회적 논란의 중심에 섰던 탤런트 홍석천 같은 사람들의 행적과 그들에 대해 한국 사회가 보인 반응을 관찰하는 것이 훨씬 효과적이라고 나는 믿는다. 마찬가지로 이 책에 수록한 16명의 인물을 통해 신문이나 TV에서 보여주는 일본의 모습이 아닌, 지금껏 몰랐던 그들의 새로운 면을 발견할 수 있을 것이라고 생각한다. 그중에는 불편해서 우리가 외면하고 싶은 사실이 있을지도 모르지만, 그것을 직시하는 것이야말로 일본을 통해 우리를 똑바로 보는 계기가 될 수 있다.

2012년 한일 양국의 정권 교체 이후, 2013년은 그 어느 때보다 한일이 대립하고 양국 국민이 서로 감정의 날을 세운 한 해였다. 이러한 때에 더욱 필요한 것이 서로에 대한 이해다. 우리가 일본과 일본인을 이해하고자 할 때, 가장 돋보이고 빛나며 대중의 박수를 받는 '무대 위의 인물들'을 잘 아는 것도 어느 정도 도움이 될 것이다. 그러나 혹 역사에 좋지 않게 평가되었거나 괴짜 같다는 소리를 듣는 인물일지라도 그의 인생 행적을 그대로 볼 수만 있다면, 우리가 그들과 그들의 사회를 이해하는 데 더 유익할 것이다. 이런 '무대 뒤의 인물들'이야말로, 우리가 놓치고 있는 일본의 진면목을 보여주리라 믿는다.

2014년 2월

최석영

차례

개성파다운 사고로 새로운 길을 개척하다

현대 일본을 만든 거인들의 명과 암

1부

일본 속의 한국인들, 그 파란만장한 삶

허虛망한 바람風의 파이터

최영의

「바람의 파이터」가 만든 최배달 신드롬

•

1989년부터 1992년까지 『스포츠서울』에 연재되며 큰 인기를 모은 만화 「바람의 파이터」는 일본에서 활약한 한국계 무도인 오야마 마스타쓰大山倍達의 일대기를 다룬 작품이다. 1922년 전북 김제에서 태어난 그는 본명이 최영의이고 최배달이라는 이름으로 잘 알려져 있다. 대부분의 액션 만화나 액션 영화가 그러하듯 「바람의 파이터」 역시 실제 결투 장면이나 주인공 묘사에 작가의 주관이나 과장이 어느 정도 들어가 있다. 만화가 인기를 끌면서 거기서 묘사된 모습이 전부 진실인 것처럼 대중에게 인식되더니 언제부턴가 최배달이 한국인들에게 자부심과 긍지를 느끼게 하는 아이콘으로 자리 잡았다. 2004년 양동근 주연의 동명 영화로 만들어져 다시 한 번 세상의 조명을 받았고, 만화의 내용을 상당 부분 그대로 담은 영화 〈바람의 파이터〉는 최배달의 전설이 널리 알려지는 계기가 되었다.

우리가 인식하는 최배달은 어떤 모습인가? 일제시대에 일본으로 건너가서 혹독하고 초인적인 수련을 거듭해 가라테空手道 고수가 되어 일본과 세계의 강자를 차례차례 쓰러뜨린 영웅. 망치 같은 일격으로 소를 쓰러뜨리고, 쇠뿔을 맨손으로 내리쳐 자르는 괴력의 소유자. 가라테를 전 세계에 보급하고 세계에 수만 명의 제자를 두었으며 일본 청소년에게 존경을 받은 무도인. 이것이 한국인들의 일반적인 인식이다.

하지만 대중의 인식과 사실이 상당히 다른 경우가 얼마나 많은가. 가까운 예로 해방 이전부터 뒷골목에서 깡패로 군림하며 해방 전후 한국 현대사에서 폭력으로 이름을 날린 김두한이 영화 〈장군의 아들〉이나 드라마 〈야인시대〉를 통해 종로의 독립군처럼 그려졌지만 실제로는 종로의 깡패였을 뿐 드라마와 영화에서처럼 정의의 사도는 아니었다. 그렇다면 과연 최배달 신드롬은 어디까지가 진실일까?

일본에서 발간된 책이나 자료를 보면 최영의는 1922년 도쿄에서 태어나 유년 시절을 만주에서 보낸 것으로 나와 있다.[1] 하지만 이런 주장은 상당수가 거짓이다. 그는 전북 김제에서 태어났으며 친족과 그의 호적은 여전히 한국에 남아 있다. 더군다나 최영의는 만주 땅을 밟아본 적조차 없다.

일본에서 유명해진 재일 조선인들은 출신을 숨기곤 한다. 스포츠 선수나 연예인 등 대중의 인기에 의해 활동과 수입이 좌우되는 분야의 경우 더더욱 그렇다. 역도산이 그랬고, 마쓰다 유사쿠松田優作(일본의 배우이자 탤런트. 마이클 더글러스가 주연한 1989년작 〈블랙레인Black rain〉이 유작으로, 이 영화에서 사토 역을 맡았다)가 그랬다. 그들의 거짓말을 옹호할 수는 없지만, 그들이 처한 상황을 생각하면 이해할 수 없는 것도 아니다. 하지만 최영의에 관해서는 출신뿐만 아니라 행적에 대한 서술에 자주 이런 일이 발생한다.

최영의는 7남매 중 5번째로 태어나 윤택한 환경에서 자랐다. 농장을 경영하던 아버지 최승현은 촌장을 지낸 사람으로 재산을 쾌척해 용지보통학교(현 용지초등학교)의 설립을 돕고, 나중에는 세 아들을 일본에 유학 보낼 정도의 자산가였다. 최영의는 초등학교를 졸업하고 혼자 서울로 가서 유학 생활을 하는데, 유학 생활 중 여자 문제로 말썽을 일으킨 것이 화근이 되어 퇴학 처분을 받자, 비행기 조종사가 되기 위해 일본으로 밀항한다.

인생의 스승을 만나다

•

1939년 밀항하기 위해 부산에 내려가 있던 열일곱의 최영의는 조영주를 만난다. 그는 최영의보다 열네 살이 많은 1908년생으로 후일 재일 조선인 사회에서 큰 역할을 했으며 민단 단장까지 지낸 사람이다. 명문 교토대학에 있으면서 열성적인 좌익 운동을 했으나 공산주의에 대한 회의에 빠졌고 일본 정부가 공산주의자를 탄압하자 공산주의자의 길을 포기, 학교를 자퇴하고 다시 입학한 리쓰메이칸대학에서 가라테를 배우고 지인의 소개로 이시와라 간지를 만나 큰 영향을 받았다. 이시와라는 만주국 건국을 사실상 계획, 실행해서 성공시킨 유명한 군인이었지만, 상관이자 실세인 도조 히데키와의 의견 충돌로 좌천당했다가 스스로 군복을 벗고 일본으로 돌아와 사상가로 여생을 보내고 있었다.

단순한 엘리트 군인이 아니라 동서양의 역사와 문화, 철학, 종교, 군사학 등에도 해박한 지식을 쌓은 이시와라는 만주국 건설을 위한 이념이자 자신이 주창한 '동아연맹론'을 본국에서도 설파하고 있었는데, 이 사상은 지나치게 이상적이긴 했지만, 타 민족에 지배받던 조선의 젊은 이들에게는 상당히 매력적인 것이었다. 오족협영五族協榮(일본, 조선, 만주, 중국, 몽골의 5개 민족이 협력해서 번영을 이루어야 한다는 주장)을 외치던 그는 만주국에서는 민족에 상관없이 모두 평등한 대우를 해주고 평등한 권리를 줘야 한다고 주장했다. 당시 조선 총독이던 미나미 지로가 "만주에서의 조선인 대우는 다른 민족과 평등한 수준이 아닌 일본인 수준으로 해주길 바란다"라고 요청하자 이시와라는 상급자인 미나미에게 "미나미라는 대장은 머리가 나쁜 멍청한 장군이다. 그런 요청을 받아들일 생각은 눈곱만큼도 없다고 전하라"[2]고 말하기도 했는데, 만주국이라는 이상국에서는 일본인이나 조선인이라 할지라도 타 민족과 똑같은 대우를 하고, 특권을 인정하지 않는 완전한 공존공영의 사회가 이루어지길 바란 것이다.

너무나도 이상적인 모습을 꿈꾸는 이시와라의 주장에 반신반의하던 조영주도 실제로 만나서 이야기를 나눈 뒤 그에게 감화되어 동아연맹 운동에 적극 참가한다. 이 일로 부산에 와서 동아연맹론을 전파하다가 최영의를 만나 친분을 맺은 것이다. 이 인연을 계기로 최영의는 일본에 밀항해서 친형제들이 아니라 교토에 있는 조영주를 찾아간다. 친형들이 일본에서 유학 중이었으나, 밀항자 신분으로 찾아갔다가 체포라도 되는 날이면 형들에게 나쁜 영향이 갈 것으로 생각한 것이다. 형들도 마찬가지여서 그가 온 줄 알면서도 시모노세키에 마중을 가지 못했다. 결국 최영의는 교토에 있는 조영주에게 몸을 의탁하고 그의 권유로 교토에 거주하다가 가라테에 입문했다.

교토에서 가라테를 배우며 일본 생활에 적응해가던 1940년, 전투기 조종사가 되고 싶다는 최영의를 위해 조영주는 야마나시에 있는 항공기술학교에 입학을 권한다. 비행사를 양성하는 학교가 아니라 비행기 정비사를 양성하는 민간 학교였지만, 이곳을 졸업하면 육군사관학교에 진학할 수 있는 학력 조건을 충족할 수 있었으므로 권한 것이었다. 밀항 때문에 확실한 보증인이 필요했는데 인맥이 넓은 조영주의 도움으로 무사히 입학할 수 있었다. 1940년 4월, 최영의는 열아홉의 나이로 야마나시항공기술학교에 입학한 후 1942년 9월 졸업할 때까지 야마나시에 거주했는데, 아무도 없는 지방도시는 어린 이방인에게 외롭고 힘든 곳이었다. 이 시기에 그가 좋아한 파스칼의 『팡세』 중 "정의 없는 힘은 압제이고 힘없는 정의는 무능하다"라는 말은 최영의의 머릿속에 좌우명으로 자리 잡는다.

항공기술학교 졸업 후 꿈에도 그리던 일본육군사관학교에 응시하지만 입학시험에서 떨어진다(이것은 최영의의 주장으로 확인이 불가능하다). 이것은 어쩌면 그에 대한 후대의 평가가 완전히 달라지는 계기이기도 했다.

육군사관학교에 입학했다면 그는 틀림없이 현재 한국 사회에서 친일파로 손가락질 받았을 것이기 때문이다. 그는 성적이 나빠서 친일파를 면한 행운아였다.

수수께끼에 싸인 행적

•

육군사관학교 입학시험에 떨어진 최영의는 도쿄로 가서 다쿠쇼쿠대학에 입학해 재학 중 군에 입대했고, 특공대에 배치되었다가 종전을 맞아 목숨을 건졌다고 일본에 나와 있는 여러 저서에서 밝히고 있다.[3] 하지만 그의 입대에 대한 기술이 책마다 다르고 모순투성이다. 어쩔 때에는 징용이었다가 때로는 지원, 또 때로는 학도 출진이라고 주장한다. 더군다나, 학도 출진이라면 학생이어야 하는데 최영의는 다쿠쇼쿠대학의 졸업 기록은커녕 입학과 자퇴의 기록도 없다.

그의 저서 『투혼闘魂』에서는 지바 현 다테야마에 있는 항공대에 정비병으로 배속되었다가, "한목숨 바쳐 부모의 나라를 지키기 위해" 자살 특공대에 지원했다고 밝히고 있다. 적 함대를 향해 출격하는 특공대 선배들의 모습만 바라보다가 드디어 1945년 7월에 가미카제 특공대에 배속되었는데, 불과 1개월 만에 종전을 맞아 목숨을 건졌다고 한다. 하지만 이건 사실이 아니다. 다테야마의 항공대에서는 특공대가 출격한 적도, 존재한 적도 없기 때문이다.

이 문제에 대해 재일 조선인 원로들을 만나 철저하게 검증한 고지마 가즈시小島一志와 쓰가모토 요시코塚本佳子의 기록[4]에 따르면, 최영의는 특공대원이 아니라 다테야마에 있는 건설 현장 함바집의 노동자였다. 지원병이 아니라 징용공이던 것이다. 그는 왜 자신을 가미카제라고 말한 것일까?

전후 일본에서는 가미카제 출신이라고 하면 함부로 대하지 못했고 우대를 받거나 애국자로 보았다. 우익 모임이나 상이용사 모임에서도 특공대 출신은 상석에 앉는 등 좋은 대우를 받았기에 특공대 출신을 사칭하는 일이 종종 있었다. 최영의도 그에 편승하려고 했을 가능성이 높다. 그리고 이렇게 모순된 진술은 이후에도 습관처럼 나타난다.

'일본을 위해 한목숨을 바치려' 하던 최영의는 갑작스런 종전으로 인생의 목표를 잃고 방황한다. 이때의 행적에 대해 자서전이나 그에 대한 만화와 영화를 보면 도쿄에 있던 그는 일본에 상륙한 미군들이 일본인 여성을 희롱하는 것을 막아주고 미군을 흠씬 두들겨 패주곤 했다. 그가 KO시켰다고 자랑하는 미군만도 200여 명이다.[5] 기사도 정신을 발휘한 장면으로 보이지만, 그의 다른 저서에 따르면 기사도 정신과는 한참 거리가 있어 보인다. 그는 "많은 전우들이 미군에 의해 목숨을 잃었기에, 말하자면 분풀이 같은 것이었다"[6]라고 진술하는가 하면, 데이트 중인 미군과 일본 여성을 습격해서 미군을 때려눕힌 뒤 일본 여성에게 부끄러운 줄 알라고 설교까지 한다. 결국 반복되는 미군에 대한 테러로 경찰과 미군정의 추적을 받자 산속에 은거하게 되었다고 한다(이 산중 수련에 대해서도 매번 기록과 진술이 바뀌는데 정확한 근거는 없다).

그러다가 산에서 내려와 1947년 가라테 전국선수권대회에서 우승을 했고, 이번엔 도망이 아닌 본격적인 가라테 수행을 위해 기요스미 산으로 들어갔다고 알려져 있다. 하지만 이 역시 사실이 아니다. 당시 가라테 전국선수권대회는 존재하지 않았다. 후일 스스로도 인정한 사실로, 이것은 만화가 가지와라 잇키梶原一騎가 만들어낸 가공의 이야기라고 한다.[7] 그럼에도 그는 가라테 전국선수권대회 우승이라는 경력을 내세우고 그 전설에 편승했다.

최영의가 산속으로 몸을 피한 것은 미군 폭행 때문만은 아니었다. 종전 후 잠시 야쿠자의 보디가드 생활을 한 것과 재일 조선인끼리의 피비린내 나는 싸움에 참가한 것도 도망의 이유였다. 종전 후 재일 조선인 사회는 공산주의 노선을 표방하며 북한을 지지한 '재일본조선인연맹(조련)'과 반공 노선의 남한을 지지한 '재일조선건국촉진청년동맹(건청)'으로 나뉘어 격렬한 무력 투쟁을 했는데, 칼과 총을 들고 수십 명씩 트럭을 타고 상대의 거점을 공격하는 등 처절한 싸움이 계속 이어졌다. 이때 건청 지도부에 있던 조영주는 좌익 계열과의 무력 투쟁에서 열세를 만회하기 위해 사람을 끌어모으는데, 그 안에는 도쿄의 야쿠자 정건영과 최영의도 포함되어 있었다.

최영의에게 조영주는 밀항 때부터 자신을 도와주고 가라테를 가르쳐준 스승이었고, 전후에도 계속 도와준 은인인 만큼 그 요청을 거부하기는 힘들었을 것이다. 당시 건청의 인쇄물이나 자료 곳곳에서 최영의의 사진이나 이름을 볼 수 있는데, 이때 사용한 이름은 최맹호崔猛虎였다(그는 한때 오야마 모코大山猛虎라는 이름으로도 활동했다). 그의 이름 '배달倍達'은 흔히 민족적 자긍심에서 최영의가 붙인 이름이라고 알려져 있는데, 실은 그가 타향에서 점점 고국을 잊고 일본인이 되어가는 것을 경계한 조영주가 붙여준 이름이었다.

사실 일본 패망부터 최영의가 미국에 건너가는 1952년까지의 정확한 행적은 알려져 있지 않다. 그의 자서전이나 관련 책마다 차이가 있으며, 그것도 그의 일방적 진술에 의한 것이 대부분일 뿐, 객관적으로 검증할 수 있는 자료가 거의 남아 있지 않기 때문이다. 이런 과거가 의도적인 것인지 아닌지는 알 수 없지만, 그의 생애에는 수수께끼에 싸여 있는 부분이 상당하다.

무예만큼 능숙했던 언론플레이

•

1952년 최영의는 일본인 프로레슬러 엔도 고키치遠藤幸吉와 함께 미국으로 건너간다. 엔도는 유도 선수 출신으로 미국에서 프로레슬링 무대에 최영의와 함께 오르기도 했고, 나중에는 역도산과 일본 프로레슬링협회를 창설한 인물이다. 최영의는 미국에서 일본인 프로레슬러들과 같이 순회를 하면서 숱한 대결과 격투의 무용담을 만들어내는데, 무용담의 상당수가 자신의 진술 외에는 객관적 근거가 없는 경우가 많다. 미국의 프로레슬러나 격투가와 싸웠다는 이야기에서도 장소와 인명이 매번 달라지는가 하면 자신의 진술 또는 일본 언론에 직접 보낸 편지 말고는 미국에서 벌인 활약상을 확인할 수 있는 미국과 일본의 자료가 없기 때문이다.

그의 일화 중에는 '소와 싸워서 이겼다' 는 것과 '쇠뿔을 맨손으로 잘랐다' 는 것이 가장 유명하다. 인간 중에는 상대할 사람이 없어서 사나운 소를 상대로 대결하는 극한의 도전을 펼쳤다는 이야기로 잘 알려져 있

소와 사투를 벌이는 최영의. 이 대결은 뒤에 〈사나운 소와 싸운 공수가〉라는 영화로 공개되었다.

다. 미국에서 돌아온 뒤 1954년 공개적으로 소와 대결을 펼친 지바 현 다테야마에는 그의 신화를 눈으로 확인하기 위해 1,000여 명이 몰려들었다. 하지만 관중은 실망하지 않을 수 없었다. 신문에 소개된 모습과 눈앞에서 펼쳐진 광경이 너무나 달랐기 때문이다. 소는 처음부터 싸울 생각도 없이 시종일관 겁에 질려 뒤로 물러나 도망 다니기 급급했고, 최영의는 도망 다니는 소를 쫓아가 붙잡고 주먹으로 소의 머리를 때리는 김빠진 광경이었기 때문이다. 맹렬히 돌진하는 소를 상대로 정권을 날려 한주먹에 쓰러뜨리는 것이 아닌, 뿔을 비틀어 넘어뜨리는 것은 전설을 기대한 사람들에게는 시시한 광경이었다. 1956년 도쿄에서 연 두 번째 공개 대결에서도 쇠뿔을 잡고 비틀어 넘어뜨렸을 뿐 주먹으로 소를 일격에 쓰러뜨리는 장면은 볼 수 없었다.

하지만 최영의는 선전에 능했다. 소를 때려잡은 일화, 미국을 순회하며 벌인 수많은 결투에 대해 스스로 책을 펴내고, 적극적으로 언론에 기사를 투고해서 지명도를 높여가던 최영의는 1970년대에 그를 주인공으로 한 만화 「가라테 바카 이치다이空手バカ一代」의 대히트로 '전설'이 된다.

역도산과의 갈등

1950년대 힘으로 일본을 휘어잡은 또 한 명의 한국인이 있었으니, 한국에서도 유명한 역도산이 바로 그 주인공이다. 역도산과 최영의는 같은 재일 조선인이지만, 한 사건을 계기로 영원히 등을 돌렸다. 바로 역도산과 일본의 유도 영웅 기무라 마사히코木村政彦의 시합이었다.

일본 유도 역사상 최강의 선수로 전설처럼 이름이 남아 있는 기무라 마사히코. 13회 연속으로 일본유도선수권 대회를 제패하고, 무패를 기록한 채로 현역에서 은퇴하는 등 일본뿐 아니라 해외에서도 수많은 신화를 남긴 유도 선수다. 전후 프로 유도가로 전향한 기무라는 역도산과 함께 팀을 꾸려 초기 일본 프로레슬링의 스타로 큰 인기를 얻는다. 각각 유도와 스모에서 전향한 기무라와 역도산은 한 팀을 이뤄 미국 프로레슬러를 상대로 활약을 했는데, 주연은 언제나 역도산이었고 기무라는 조연이었다.

1954년, 이 두 사람의 사이가 틀어지면서 기무라가 언론 앞에서 "실제로 싸우면 내가 이긴다"고 말해 역도산과 대립했고 이것을 계기로 두 사람의 시합이 열렸다. 1954년 12월 22일 열린 이 시합은 현대판 '간류 섬巖流島의 결투'라 불리며 프로레슬링 팬뿐만 아니라 일본 열도를 후끈 달아오르게 했다(간류지마는 전설적인 검객 미야모토 무사시와 또 한 명의 당대 최고 검객 사사키 고지로가 결투를 벌인 것으로 유명한 섬이다). 프로레슬링이 각본에 의한 엔터테인먼트라서 '실전'이 아니라고 하는 사람들도 많다. 하지만 이 시합은 각본이 아니었다. 적어도 중반부터는.

일진일퇴를 거듭하던 경기는 중반 이후부터 보는 이의 눈살을 찌푸리게 하는 무참한 폭력의 링으로 변했다. 역도산이 갑자기 기무라의 얼굴을 실제로 가격하면서 불의의 일격을 당한 기무라가 비틀거렸다. 역도산은 끊임없이 주먹세례를 퍼붓고 이미 주저앉아 반격할 수 없는 그로기 상태에 놓인 기무라의 얼굴에 가차 없는 발길질을 퍼부었다. 매트에 쓰러진 상대를 짓밟기까지 하는 잔인함에 관중석에서는 환성이 사라지고, 끔찍한 광경에 눈을 찌푸린 관중 사이에선 정적만이 흘렀다. 결국 기무라가 실신하고 시합은 역도산의 승리로 끝났다. 이 시합에 대해서 역도산은 "기무라가 먼저 급소를 공격하는 반칙을 했기 때문에"라고 말했지만, 역도산이 약속을 깨고 프로레슬링이 아닌 실제 싸움을 시작했다고 보는 것이 대부분이다. 다만, 어떤 의도로 그런 행동을 했는지는 정확히 알려져 있지 않다.

유도 영웅 기무라의 너무나 처참한 패퇴와 역도산의 정도가 넘은 폭력에 항의하던 사람이 있었으니 바로 현장에 있던 최영의다. 그는 평소 존경하던 무도계 선배가 지나친 폭력으로 인사불성이 되어버리자 격분한 나머지 역도산에게 한번 붙자며 덤벼들지만, 역도산은 그를 무시하고 링을 떠났다. 이 사건을 계기로 역도산과 최영의는 상극 관계가 되었고, 역도산은 유일무이의 스타가 된 반면, 기무라는 프로레슬링계에서 종적을 감춘다.

만화에서 시작된 전설, 교쿠신카이칸을 세우다

최영의는 미국 여행에서 돌아온 뒤 미국과 유럽, 아시아를 가리지 않고 세계를 무대로 가라테의 홍보와 선전에 힘썼다. 그러면서도 무에타이나 오키나와 권법, 러시아의 삼보, 합기도, 유도, 복싱 등 다양한 격투기를 배우는 데도 게으르지 않았고, 실전을 중시한 자신만의 가라테를 연구하고 발전시켜나갔다.

그는 1954년 도쿄의 이케부쿠로에 오야마 도장大山道場을 열고, 가라테를 연구하기 시작했다. 10여 년간 오야마 도장을 중심으로 적극적인 활동을 하던 그는 1964년 3월 도장을 한층 발전시킨 교쿠신카이칸極眞會館을 설립하고, 일본 국적을 취득해 일본인 오야마 마스타쓰로 귀화한다(1963년에 귀화했다는 증언도 있다). 교쿠신카이칸의 초대 총재는 홋카이도 개발청 장관과 과학기술청 장관을 겸임하던 정계의 거물 사토 에이사쿠였다. 사토는 총재가 된 지 3개월 후에 61대 일본 총리에 오르는 등 당시 절정기의 정치가였다.

간혹 한국의 언론과 만화나 영화에서는 최영의의 일본 생활을 묘사할 때 그를 피해자처럼 다루는데, 그는 피해자가 아니었다. 조선에서 자산가의 아들로 태어났음에도 일본 군인이 되고 싶어 일본으로 밀항해서 장교가 되고자 했으나 뜻을 이루지 못했고, 일본의 우파 활동(동아연맹)과 야쿠자의 보디가드도 했으며 보수파 정객의 지원을 받기도 했다. 더군다나 1946년 그가 결혼했을 때 천황을 직접 알현할 정도의 우익 거물인 다나카 기요하루(전시에 일본 공산당의 거물이었으나 옥중 전향 후, 우익 활동가와 실업가로 활약하며 정치, 사상, 경제 등 다방면에 영향을 미쳤다)가 주례를 맡은 것만 봐도 차별받은 조선인이 아니라는 것을 알 수 있다. 교쿠신카이칸이 설립될 때 이미 최영의의 세력은 막강했다.

교쿠신카이칸을 설립한 후 운영이 순조로워 문하생들이 착실히 늘어났지만 그래도 최영의는 유명한 가라테 명인이지 지금과 같은 전설은 아니었다. 그가 전설이 된 계기는 1971년부터 1977년까지 연재된 만화 「가라테 바카 이치다이」(한국어판 제목 「무한의 파이터」)와 1973년부터 1974년까지 방영된 이 만화의 TV애니메이션이 일본 청소년들에게 폭발적인 인기를 끌면서부터다. 이 만화를 그린 가지와라 잇키는 일본에서 크게 히트한 만화인 「거인의 별巨人の星」과 「내일의 조あしたのジョー」의 원작자인데, 최영의를 직접 만나 미국 원정 시절과 산속에서의 초인적인 수련 생

유명한 가라테 명인인 최영의를 전설로 만든 것은 TV애니메이션 〈가라테 바카 이치다이〉의 폭발적인 인기였다.

활에 대해 듣고 만화로 재구성한 것이다. 만화이니만큼 사실보다는 작가가 창작해낸 부분이 많았다. 하지만 이 만화의 내용 대부분이 현재까지 사실로 알려진 것이 많다. 일본뿐 아니라 한국에까지 그대로 건너와서 〈바람의 파이터〉라는 영화를 통해 한국 사회에 널리 퍼졌는데, 흥행에는 '한 무도인의 활약' 뿐만 아니라 한국인들이 카타르시스를 느낄 수 있는 '일본을 제패한 한국인' 이라는 요소도 한몫했음을 무시할 수 없다.

교쿠신카이칸은 훗날, 전 일본 내 56개 지부에 문하생이 약 10만 명, 세계 116개국 5,000개의 지부에 문하생 약 1,200만 명을 자랑하는 국제적 조직으로 발전한다.[8] 4년마다 개최되는 세계 가라테 대회는 많은 관객을 동원하는 이벤트로 성장했고, 전 세계에 있는 도장에는 문하생이 구름처럼 모여들었다. 그렇다면 최영의가 이끄는 교쿠신카이칸의 '극진가라테' 가 크게 성공한 이유는 무엇일까? 첫째, 자세와 형식을 중시하는 일본 전통의 가라테와는 달리 실전을 중시, 실제 타격을 위주로 한 겨루기를 도입한 점, 둘째, 언론을 이용한 효과적인 홍보를 들 수 있다. 전통 가라테는 때리는 시늉만 하거나 살짝 접촉하는 정도의 겨루기를 해온 데 반해, 극진가라테는 주먹으로 얼굴을 가격하는 것 외의 타격을 허용한 실전 위주의 겨루기를 도입했다. 기존 가라테계로부터는 '싸움 가라테' 라는 소리도 들은 이 방식은 토너먼트 대회나 세계 대회에서 볼거리를 제공해 결과적으로는 극진가라테가 세계적으로 퍼져나가는 데 큰 역할을 했다.

또한 최영의는 무명이던 미국 순회 시절부터 꾸준하고도 적극적으로 언론을 이용해 자신을 홍보했다. 여론 조성법을 일찍이 꿰뚫어본 그는

타격을 허용한 실전 위주의 겨루기를 도입한 극진가라테. 때리는 시늉만 하는 기존의 일본 전통 가라테와는 달리 실전을 중시한 극진가라테는 큰 인기를 끌었고, 한때 교쿠신카이칸의 회원은 전 세계 1,200만 명에 달했다.

여러 언론사에 직접 편지를 보내 미국 시절의 무용담과 '쇠뿔을 자르는 괴력'을 소개해 이목을 끄는 데 성공하고, 유명인이 된 후에는 007시리즈로 유명한 배우 숀 코네리, 후세인 요르단 국왕, 카를로스 스페인 황태자 등이 극진가라테를 배우거나 견학하는 장면을 적극 홍보했는데, 이런 이벤트는 극진가라테가 보급되는 데 큰 위력을 발휘했다. 유명인을 간판으로 내세우는 것과 소와의 싸움 같은 쇼킹한 뉴스는 엄청난 광고 효과가 있었기 때문이다. 이후 교쿠신카이칸은 일본보다 해외에 더 많은 지부를 둔 막강한 세력으로 성장했고, 극진가라테는 정통 일본 가라테보다 더 유명한 무술로 부동의 전성기를 구가했다.

마쓰이파와 오야마파로 분열되다

•

1994년 교쿠신카이칸의 카리스마적 존재였던 최영의가 71세에 폐암으로 사망한다. 최영의의 사망 이후 교쿠신카이칸은 큰 혼란에 빠졌다. 포스트 최영의의 자리를 놓고 일대 분쟁이 일어난 것이다. 강력한 리더가 사망한 후에 후계자 자리를 놓고 내분이 일어나는 것은 동서양을 막론하고 되풀이된다. 최영의는 세계 각국에 극진가라테를 보급하는 거대 조직을 만들어놓았으면서도 죽기 전에 후계자 문제를 확실하게 정해놓지 않았다. 이것이 분열의 원인이었다.

외부의 면회나 취재에서 격리되어 있던 최영의가 사망하자, 교쿠신카이칸 간부이자 최영의의 주치의이던 우메다 요시아키가 그의 유언을 공개하며 서른하나의 젊은이 마쓰이 쇼케이松井章圭를 후계자로 발표한다. 마쓰이는 누구인가? 마쓰이의 본명은 문장규文章圭로 1963년 도쿄에서 태어난 재일 교포 2세다. 가라테에 천부적인 소질이 있어 1987년 세계 가라테 선수권 대회에서 우승을 차지하고, 최영의에게도 "30년, 아니 50년에 한 번 나올까 말까 한 인재"라며 절찬을 받은 사람이다. 총재의 귀여움을 받고 있었고, 실력 또한 최고이니 언젠가는 총재가 되리라는 평가를 받던 스타였다. 하지만 50여 명의 지부장 중에서도 막내에 가까웠고, 최영의와 오랫동안 고락을 함께한 선배들이 건재한데도 새파란 젊은이가 거대 조직의 총재가 되는 것은 놀랄 만한 일이었다. 그 시기가 너무나 급작스럽게 찾아온 것이다. 하지만 최영의의 뜻이 그렇다면 지부장들도 따를 수밖에 없었고 결국 마쓰이는 2대 총재의 자리에 오른다.

그러나 최영의의 유족이 여러 의혹을 제기하며 제동을 건다. 일단 최영의의 유언장은 친필도 아니고 본인의 서명도 없었다. 게다가 유언장의 증인에 전직 야쿠자 두목 등 의외의 인물이 포함되어서 의혹을 가중시켰다. 유족은 유언장의 진위가 의심스럽다며 전국의 지부장들에게 도움을 청했고, 마쓰이 체제로 새롭게 출발하려고 하던 교쿠신카이칸은 유족들을 선동하고 조직에 혼란을 가져왔다는 이유로 지부장 회의에서 5명의 지부장을 파문하는 등 갈등이 극에 달한다. 이미 무도장 수준을 넘은 거대한 사업이었고, 그곳의 별 같은 존재인 최영의가 사라지자 주도권 쟁탈을 두고 보기 흉한 싸움이 벌어진 것이다.

유족은 도쿄지방재판소에 유언장 무효 소송을 제기했고, 재판소는 유언장이 무효라며 유족의 손을 들어준다. 마쓰이는 고등재판소에 항고했지만 유언장으로 인정할 수 없다는 결론만 반복된다. 결국 조직은 마쓰이를 옹호하는 마쓰이파와 최영의의 부인 오야마 지야코를 옹호하는 '오야마파' 로 분열되었고, 이후에도 각 지역의 지부장들과 교쿠신카이칸 출신의 사범들이 극진이라는 이름을 마구 차용해서 유사 단체들이 난립했다. 그리고 그 단체들은 정통을 자처하며 상표권을 가지고 다시 소송을 벌여 분열은 가속화되었다.

최영의가 낳은 이단아들

•

'겨루기의 천재' 라 불리던 마쓰이는 교쿠신카이칸의 제2대 총재로 재단법인을 주식회사로 변모시켜 가라테 비즈니스에 박차를 가한다. 현재는 최영의 사망 후 사분오열되었다가 진통 끝에 다시 몇 개의 주요 계파로 통합되었으나 최영의 시절의 명성은 많이 빛바랜 상태다.

교쿠신카이칸이 낳은 또 하나의 유명인이 있다면 세이토카이칸正道會館의 이시이 가즈요시다. 오사카 지역 지부장이던 이시이는 1980년 교쿠신카이칸을 나와 독자적으로 세이토카이칸을 세웠다. 이곳은 흥행 사업과 미디어에 노출을 꾀해 가라테의 비즈니스화에 나섰는데, 이 가운데 세계적으로 대박을 터뜨린 것이 바로 한국에서도 유명한 이종격투기 대회 K-1이다. 1993년부터 개최된 K-1은 이시이의 사업 수완에 힘입어 높은 시청률을 올리는 TV의 효자 프로그램이 되었고, 수십 년 동안 연말 풍경으로 사랑받아온 NHK의 유명 프로그램 'NHK홍백가합전'(연말 결산 형식의 가요 제전)의 시청률을 위협할 정도로 큰 인기를 누리고 있다(2003년 12월 31일 벌어진 K-1대회의 순간 시청률이 43.0퍼센트를 기록할 때, NHK홍백가합전은 35.5퍼센트를 기록했다). 또한, 국제적으로도 지명도가 높아 한국의 최홍만 선수 등이 출전한 이후로 한국에서 이종격투기 붐이 일기도 했는데, 그 원류가 바로 최영의의 교쿠신카이칸에 있다는 것은 잘 알려져 있지 않다.

세이토카이칸은 본가인 교쿠신카이칸이 분열과 반목을 되풀이하는 동안 눈부시게 성장했지만, 현재는 무도보다는 흥행 사업에 더 큰 비중을 두는 듯한 모습을 보여주고 있다. 이런 모습을 보면 최영의를 신화로 만든 결정적인 계기가 된 만화 「가라테 바카 이치다이」의 제목처럼 '가라테밖에 모르는 바보空手バカ'가 '한 세대一代'에서 끝나고 만 것 같다는 생각마저 든다.

ⓒ 연합뉴스

최영의의 전력은 상당히 부풀려진 게 사실이나, 그는 누가 뭐래도 성공한 무도인이자 일본의 영웅이었다.

한국 사회에는 최영의가 일본에서 차별과 설움을 딛고 일어난 불세출의 무도가이자 한국인의 우수성을 알린 자랑스러운 존재로만 알려져 있지만, 최영의의 전력은 상당 부분 부풀려진 것이고, 증명되지 않은 것이 많다. 또한 그는 출신은 '반도' 였지만 '열도' 에서 일본인으로 살아간 사람이다. 그가 저서전에서 주장한 바를 고스란히 믿는다면 그는 "부모의 나라 일본을 위해 목숨을 바치고자" 특공대에 지원했으며, 일본이 항복하자 "분함을 이기지 못하고 운동장을 미친 듯이 뛰어다니고"[9] 일본의 청소년들에게 "일본인으로서 자신감과 용기를 심어주기 위해"[10] 노력했기 때문이다. 또한, 사토 에이사쿠 전 일본 수상을 자신이 세운 도장의 총재로 맞을 정도의 위치에 있던 그는 성공한 무도인이었다.

최영의는 수십 년간 일본의 영웅이었으며, 여전히 그의 업적은 가라테계뿐만 아니라 일본 사회에 뚜렷이 남아 있다. 사후에 일본과 한국에 가족이 따로 있었다는 것이나, 알려진 바와는 다른 부분이 많다는 것이 드러나기는 했지만, 그의 명성과 존재감은 변함없이 절대적이다. 그를 위대한 무도인으로 기억하는 일본인들은 여전히 많다.

그는 술만 먹으면 문제를 일으킨 역도산 같은 트러블 메이커도 아니었고, 스캔들이나 돈 문제 같은 것과는 거리가 먼, 그야말로 '가라테밖에 모르는 바보'였다. 하지만 사실과는 다르게 전해진 그의 모습에 한국 사회가 열광한 것은 '일본을 제패한 위대한 한국인'이라는 영웅의 모습을 우리가 갈망했기 때문은 아니었을까?

현해탄에 떨어진 이카로스

정건영

1968년 1월 4일 『경향신문』에는 이런 기사가 실렸다.

> 대한축구협회는 구랍(지난해의 섣달) 31일 재일 교포 정건영鄭建永(재일대한체육회 지부 고문), 이유천李裕天, 김세기金世基 씨 등 3명에게 그동안 한국 축구 발전에 협조해준 것을 치하하는 감사장을 전달하였다. 이들은 일본에 살고 있으면서도 한국 축구의 재건을 위해서 오래도록 물심양면의 협조를 해왔었다.

이 기사에 이름을 올린 정건영은 누구일까? 그의 인생은 재일 조선인 사회의 굴곡과 한일 정치 외교사의 이면을 그대로 대변한다고 해도 과언이 아니다. 정건영은 한일 양국의 정치, 경제, 문화, 스포츠의 산 증인이자 재일 조선인 사회의 갈등과 일본의 주먹세계를 헤쳐온 장본인이기 때문이다.

겉모습만 보자면 그는 일본에서 성공한 사업가이자 대한올림픽위원회KOC 위원을 역임하고 조국인 한국을 위해 물심양면으로 지원을 아끼지 않은 애국자였다. 하지만 그는 조직원 1,500명을 거느리고 도쿄 최고의 번화가 긴자를 주름잡던 야쿠자 '도세카이東聲會'의 보스로, '긴자의 호랑이'라 불리던 마치이 히사유키町井久之였다.

정건영은 1923년 도쿄의 재일 조선인 가정에서 태어났다. 일본으로 건너가 고철 수집상을 하던 아버지의 수완이 좋아 집안은 부유한 편이었으나 어머니가 가출을 하자 서울에 있는 할머니의 집에 맡겨져 소년 시절을 보냈다. 할머니의 사랑을 받으며 서울에서 초등학교를 마친 12세의 정건영은 아버지가 있는 도쿄로 돌아가는데, 아버지는 마치이町井라는 성을 가진 일본 여자와 재혼한 상태였다. 계모를 따라 마치이라는 성을 갖게 된 정건영은 계모와의 불화와 아버지에 대한 반발 때문에 집에 정을 붙이지 못하고 밖으로 나돌며 싸움을 일삼는데 그의 주먹은 이때부터 명성을 날린다.

1943년 센슈대학에 입학한 정건영은 도쿄 히가시나카노 일대에서 재일 조선인 청년들의 리더 역할을 하며 '인텔리 야쿠자'로 유명세를 떨쳤다. 185센티미터의 거구인데다 누구보다 주먹이 세서, 폭력을 무기 삼아 패전 후 도쿄 암시장에서 세력을 키웠다. 종전 후 일본 경찰은 연합군사령부GHQ의 지배하에서 힘을 전혀 쓰지 못해 유명무실한 존재나 다름없었고, 미군과 '반공'이라는 이념의 공통분모를 가지고 있던 그는 GHQ의 묵인 혹은 비호를 받으며 빠르게 성장했다. 상해, 공갈, 사기 등의 혐의로 열 번 넘게 체포되었으나 구치소에 들어간 것은 한 번뿐이고, 살인을 저질렀을 때도 집행유예로 풀려나는 등 언제나 솜방망이 처벌을 받았다. 그 자신은 미군과의 관계를 부인했으나, GHQ나 미 정보기관과의 유착설은 끊이지 않았다.[1]

전후 혼란기에 재일 조선인들은 억눌려 살아온 '2등 국민'이 아니었다. 오히려 일본인보다 강자로 군림해 암시장을 휘젓고 다니며 폭리를 취하기도 했다. 황국신민에서 외국인으로 바뀐 조선인들을 일본 경찰은 단속하지 못했고, 치안을 맡은 GHQ도 조선인들을 적극적으로 단속하지 않았기 때문이다. 당시 일본에 거주하던 중국인이나 조선인은 외식을 하거나 배급을 받을 수 있는 티켓을 일본인보다 쉽게 얻을 수 있었고 이것을 암시장에 내다 팔아 많은 이익을 챙겼다.[2] 당시로는 귀한 물건인 맥주까지 구할 수 있었는데, 정건영은 재일 조선인 단체가 일본 정부에서 받은 맥주 티켓을 상납받기도 했다("재일 조선인들은 툭하면 좌우로 갈라져 싸웠다. 그때 일본 주둔 연합군은 한국인과 같은 제삼국인을 일본인보다 우대했다. 가령, 일본인은 맥주를 구입할 수 없어도 한국인은 자유롭게 맥주를 사서 마실 수 있었다. 그런데 교포들은 맥주를 마셔가면서 회의를 하다 의견이 서로 안 맞으면 맥주병을 깨서 혈투극을 벌이곤 했다. 그런 소식이 들려올 때마다 실망스럽고 마음이 아팠다." 김수환 구술, 평화신문 엮음, 『추기경 김수환 이야기』, 평화신문, 2004).

재일 조선인 사회의 내분, 행동대장이 되다

•

1945년 태평양전쟁이 일본의 항복으로 막을 내리자 일본 전역에 흩어져 있던 재일 조선인들은 권익을 위해 각 지역에서 단체를 조직하고 규합해서 1945년 10월 15일 전국적인 네트워크를 결성한다. 최초의 재일 조선인 연합체인 '재일본 조선인연맹', 즉 '조련'이다. 하지만 공산주의 추종 세력이 조련의 주요 직책을 차지하자 여기에 반발하는 그룹이 탈퇴해 '재일조선건국촉진청년동맹', 즉 '건청'을 조직했다.[3] 공산주의 이데올로기를 경계로 친공과 반공의 성격을 띤 두 세력은 타국인 일본에서 총과 칼, 죽창 등을 들고 수백 명이 난투극을 벌이는 등, 피로 피를 씻는 처절한 무력 충돌을 일으켰다.

조련은 조직에서 이탈한 건청 소속원들에게 린치를 가하거나 그들의 상점을 습격하곤 했는데, 결성 초기에 힘에서 밀리던 건청은 한국인 주먹에게 도움을 요청했다. 그때 건청 편에 선 이들이 바로 정건영과 '최배달'로도 잘 알려진 극진가라테의 창시자 최영의였다. 이 두 사람이 건청 편에 서게 된 데는 후일 재일본대한민국민단(민단)의 단장을 역임한 조영주의 역할이 컸다.

조영주는 최영의와 정건영에게 동아연맹론을 전파했는데, 동아연맹론이란 중국과 만주, 일본 등 아시아의 여러 국가가 협력해서 공동으로 국방을 맡고 경제적인 협력을 하는 우호적 연대를 만들어야 한다는 것으로 일본의 엘리트 군인이자 만주사변을 일으킨 장본인인 이시와라 간지가 주창한 사상이다. 이시와라의 열렬한 지지자였던 조영주는 최영의와 정건영에게 이런 사상을 심어주었고 두 사람 역시 이 주장에 크게 공감했다. 어쩌면 이방인으로 일본에서 살아가야 하는 세 사람에게 '민족 간의 협력과 공존'을 강조한 이시와라의 주장이 매력적이었는지도 모른다.

패전 후 한때 일본 야쿠자들의 보디가드를 하던 최영의는 조영주를 도와 건청을 지켜낸 후 무도가의 길을 걸었고, 정건영은 전쟁만큼 치열했던 조련과의 무력 투쟁에서 좌충우돌하며 제 몸값을 높였다. 정건영이 히가시나카노 일대의 학생 야쿠자에서 재일 조선인 사회의 일약 유명인이 되자 그를 따르는 젊은이들은 더욱 늘어났는데, 그는 1957년에 이를 발판으로 긴자 일대를 장악하게 되는 야쿠자 조직 '도세카이'를 결성한다. 정건영은 동아연맹론을 추구하는 반공·우익 단체로 도세카이를 결성했고 스스로도 야쿠자나 폭력단으로 불리는 것을 싫어했지만, 도세카이는 분명 폭력단이었고 일본 경시청이 전국 10대 폭력단으로 지정할 정도로 큰 조직이었다.

도세카이가 1,500명이 넘는 거대 조직으로 성장하자 도쿄의 다른 폭력 조직과 긴장 관계가 형성되었다. 도쿄 일대의 전통 있는 야쿠자 조직에서 보면 도세카이는 야쿠자 세계의 신참에 불과했으나, 조직이 급성장하자 다른 야쿠자들의 경계 대상으로 떠올랐다. 서로 우호 관계를 맺고 있는 도쿄의 야쿠자들과 달리 도세카이는 홀로 고립되어 있었다.

1963년 당시 일본 최대의 야쿠자 조직은 항구도시 고베를 근거로 하는 야마구치구미였다. 전국 제패를 목표로 내건 야마구치구미의 보스 다오카 가즈오는 도쿄 지역에 진출하기 위한 거점이 필요했는데, 다오카의 부하이자 야마구치구미 하부 단체 후지카이의 두목인 한록춘이 정건영과 친한 사이였다. 한록춘은 정건영에게 다오카와 형제 관계를 맺으라 권했고 1963년 2월 두 사람은 우익 거물 고다마 요시오를 중개인으로 삼아 형제의 연을 맺는다. 이 결연식을 두고 도세카이를 인정하지 않으려는 간토 지역의 야쿠자들이 맹렬히 반대했으나 고다마가 천거하고 다오카가 인정한 이상 결국 정건영을 받아들일 수밖에 없었다. 이것은 도세카이가 야마구치구미의 하부 조직으로 들어가는 형식이었고, 일본 최대 세력인 야마구치구미의 '간판'을 가지게 된 도세카이는 1966년 해산할 때까지 도쿄의 거대 조직으로 군림했다.

한국 스포츠와 민단을 적극 지원한 애국자

1953년 휴전협정으로 한국전쟁은 막을 내렸다. 한국에 남은 것은 파괴된 도시와 가족을 잃은 시민 그리고 가난뿐이었다. 다음 해인 1954년 스위스에서 월드컵이 열릴 예정이었는데, 한국은 예선전을 치르는 일본에 선수단을 파견할 경제적 여력조차 없었다. 아시아에 배정된 티켓 한 장을 두고 예선에서 한국과 일본이 싸워야 했지만, 어려운 경제적 사정 외에도 반일감정이 강했던 이승만 대통령이 출전을 반대한 것이 큰 걸림돌이었다.

당시 재일본 대한체육회의 부회장을 맡고 있던 정건영은 한국이 일본을 누르고 본선에 진출하면 한국뿐만 아니라 재일 조선인 사회에도 큰 자신감과 용기를 줄 것이라 생각하고 적극적으로 설득에 나섰다. 형사사건 때문에 경찰의 감시하에 있던 터라 한일 간을 자유롭게 왕래할 수 없어서 심복을 서울에 보내 이승만 대통령에게 신임을 얻던 이기붕을 회유하기도 했다. 이기붕의 집에 매일 같이 사람을 보내 이승만을 설득하도록 집요하게 매달린 것이다. 결국 이승만은 체재비와 교통비를 재일 조선인들이 전부 부담하는 것을 조건으로 승락했는데 사실 정건영에게도 그럴 만한 돈은 없었다. 정건영은 일본 전역의 재일 조선인을 찾아다니며 모금 활동에 동참해달라 호소했고, 본인을 비롯해서 역도산, 신격호 등 유력 인사의 도움을 빌려 마침내 한국 대표 팀의 일본 초청을 실현시킨다.

한국 축구 대표 팀이 1승 1무의 성적으로 일본을 누르고 스위스행 티켓을 거머쥐자 한국과 재일 조선인 사회는 우승이라도 한 것마냥 열광했다. 본선에서는 비록 3패로 최하위에 그쳤지만, 당시 대표 팀의 선전은 폐허 속에 살던 한국인과 남의 땅에서 살던 재일 조선인들에게 큰 힘과 용기를 주었다. 이 모든 게 정건영의 지원 없이는 불가능했던 일이다.

그 후에도 정건영은 한국과 한국의 체육 사업에 지원을 아끼지 않았는데, 새마을운동에 거금 1,000만 엔을 쾌척하는가 하면 시합을 위해 일본을 찾은 고국 선수에 대한 지원 또한 대단했다. 특히 1964년 도쿄올림픽 때 거금을 들여 한국 선수단을 지원한 것은 한국 정부에도 높은 평가를 받아, 1966년에 손기정 등과 함께 개인 자격으로 대한올림픽위원회 위원에 위촉되었다. 당시 보도를 보면 그가 한국 스포츠계를 얼마나 지원했는지 알 수 있다.

동경을 주름잡는 사나이! 그가 바로 일본 경제계에서 널리 알려진 정건영 씨(43, 동아상호기업 사장)이다. 지난 5일 밤 세계 '레슬링' 선수권의 우승자 장창선張昌宣 선수 어머님을 돕자는 '장한 어머니 돕기 운동' 자선 파티에서 앞장선 그는 선뜻 십여만 원을 낸 바 있다. 그는 지난 30일 준공한 대한 체육회

회관에 일화 900만 원짜리 '엘리베이터'를 기증했고,……정 국무총리에게 파월장병 돕기 운동에 써달라고 100만 원을 기탁한 그는 '스포츠'인들의 기개를 떨치려고 세계의 지붕 '히말라야' 산 '다우라기리'(현용 표기법으로는 '다울라기리 Dhaulagiri')를 정복하려는 한국 산악인들의 제2차 원정이 난관에 봉착했다는 소식을 듣고 모회사 사장의 7,000'달러'에 이어 2만여 '달러'의 대부분을 부담하여 '스포츠'계에 또 한 번 화제를 던지고 돌아갔다.……1948년 런던올림픽 대회 이래 동경올림픽 대회까지 동경에 교포 올림픽 후원회를 조직하고 뒤에서 활동한 장본인이 정 씨였다는 것은 새삼스러운 일이 아닐 게다.

– 『경향신문』, 1966년 7월 13일

그는 한국의 운동선수뿐 아니라 일본을 찾는 스포츠 관계자, 정부 요인은 물론 야당 정치가에게도 술과 식사를 대접하거나 용돈을 건네는 등 지원을 아끼지 않았다. 그 가운데는 정건영이 열렬히 지지한 박정희 정권의 유력자 김종필, 최영택 등과 더불어 야당의 기수 김영삼도 들어 있었다. 정건영과 민단의 발자취를 잘 아는 한 원로는 "당시 정건영 씨에게 돈을 받지 않은 한국 정치인은 거의 없다"[4]라고 할 정도였으며, 실제로 정건영은 롯데의 창업주 신격호와 함께 민단 초창기에 재정 지원을 아끼지 않은 후원자였다.[5]

역도산과의 인연

역도산力道山은 한국 출신으로 전후 일본 레슬링계를 주름잡은 슈퍼스타이자 전설이다. 하지만 그는 한국 출신임을 숨기고 살았다. 지금과는 비교도 하지 못할 정도로 한국 출신에 대해 시선이 차가웠던 1950~1960년대에 그 사실이 밝혀지면 그간 쌓은 부와 명성을 잃을까 우려했기 때문이다. 재일 조선인 사회와도 거리를 두던 그였지만, 정건영과는 둘도 없이 절친한 관계를 유지했다. 정치가, 야쿠자, 재계 거물 등과 친분이 두터웠던 역도산은 정건영을 우익 거물 고다마 요시오, 보수 정치인 오노 반보쿠 등에게 소개했고, 정건영과 도세카이는 역도산의 보디가드 역할을 했다. 한 살 차이였던 두 사람은 주먹이라면 누구에게도 뒤지지 않았고 두주불사의 술 실력으로 의기투합해 형제처럼 친하게 지냈다.

하지만 역도산이 정건영을 대동하지 않고 한국을 방문한 일로 두 사람은 사이가 틀어진다. 역도산은 한국에서도 영웅이어서 한국 방문과 같은 큰 이벤트를 성사시킨 사람은 각광을 받을 수 있는 상황이었다. 같이 한국에 가자는 이야기를 하기도 했지만, 1963년 역도산이 상의 없이 갑작스레 한국행을 결정하자 화가 난 정건영은 부하들을 동원해 한국행을 힘으로 저지하려 했다. 하지만 역도산은 그의 부하들을 따돌리고 결국 한국행 비행기에 올라 고국인 한국에서 열렬한 환영을 받고 일본으로 돌아갔다.

이 일 이후, 두 사람 사이에는 어색한 기운이 돌았다. 그러던 1963년 12월 8일. 역도산이 거대 야쿠자 조직 가운데 하나인 스미요시잇카 소속 조직원의 칼에 찔리는 사건이 발생했다. 슈퍼스타 역도산은 술버릇이 나빠서 일단 취하면 술집 기물을 부수거나 종업원을 폭행해서 문제를 일으키곤 했다. 술집에서 소란을 피우는 손님은 그 지역을 관할하는 야쿠자 조직이 손을 보는 게 보통이었으나 역도산은 뒤를 봐주는 야마구치구미와 도세카이가 있었기에 다른 조직들도 함부로 하지 못했다. 하지만 사소한 말다툼으로 시작된 시비에서 역도산이 야쿠자를 일방적으로 폭행하자 위협을 느낀 조직원이 갖고 있던 나이프로 그를 찌른 것이다. 일단 역도산은 현장을 떠나 병원으로 향했고, 보디가드 역할을 했던 도세카이 조직원들은 사과하러 온 가해자를 무차별 폭행하고 가해자의 조직과 싸움을 벌인다(" '역도산쯤 되는 자가 풋내기 깡패와 싸우다니……' 하는 거리의 이야기는 고사하고라도, 이곳의 큰 신문들은 그의 죽음을 단순한 사고사 이상으로 다루지는 않았으며 역도산을 죽인 깡패 조직보다 그것에 맞선 도세카이[회장 마치이町井=한국 출신]를 윽박지르는 조였다." 『동아일보』, 1963년 12월 25일).

처음에는 얕은 상처라고 생각해 칼에 찔리고도 술을 마셨고 간단한 치료만 받고 귀가했다. 귀가 후 역도산은 정건영에게 전화로 사건의 자초지종을 설명했는데("칼에 찔린 스승[역도산]이 전화로 처음 이 사실을 알린 사람이 있다. 동성회(도세카이) 오야붕 정건영이다." 「나의 삶 나의 도전: 박치기 왕 김일」, 『일간스포츠』, 2006년 9월 5일), 칼에 찔렸다는 이야기에 정건영은 펄쩍 뛰며 재입원을 권했다. 성화에 못 이겨 재입원했지만, 상태가 급격히 나빠져 역도산은 칼에 찔린 지 불과 일주일 만에 갑자기 세상을 떠났다. 일본은 전후 최고의 우상을 잃었고 정건영은 허심탄회하게 속마음을 터놓을 수 있는 친구를 잃은 것이다. 장례식장에 정건영도 모습을 드러냈는데, 이때 장례위원장은 두 사람의 스승이나 다름없던 고다마 요시오였다.

도세카이 해산 후 사업가로 변신하다

•

1966년 정건영은 갑자기 도세카이의 해산 성명을 발표했다. 이시와라 간지의 동아연맹론을 바탕으로 '동東쪽(아시아)의 소리聲를 귀담아 듣는다'는 뜻을 가진 우익 단체로 발족한 도세카이는 사실상 지정폭력단이었고, 소속원도 일반인도 그렇게 생각하고 있었다.

경찰력이 전혀 힘을 쓰지 못하던 전후 일본에서 야쿠자들은 자경단 역할을 하기도 하고 정치가들의 보디가드를 맡기도 하던 존재였다. 하지만 1960년대에 들어서며 경제가 성장하고 경찰이 제 기능을 발휘하자 야쿠자는 사회에서 불필요한 존재가 되었다. 또한, 경찰이 야쿠자 섬멸 작전, 일명 정상작전頂上作戰에서 전국 10대 폭력 조직에 도세카이를 포함시켜 전에 없는 감시와 조사를 펼친 것도 해산의 큰 요인이었다. 도세카이 외에도 10대 조직이던 마쓰바카이, 혼다카이, 스미요시카이 등이 수십에서 수백 명에 이르는 조직원이 검거되는 진통을 겪으면서 자의 반 타의 반으로 해산 성명을 낼 만큼 경찰의 야쿠자 해체 작전은 효과를 거두고 있었다.

경찰의 집요한 공세가 계속되자 정건영은 조직 해체를 선언하고 스스로 '가타기堅氣', 즉 일반인으로 돌아가겠다고 발표를 했다. 도세카이를 해산하고 설립한 동아우애사업 협동조합이 그 예다. 하지만 그가 완전히 손을 씻었다고 생각하는 사람은 적었다. 도세카이의 간부들이 동아우애사업 협동조합의 간부가 된 경우도 많았고 조합의 간부는 야마구치구미의 간부 대우를 받았기 때문이다. 또한 이어서 설립한 동아상호

기업 주식회사의 회장을 고다마 요시오가 맡았다는 것만 봐도 그가 과연 순수한 사업가로 전향했는지에 의문이 남을 수밖에 없었다. 사업가로 변신한 정건영은 고다마와 손을 잡고 여러 사업에 뛰어드는데 그 가운데 하나가 고국인 한국과 관련된 이권 사업이었다.

1965년 즈음에 한일회담을 위해 양측의 왕래가 잦아지는데 한국 정치가가 일본을 방문할 때 도세카이는 그 경호를 담당하며 더욱 친교를 돈독히 했다. 하지만 일본에서 유명한 깡패와의 교류가 드러나는 것을 꺼린 한일 양측의 우려 때문에 역도산, 김종필, 최영택, 자민당 부총재 오노 반보쿠, 요미우리신문 기자 와타나베 쓰네오 등이 양국을 오가며 큰 역할을 할 때도 정건영은 고다마 요시오와 더불어 늘 음지에서 일할 수밖에 없었다. 비록 겉으로 드러나지 않는 역할이었지만 한일 수교에 큰 공을 세운 대가로 정건영은 후일 박정희 정권에서 훈장을 받는다("도세카이 활동에 관여했던 한 교포 원로를 만나서 이 사실을 확인했을 때 그의 대답은 이러했다. '마치이 상(정건영 씨)이 한일 국교 정상화를 도운 대가로 박 대통령에게 훈장을 받은 것은 사실이다.'" 『시사저널』, 1994년 12월 29일).

1965년 한일 국교 정상화가 이루어지자 막후 중재자 역할을 한 고다마와 함께 정건영은 한국을 자주 드나들며 한국의 실력자들과 친분을 쌓는데,[6] 당시 만난 사람들은 정권의 2인자 김종필, 국무총리 정일권, 대통령경호실장 박종규, 수도경비사 사령관 윤필용, 중앙정보부장 김형욱, 대한올림픽위원회장 민관식, '장군의 아들' 김두한 등 당대에 내로라 하는 인물들이었다. 그 가운데서도 가장 절친한 사람은 박정희 대통령의 경호실장 박종규로, 박종규는 정건영을 '형님' 이라 부르며 따랐다.

한국 측 인맥은 자금 동원력이 있는 정건영에게 도움을 요청하는 경우가 많았고, 정건영은 대한체육회를 필두로 육군사관학교나 군부대는 물론, 서울시와 서울경찰청에도 많은 자금과 물품을 지원했다.

도세카이를 해산한 후 정건영은 그동안 쌓아놓은 일본과 한국의 인맥을 사업에 이용한다. 한일회담의 뒤에서 많은 노력을 한 그는 그 대가로 부관釜關페리 운영권을 얻는다. 부산釜山과 시모노세키下關를 잇는 국제 여객선을 운영하게 된 것이다. 하지만 엄밀히 말해 이것은 정건영이 받은 혜택이 아니라 한국이 그에게 진 또 하나의 신세였다. 이 사업은 이미 한일회담 때부터 양국 간에 거론되었는데, 일본에서는 출자자가 금방 모여들었던 데 반해 한국 측에서는 출자자를 찾지 못해 애를 먹고 있었다. 한국에서 정건영에게 이 사업에 출자자로 나서 달라 요청했고, 그는 이것을 받아들인다. 조국과 일본을 잇는 다리 역할을 하고 싶던 그에게는 감개무량한 일이었지만, 이 부관페리는 매년 적자만 기록하는 애물단지로 전락해 후일 그의 사업에 걸림돌이 되고 만다.

급작스런 부상과 갑작스런 몰락

정건영은 도세카이를 해산하기 전부터 부동산 매매로 큰돈을 벌었다. 하지만 그것은 그의 능력 덕이 아니었다. 싸게 산 토지를, 고다마 요시오에게 소개받은 인물이나 회사에 시중가보다 비싸게 되파는 방법을 통해 인위적으로 부동산 가격을 끌어올린 수법 덕이었다. 실제로 도쿄 서쪽 하치오지에 있는 토지를 일 년 만에 구입가보다 세 배나 오른 가격에 팔아 막대한 이익을 올리기도 했다.

사업가로 바쁜 나날을 보내던 1973년 도쿄 롯폰기에 그의 절정기를 웅변하듯 호화 빌딩이 문을 열었다. 이름하여 'TSK C.C.C 터미널'. TSK는 동아상호기업Toa Sogo Kigyo의 약자, C.C.C는 Celebrity Choice Club의 약자로 최고급을 지향하는 사교 클럽을 뜻했다. 이 빌딩의 개업 기념일에는 재계 거물은 물론, 언론과 스포츠, 연예, 방송계의 유명인 수백 명이 몰려들어 업소의 개업을 축하했는데 야쿠자의 오야붕이 아닌, 실업가로서 정건영의 이름을 세상에 알린 사건이었다.

계속되는 사업 성공으로 승승장구하던 정건영은 고다마의 권유를 받고 1966년 후쿠시마 현 시라카와 고원 지역의 토지를 구입한다. 300억 엔 이상의 비용이 필요한 대공사를 통해 한적한 시골 마을을 골프장과 호텔을 갖춘 대규모 리조트 관광단지 겸 농장으로 개발하겠다는 방대한 구상이었으나, 이것이 후일 그의 발목을 잡고 말았다. 부동산 매매로 벌어들인 돈만 가지고 사업을 진행하기에는 자금이 턱없이 부족해서 많은 곳에서 돈을 빌린 것이 화근이었다.

일본 은행들은 야쿠자 출신인데다 고다마 요시오 등과 가까운 정건영에게 거금을 빌려주기를 꺼렸다. 그러자 그는 한국 인맥을 이용해 외환은행 도쿄 지점을 통해 거금을 융통했다. 외환은행의 보증으로 일본 은행에서 많은 돈을 빌린 것이다. 외환은행의 개입은 형제처럼 지내던 대통령경호실장 박종규가 적극 나서서 박정희의 허가를 얻어 이루어졌다.[7]

하지만 1976년 고다마 요시오가 록히드 사건(미국 군수회사 록히드사가 일본 정부의 비행기와 무기 구입 선정을 두고 일본 정계에 천문학적인 로비 자금을 살

포한 사건. 1976년 문제가 되어 수상 다나카 가쿠에이가 체포되는 등 일본 열도를 충격에 빠뜨렸다)으로 체포되자 고다마와 절친했던 정건영에게도 검찰이 메스를 겨누게 되고, 시라카와의 토지를 시세보다 비싸게 판 일로 검찰과 언론의 공격을 받게 된다. 한때 미국의 유전 개발에까지 손을 댔던 그의 사업은 1970년대 세계를 휘청하게 한 오일쇼크와 주먹구구식 사업 방식 때문에 자금 압박에 줄곧 시달리다 결국 1977년 334억 엔의 부채를 남긴 채 부도를 낸다. 이때 외환은행의 보증지급액은 총액 160억 엔에 이르렀고 이것을 정건영이 그토록 애정을 쏟은 고국 한국이 떠안게 되었다. 결국 TSK C.C.C. 터미널로 대변되던 화려한 성공은 오래가지 못하고 막을 내린다.

한국과의 연결고리가 끊기다

•

정건영을 형처럼 따르던 한국의 실력자 대통령경호실장 박종규가 1974년 육영수 여사 저격 사건의 책임을 지고 물러나면서 정건영의 위기는 심화된다. 한국 정계의 강력한 원군을 잃었기 때문이다. 박종규는 외환은행에 압력을 행사해 정건영이 50억 엔이라는 거액을 대출받도록 도와준 가장 유력한 후원자였다. 게다가 일본을 뒤흔든 록히드 사건 이후 일본 정·재계에 강한 인맥과 힘을 행사하던 고다마도 언론의 집중포화와 검찰의 집요한 수사를 받아서 힘을 쓰지 못하게 된다. 가장 든든한 '빽' 두 명이 없어진 것이다.

엎친 데 덮친 격으로 정건영에게 훈장을 수여했고 반공이라는 공통분모를 가졌던 박정희마저 1979년 암살되고, 신군부가 들어서자 절친하게 지내던 한국 측 인사들이 대부분 힘을 잃는다. 정건영은 외환은행을 설득해 재기를 노리지만, 빽이 없어진 그에게 외환은행은 결코 너그럽지 않았다. 결국 정건영은 부채 상환과 사업 협력 문제를 두고 예전의 파트너였던 외환은행과 서로 소송을 연발하는 진흙탕 싸움을 벌이게 된다.

많은 사업에 실패하고 보증을 선 한국의 외환은행에 큰 피해를 안긴 정건영은 집에 틀어박혀 두문불출하며 고국에 막대한 부채를 떠넘기게 된 것을 평생 자책했다. 한국 체육계에 공로가 큰 원로라 하여 1988년 서울올림픽에 초대받았으나 "돈을 다 갚기 전에는 조국에 갈 면목이 없다"며 거부할 정도였다. 결국 그는 외부 접촉을 끊고 살다가 부채를 다 갚지 못한 채 2002년 79세를 일기로 조용히 눈을 감는다.

그의 실패는 무리한 사업 확장과 몸집보다 훨씬 큰 부채, 그리고 무엇보다도 지나친 인맥 의존이 주된 원인이었다. 실각, 체포, 암살 등으로 강력한 인맥이 사라지자 쌓아온 공든 탑도 순식간에 무너져버린 것이다. 그가 긴자에서 성공적으로 운영하던 고급 레스토랑과 술집, 식품 사업에 전념했거나 한국에서 제안한 대로 한국 내 카지노 사업에 뛰어들었다면 상당한 부를 쌓았을 수도 있다.

하지만 그는 야쿠자들이 하는 물장사가 아닌 진짜 실업가로 변신하기를 무엇보다 갈망했고, 야쿠자 출신이라는 것 때문에 주변 사람이나 한국에 오해를 살 수 있는 행동을 꺼렸다. 한때 1,500여 명을 거느리던 거대 조직의 '오야붕'답게 의리와 염치를 중시했던 것이다.

한국은 기억하지 못하는 사라진 풍운아

•

일본 우파 중에 지지자가 많던 이시와라 간지의 동아연맹론에 심취했고 일본 우익의 거물 고다마 요시오를 스승처럼 섬기며, 일본 최대 야쿠자 조직의 보스 다오카 가즈오와 형제 관계를 맺는가 하면, 한국의 군사정권을 열렬히 지지했던 반공주의자 정건영. 현재의 한국 사회에서는 그를 단지 야쿠자 혹은 일본 우익과 친했던 재일 조선인 정도로 치부할지도 모른다. 그렇지만 과연 그가 '필요하지 않았던 사람'이라고 할 수 있을까?

오늘날 한국 사회는 월드컵, 올림픽, WBC 같은 국제 스포츠 이벤트에 열광한다. 김연아, 박찬호, 박지성 같은 스포츠 스타들이 나오는 방송은 언제나 놀라운 시청률을 기록하며 이들은 국민 영웅 대접을 받는다. 2002년 한일 월드컵의 4강 신화를 이끈 외국 감독을 두고 '대통령으로!'라는 우스갯소리가 나오기도 했고, 당시 대한축구협회 고위직에 있던 사람은 그것을 발판으로 대통령 후보에까지 나섰다. 그렇다면 50년 전 한국 사회를 열광시키는 데 큰 역할을 한 정건영은 어떻게 평가해야 할까?

단지, 야쿠자였고 일본 우익과 친했으며 한국의 군사정권을 지지했다는 것만으로 그를 비판하고 그가 세운 공功을 부정할 수 있을까? 그렇다면 그의 도움으로 사상 첫 월드컵 본선에 진출한 1954년의 한국 축구 대표 팀, 가난하던 시절 그가 앞장서서 모은 돈을 받은 한국 스포츠계, 그에게 식사 대접과 용돈을 받곤 했던 정치가들, 그의 지원을 받은 수많

한국의 부산과 일본의 시모노세키를 잇는 국제 여객선 부관페리. 오늘날 이곳을 건너는 많은 사람은 바다 아래 잠긴 역사를 알고 있을까?

은 재일 조선인들이 그에 대해 느끼는 고마움은 모두 잘못된 기억이고 감상일지도 모른다. 그렇다면 그가 고국에 대해 품은 감정은 짝사랑으로 끝을 맺을 것이다.

그러나 그의 굴곡진 삶은 한국과 일본 그리고 재일 조선인 사회의 모순과 그 이면의 모습을 그대로 투영한다는 점에서 재조명해야 할 것이다. 그가 쌓아올린 '바벨탑' TSK C.C.C 빌딩은 2008년 전부 철거되었고, 그가 해산한 야쿠자 조직 도세카이는 부하들에 의해 '도아카이'라고 이름만 바뀐 채 그대로 운영되고 있다. 그의 뜻과는 전부 다른 방향으로 흘러버린 것이다. 그가 남긴 유산 가운데 가장 긍정적으로 평가받을 수 있는 부관페리 역시 1999년 외화 밀반출 사건으로 구설에 올라 곱지 않은 시선을 받아야 했다(1999년 217억의 외화 밀반출 혐의로 부관페리 상무가 구속되고 간부 아홉 명이 불구속 입건, 회장 정건영은 기소 중지 처분을 받았다).

오늘도 한국을 찾는 한류 팬과 일본을 찾는 한국 관광객이 몸을 싣는 부관페리. 이 배는 양국의 애증과 반목, 공존과 협력의 모습을 담고 있는 양국 관계의 산 증인으로 여전히 현해탄을 오가고 있다. 하지만 그 배가 뜨기까지 한 재일 조선인의 영화처럼 파란만장한 인생이 있었다는 것을 기억하는 사람은 과연 얼마나 될까?

언론에 의해 항일가가 된 영웅

김일

진영을 뛰어넘은 한국의 영웅

•

한국은 유난히 진영 논리가 극성인 나라다. 한국인으로 세계적인 이름을 떨친 음악가라 하더라도 '우리 편'이 아니면 그 업적은 평가절하되기 일쑤고, 파렴치한 행동을 한 사람이라도 우리 편이라면 두둔하는 경향이 강하다. 특히 현재처럼 좌우 진영이 첨예하게 대립하는 한국 사회의 분위기에서는 양쪽을 만족시키는 공감대를 형성하기란 극히 어렵다.

이렇게 진영 논리가 극성인 나라에서는 영웅이 탄생하기 힘들다. 진영에 따라 상극의 입장을 취하기 때문이다. 상대편이 좋아하는 인물은 무조건 비판하고, 반대로 상대편이 비판하는 인물은 두둔한다. 그러다 보니 진영 논리에 빠지기 쉬운 정치가나 평론가 중에서 양 진영 모두가 인정하는 인물을 찾는 일은 무척 힘들다. 이렇게 모든 진영에서 환영받는 '공통의 영웅' 을 찾기 힘든 한국에서 그나마 많은 영웅을 볼 수 있는 것이 스포츠계다. 스포츠 선수가 정치 · 사회적으로 과도한 발언과 행동을 하지 않는 이상, 사람들은 그들의 성적과 업적만을 보고 평가한다. 예를 들어, 야구의 박찬호나 축구의 박지성 선수 등은 남녀노소, 좌우를 가리지 않고 사랑을 받는 한국 사회의 영웅이다.

하지만 만약 박찬호나 박지성 선수 같은 국민적 영웅이 특정 정치인을 지지하거나 특정 정당을 비판한다면 어떻게 될까? 그들은 그 자리를 유지할 수 있을까? 한쪽 진영에서는 더 큰 영웅이 될지도 모르지만, 다른 진영에서는 그 자리를 잃게 될 가능성이 높다. 그리고 많은 안티 팬들도 생겨날 것이다. 경기 성적보다는 정치적 성향이 한국인이 요구하는 영웅의 조건에 더 큰 영향을 미치기 때문이다. 그러다 보니 국민 영웅들은 자신의 정치, 사회, 역사적 견해를 밝히는 것을 주저한다. 잘못하면 많은 팬과 지지자들을 잃을 수도 있으니까.

박찬호 선수나 박지성 선수 같은 사람들은 지지하는 정치인이나 정당이 전혀 없을까? 그렇지는 않을 것이다. 어쩌면 자신들이 좋아하는 정치인들과 식사를 하기도 하고, 정당 관련 모임에 모습을 드러낸 적이 있을지도 모른다. 그렇다고 그들을 영웅의 자리에서 끌어내려야 할까? 그래서는 안 된다고 생각한다. 우리는 그들에게 정치적 업적이나 사회적 멘토를 기대한 것이 아니라 스포츠 선수로서의 활약을 기대했기 때문이다. 정치적 성향이나 사생활에 따라 그들이 거둔 성적과 업적이 변하는 것은 아니다. 한국 프로레슬링계의 영웅 김일 역시 마찬가지다.

역수입된 스타 '오키 긴타로'

•

2006년 10월 26일, 1960년대에서 1970년대까지 큰 인기를 누렸던 프로레슬러 김일이 사망했다. 현재의 젊은 세대에게는 낯선 이름일지도 모르지만, 당시의 각 언론사 스포츠란 기사의 제목만을 보아도 그가 한국 사회에서 어느 정도의 위상을 차지했는지를 알 수 있다.

'박치기 왕' 김일 별세 '흑백TV 영웅' 전설이 되다 _『국민일보』

김일 씨 별세…천하무적 박치기 왕 전설이 되다 _『세계일보』

'박치기 왕' 천상의 링에 오르다…국민 영웅 김일 씨 타계 _『경향신문』

'박치기 왕' 김일, 인생의 링 내려오다 _『조선일보』

우리들의 '박치기 영웅' 잠들다 _『한겨레』

좌파와 우파, 진보와 보수 등 신문사의 성향에 상관없이 모든 언론이 입을 모아 한 시대를 풍미했던 스포츠 스타의 죽음을 애도했고, 그가 우리에게 남겨준 추억에 감사를 표했다. 그에 대한 비판적인 기사는 하나도 찾아볼 수 없었다. 물론 그랬기에 영웅이 되었겠지만 말이다. 김일의 사망은 전국 70여 개 신문, 방송 스포츠 담당 부서에서 뽑은 2006년의 10대 스포츠 뉴스의 8위에 선정될 정도로 한국 사회에서 중요한 사건이었다.[1]

한일 양국에서 크게 활약한 프로레슬러 김일은 일본에서 먼저 유명해졌다. 1960년대 일본의 프로레슬링 팬이라면 그의 존재를 모르는 사람이 없을 정도였다. 스스로도 "욘사마만큼 인기였다"고 할 정도였고, 결코 과장된 말이 아니었다. 그만큼 일본에서는 프로레슬링이 인기였고, 김일은 일본에서 전국구 스타였다. 하지만 일본에 알려진 그의 이름은 '김일'이라는 한국 이름이 아닌 '오키 긴타로大木金太郎'라는 일본 이름이었다. 그래서 오키 긴타로는 알아도 김일은 모르는 일본인이 많다. 오키 긴타로라는 이름은 그의 스승 역도산이 붙여준 이름이다.

그런 그가 한국에서 유명해진 것은 일본에서 큰 인기를 끌고 있다는 사실이 한국 사회에 알려지면서부터다. 이미 일본의 영웅이던 역도산의 활약상과 함께 역도산이 키운 제자로 이름이 높아진 것이다.

역도산 밑에서 혹독한 수련 생활

•

김일은 1929년 전남 고흥에서 태어났다. 어려서부터 힘이 좋아 씨름을 잘하기로 유명했고, 씨름판이 열리는 곳이라면 원정까지 가서 송아지를 타오곤 했다. 그러던 그가 일본에서 이미 슈퍼스타였던 역도산을 동경해 1958년 일본으로 밀항을 한다. 우여곡절 끝에 도쿄에 도착했지만 일본어를 거의 하지 못했던 그는 경찰의 검문에 적발되어 밀입국 혐의로 구치소에 보내졌다. 절망에 빠진 김일은 형무소 안에서 자신의 처지를 호소하는 한편 도움을 부탁하는 편지를 역도산에게 보낸다. 역도산과는 일면식도 없었지만 동포라는 실낱같은 희망에 기대본 것이다. 주소도 몰랐던 김일은 편지 봉투에 '도쿄 역도산'만 써서 보낸다.

그런데 기적이 일어난다. 누가 어떻게 도움을 주었는지 그 편지는 역도산의 손에 들어갔고, 김일의 딱한 처지를 동정한 역도산은 일본 프로레슬링 협회 커미셔너인 오노 반보쿠에게 도와달라고 부탁한다. 레슬링 협회의 간부인 오노가 가진 또 하나의 직함은 국회의원. 그것도 그냥 국회의원이 아니라 여당인 자민당의 부총재를 맡을 정도로 막강한 권력을 가진 사람이었다. 역도산의 부탁을 거절할 수 없었던 오노는 비서인 나카가와 이치로를 통해 압력을 행사했고, 역도산이 신원을 보증한다는 조건으로 형무소에서 김일을 빼냈다. 김일에게는 그야말로 기적 같은 일이었다.

김일은 동경해온 역도산 밑에서 수련을 시작한다. 당시 역도산은 일본에서 모르는 사람이 없는 최고의 스타였지만, 성격이 거친 것으로 유명했다. 술집에 가면 사람들과 시비가 붙기 일쑤였고, 술집 종업원을 폭행하는 일도 비일비재해 주변 사람들이 골치를 썩었다. 다만, 뒤에 야쿠자, 정치인, 재계 거물 들이 있었기에 아무도 손을 대지 못할 뿐이었다.

제자들을 가르칠 때도 거칠었다. 기분파여서 잘해줄 때는 한없이 잘해주었지만, 김일에게 역도산은 늘 공포의 대상이었다. 일본인 제자는 심하게 때리지 않았으나, 김일만은 유독 많은 매질을 당했다. '일본인 제자는 안 때리는데 왜 같은 조선인인 나만 이렇게 때리는가.' 이 생각은 김일을 비참하게 만들었고 때론 모욕감마저 들게 했다. 일본인 선수들이 김일을 위로할 정도였다. 결국 역도산의 폭력을 견디다 못한 김일은 짐을 싸서 체육관을 나가버렸다. 하지만 혈혈단신으로 밀항했던 그가 보증인인 역도산을 버리고 갈 수 있는 곳은 없었고, 불과 반나절 만에 다시 돌아가 용서를 구한다.

일본에서 조선인이라는 것을 철저히 숨기던 역도산은 같은 조선인인 김일에게 '오키 긴타로'라는 이름을 사용하도록 했고, 사람들 앞에서는 절대로 한국말을 못하게 했다. 김일이 오키 긴타로라는 이름으로 역도산 밑에서 프로레슬링에 입문하고 나서 곧바로 '안토니오 이노키アントニオ猪木'와 '자이언트 바바ジャイアント馬場'가 역도산의 밑으로 들어온다. 이노키와 바바 두 사람은 일본의 프로레슬링을 말할 때 절대 빼놓을 수 없는 인물로 지금도 프로레슬링 팬들의 절대적인 지지를 받는 사람들이다. 김일은 그들보다 조금 앞서 들어온 선배 격이 되었다.

김일, 안토니오 이노키, 자이언트 바바. 이 세 사람은 역도산 밑에서 프로레슬링에 입문해 스타 선수로 성장해갔다. 밀항해서 역도산을 찾아간 김일, 일본에서 태어나 브라질로 이민 가서 생활하던 중 역도산이 스카우트해서 데려온 안토니오 이노키, 프로야구 구단 요미우리 자이언츠의 투수 출신이자 209센티미터의 거인인 자이언트 바바, 이렇게 세 사람은 역도산 이후로 '신예 3인방若手三羽烏'이라 불리며 일본 프로레슬링계를 이끌어나간다.

세 명 모두 일본 프로레슬링계의 중심인물이었던 것은 틀림없지만, 인기 면에서는 자이언트 바바와 안토니오 이노키가 김일보다 한 단계 위였다. 프로야구 선수 출신이라는 이색적인 경력과 거구의 몸집만으로도 이름이 널리 알려진 자이언트 바바와 브라질에서 온 일본계 선수로 호걸형 이미지를 가지고 있던 안토니오 이노키에 비해서, 출신과 본명을 감추고 있는 김일은 '박치기' 말고는 어필할 수 있는 것이 없었기 때문이다(이노키는 브라질 출신임을 강조하기 위해 처음에는 일본어도 못하는 척했

프로레슬링계의 '신예 3인방' 시절. 왼쪽부터 김일, 자이언트 바바, 안토니오 이노키.

다. 그러는 것이 더 신비감과 화제성을 주기 때문이었으나, 사실 그는 13세까지 일본에서 살았다).

김일은 1959년 데뷔한 이후 일본 프로레슬링계의 중심 선수로 활약하며 명성을 쌓았지만, 프로레슬링은 결코 쉬운 운동이 아니었다. 연습과 시합 중의 부상으로 피투성이가 되는 경우도 많았고, 상대방의 반칙에 머리가 찢기거나 골절상을 입는 일도 부지기수였다. 스타의 영광 뒤에는 고통의 시간이 있었던 것이다. 그런 경기를 연 160회 이상 소화해야 했으니 그 위험성과 체력 소모에서 다른 스포츠는 비교도 되지 않았다.

역도산 사망 후 인생의 전환을 맞다

역도산 밑에서 스타로 성장하며 탄탄대로를 걷던 신예 3인방은 역도산이 1963년 술집에서 사소한 시비 끝에 괴한의 칼에 찔려 사망하는 사건이 발생하자 큰 타격을 받는다. 특히 김일이 받은 타격이 가장 컸는데 그에게 역도산의 사망은 의지할 곳을 완전히 잃은 것이나 다름이 없었기 때문이다.

프로레슬링계의 독보적인 존재였던 역도산이 갑작스럽게 사망하자, 업계 전체에 지각 변동이 일어난다. '돈'이 되는 프로레슬링계의 새로운 맹주가 되기 위해 브로커들은 새로운 단체를 만들려 했고, 기존 단체에 있던 선수들을 스카우트하면서 프로레슬링계는 사분오열된다. 자이언트 바바와 안토니오 이노키는 각각 새로운 레슬링 단체를 만들어서 독립했고, 김일은 마지막까지 역도산이 만든 '일본 프로레슬링협회'를 유지하려고 동분서주했지만, 인기 스타인 이노키와 바바가 빠진 일본 프로레슬링협회는 관객 동원에 실패하면서 화려했던 과거에 종지부를 찍는다.

그러던 1965년 그는 한국에 일시 귀국한다. 일본에서는 바바와 이노키에게 밀려 '넘버3'였지만, 한국에서는 독보적인 인기를 누리고 있었기 때문이다. 게다가 한국은 일본에 비해 실전 기술 면이나 체계적인 사업 운영에서 많이 뒤쳐져 있었다. 일본에서 산전수전을 다 겪은 김일에게 한국은 기회의 땅이었다. 프로레슬링을 좋아했던 박정희를 비롯해, 김종필, 박종규 등 공화당 실세들과의 친분도 그에게는 큰 재산이었다. 귀국하면서 그는 언론을 향해 "우리 민족은 깨끗한 민족이라는 긍지를 갖고 항상 링에서 싸웠으며 일본, 미국을 가보았지만 역시 고국이 제일"이라는 감회를 밝힌다. 일본의 프로레슬링 스타 '오키 긴타로'는 당연하

역도산의 흉상 아래에서 생각에 잠긴 김일. 그가 일본에 건너온 이후로, 역도산은 김일에게 절대적인 존재였다. 그런 역도산이 갑작스럽게 사망하자 김일은 정신적으로 아주 큰 타격을 받았다.

게 '김일'이 되었고, 그 뒤로 김일은 한국과 일본에서 활동하며 한국에서도 엄청난 인기를 끈다.

하지만 문제가 있었다. 김일 귀국 전부터, 한국 프로레슬링계의 여명기에 고생을 하며 업계를 이끌던 한국 내 기존 프로레슬링 단체들과 갈

등이 생겼기 때문이다. 어려운 시절을 보내며 겨우 조금씩 프로레슬링의 입지를 다져온 세력들은 정부의 지원을 받으며 일본에서 갑자기 귀국해서 큰 인기를 몰고 다니는 김일이 곱게 보일 리 없었다. 김일은 김일대로 토종 세력들의 텃세에 불만이 많았다. 결국 두 세력은 크고 잦은 충돌을 빚다가 1965년 11월 27일 '장영철 사건'으로 극단적인 길로 치닫는다.

한국 토종 세력을 대표하는 프로레슬러 장영철이 일본에서 온 악역 전문 레슬러 오쿠마 구마고로 선수와 시합을 벌이다가, 장영철의 패색이 짙어지자 갑자기 그 제자들과 해병대원 등 10여 명이 링에 난입해 일본 선수를 빈 병으로 때리고 발로 차는 등 무차별 구타한 사건이다. 장영철 쪽은 링 위를 점거하고 마이크를 잡은 뒤, 바로 다음에 시합이 예정되어 있던 김일을 향해 "도전하겠다"라고 하는 등 장내의 관객을 깜짝 놀라게 하는 소동을 벌였다.

이 사건으로 구속자가 생기고 장영철은 경찰의 조사까지 받았는데, 조사 과정에서 상대 선수가 져주기로 한 약속을 어기고 급소를 때리는 등 진짜로 공격을 하자 흥분한 장영철 쪽에서 과격한 행동을 하게 되었다고 밝힌다. 이때 "프로레슬링은 쇼다"라는 말이 언론에서 흘러나왔고, 이 말은 한국 사회에 큰 파문을 일으킨다. 다소 과장되고, 드라마틱한 전개가 두드러지긴 했지만 그게 전부 각본대로 짜고 하는 거짓 연극이라니, 한국의 프로레슬링 팬들이 실망을 한 것은 당연했다.

이 사건은 일본에서 들어온 해외파와 국내에서 성장한 토종파 사이의 알력 때문에 생겼다고 보는 견해가 지배적이다. 파벌 간의 암투에 장영철의 폭로 사건까지 겹치자 한국 프로레슬링은 갑작스런 사양길에 접어든다. TV 앞에 모여 손에 땀을 쥐고 보던 경기들이 각본에 의한 것이라고 알려졌기 때문이다. 이 사건으로 장영철은 큰 비난을 받으며 프로레슬링계에서 힘을 잃었고, 반면 김일은 10여 년 동안 국내 프로레슬링계에서 주도권을 잡았다. 그러나 각본에 의한 경기라는 사실이 점점 널리 알려지고 다른 스포츠가 인기를 얻으며 프로레슬링은 쇠락의 길로 빠져든다.[2] 그렇지만 이후에도 김일은 일본과 한국을 오가며 선수 활동을 한다.

김일의 허무한 은퇴

일본 프로레슬링계는 역도산의 제자로 한솥밥을 먹었던 자이언트 바바와 안토니오 이노키가 주도권 경쟁으로 사이가 나빠져 결별한 후 각각 단체를 설립해서 업계를 양분하고 있었다. 이미 틀어져버린 두 사람을 화해시키는 것은 힘들었고, 그렇다고 김일에게 역도산이 세웠던 일본프로레슬링협회를 다시 일으켜 세울 만한 힘도 없었다. 결국 김일은 프리랜서처럼 두 단체가 주최하는 시합에 번갈아 출전하며 선수 생활을 계속한다. 하지만 그의 위상은 역도산이 건재하던 시절에 비하면 분명 크게 낮아져 있었다. 차라리 이노키나 바바 어느 한쪽과 손을 잡고 일본에서 선수 생활을 계속했다면 훨씬 오랫동안 활동할 수 있었을지도 모르지만, 한국과 일본을 오가면서 활동했기 때문에 예전 같은 영향력을 가질 수는 없었다.

1982년 대한 프로레슬링협회는 김일에게 은퇴를 종용한다. 양국을 오가며 프로레슬링의 발전에 큰 공로를 했지만, 프로레슬링은 스포츠라기보다는 흥행 사업이어서 무엇보다 돈이 중요했다. 이권을 놓고 벌이는 분열과 견제, 비난과 마찰은 한국에서도 피할 수 없는 문제였다. 김일은 한국에서 흥행을 주도하는 중요한 인물이었다. 국민적 영웅이자 높은 지명도를 가진 김일이 후진 양성이나 시합 개최 등 한국을 무대로 활동하는 것은, 그때까지 프로레슬링을 주도해오던 세력인 대한 프로레슬링협회에 위협이 되는 것이 당연했다. 대한 프로레슬링협회는 김일을 견제하기 위해 임원과 정관을 변경했으며, 한국에서의 프로모터 권한도 제약했다. 그뿐만 아니라 멋대로 '김일이 은퇴했다'는 사실을 일본 언론에 퍼뜨려 김일 측의 큰 반발을 산다.[3] 그만큼 김일은 그들에게 껄끄러운 존재였던 것이다.

이런 논란에 김일의 책임이 없는 것은 아니었다. 김일은 프로레슬링 사업을 주도하면서 개인 사업을 하다 파산했고, 거기에 공금 횡령 의혹이 불거져서 후배인 천규덕에게 고발당하기도 했다. 김일의 횡령 사건은 청와대 사정반의 조사를 통해 사실로 드러났으나 천규덕의 고소 취하로 법적 처벌은 받지 않았다.[4] 하지만 결국 김일은 자의 반 타의 반으로 은퇴를 하는데, 그때 그의 나이가 이미 53세였다.

한국의 자존심을 살리기 위한 '김일 구하기'

•

그는 한일 양국에서 크게 성공하고 돈도 많이 벌었으나 한 가정의 가장으로는 빵점에 가까웠다. 17세라는 어린 나이에 부모의 강한 권유로 결혼했지만 전국의 씨름판과 일본의 링 위를 누비느라 아내와 자식들을 거의 돌보지 못했다. 슬하에 2남 2녀를 두었는데, 아내에게 정기적으로 생활비를 보내준 적은 없었고, 그나마 인편을 통해 가끔 보내는 돈은 번번이 '배달 사고'가 났다. 1977년에는 막내아들이 군대에서 의문사를 당하기도 했다. 그는 그때도 일본에 있었는데, 자신 때문에 아들이 죽었다는 생각에 두고두고 자책했다고 한다.[5]

잡음이 많았던 은퇴, 불행한 가족사, 프로레슬링의 몰락. 그렇게 그는 사람들의 기억에서 조금씩 잊혀져갔다. 그렇게 사람들의 기억 속에서 완전히 잊힌 줄 알았던 김일이 언론에 다시 등장한 것은, 1993년에 그가 일본에서 외로운 투병 생활을 하고 있다는 뉴스가 전해지면서였다. 형편이 어려워 한국에서 치료를 받기 힘들다는 소식을 들은 옛 동료 안토니오 이노키는 김일의 치료를 돕기 위해 그를 일본으로 데려갔다. 하지만 이노키마저 형편이 어려워지자 김일은 지원을 계속 받을 수 없었고, 결국 타향인 일본에서 일본 팬들의 도움을 받아가며 외롭고 힘든 투병 생활을 하고 있다는 뉴스였다.

그러자 한국에서는 완전히 잊고 있던 '왕년의 스타' 모시기 운동이 일어난다. 우리가 잊고, 방치하던 한국의 영웅을 일본인들이 더 정성스럽게 돌보고 있다는 사실에 자존심이 상했기 때문일지도 모른다. 실제로 당시 김일의 귀환 운동을 주도했던 한 언론인의 "국민 영웅이었던 김일 선수가 일본에서 투병 생활을 하는 것은 국민적 수치며 자존심이 상한다"라는 말에도 그런 속마음이 잘 드러난다.[6] 국민 영웅이 한국에서 힘든 생활을 할 때는 아무도 거들떠보지 않았지만, 일본의 도움을 받는 것은 눈뜨고 볼 수 없는 한국인의 묘한 감정 덕에 김일이 다시금 한국 사회의 이슈로 떠올랐다.

갑자기 전국에서 많은 성금이 쏟아졌고, 정부는 서둘러 체육인에게는 처음으로 국민훈장 석류장을 수여했다. 하지만 이런 갑작스런 반응이 당사자인 김일에게는 과연 어떻게 느껴졌을까? 비슷한 일은 그 이후에도 일어난다. 1995년 일본의 프로레슬링 잡지사의 제안으로 팬들이 그를 위한 은퇴식을 마련한 적이 있다. 한국과 일본을 오가며 선수 생활을 했던 그였지만 정식 은퇴식은 한국과 일본 어디서도 하지 못했기 때문이다.

일본의 여러 프로레슬링 단체가 파벌을 초월해 공동의 무대를 마련했고, 일본 프로레슬링계의 축제날과도 같은 그 자리에 김일이 원로로서 정중히 초대를 받았다. 이날 행사에는 어렸을 때부터 오키 긴타로의 경기를 보고 자란 일본의 팬들이 몰려들었다. 그들의 대부분은 어린 시절 본 오키 긴타로가 한국인이라는 사실을 몰랐다. 하지만 지금은 오키 긴타로가 한국인 김일이며 일본에 밀입국해서 들어온 밀항자 출신이라는 것을 그들은 알고 있었다.

그 자리에 모인 6만 명의 팬들에게 국적은 상관없었다. 그들의 추억 속에 있는 한 페이지를 장식한 김일에 대한 감사와 격려의 갈채만이 있을 뿐이었다. 이날 김일은 은퇴를 알리는 열두 번의 공이 울리자 링 위에서 감격의 눈물을 터뜨렸다. 잊지 않고 자신을 찾아준 팬들에 대한 감사 그리고 프로레슬러로서 정식으로 정든 링을 떠나는 것에 대한 감상의 눈물이었다.

일본에서 은퇴식이 열렸다는 소식이 한국에 전해지자, 한국에서도 이에 질세라 뒤늦은 은퇴식이 추진되었다. 2000년 관계자들이 참가한 가운데 장충체육관에서 초청 가수의 무대와 기념 시합 등이 펼쳐졌다. 하지만 이 일은 일부 신문에서 조그만 기사로 다루었을 뿐 몰락한 프로레슬링 스타의 은퇴식은 사회적으로 큰 주목을 받지는 못했다.

김일을 둘러싼 언론의 이상한 보도

•

투병 생활을 하던 1996년을 전후해서 그를 반일 코드의 하나로 이용하는 경향도 나타난다. 그중 하나가, 김일이 소학교 3학년 때 기르던 진돗개를 순사가 일본군의 방한용 털옷을 만들기 위해 강제로 끌고 갔다는 이야기다. 이 이야기는 김일의 일화를 100회에 걸쳐 소개한 신문사 칼럼에도 소개되어 있다.

> 어느 날 일본 순사가 나의 집을 지나치다가 진돗개를 보고는 공출을 빌미로 빼앗아갔다. 하지만 그 개는 다음 날 아침 지친 몸을 이끌고 집으로 도망쳐왔다. 기쁨도 잠시, 성난 순사가 개를 찾으러 다시 집에 왔고 그 개는 나를 쳐다보고 울부짖으면서 목을 끌린 채 순사에게 끌려갔다. 결국 진돗개는 일본군 군용 방한복이 된 채 죽임을 당했다.

일본이 헌납 형식으로 군견과 경찰견을 징발하다가, 전쟁 말기에는 피복용으로 사용하기 위해 개와 고양이를 공출한 것은 사실이다. 전쟁 말기에는 식량난이 가중되어 애완동물이 식량을 소비하는 골칫덩이로만 인식되었고, 방한용 털도 얻을 수 있다는 점 때문에 개와 고양이들이 수난을 당했다.

하지만 김일의 진돗개 일화의 진위 여부에 대해서는 여러 가지 의문이 남는다. 일단 그 이야기를 소개해 퍼뜨린 사람은 불교계의 삼중스님이다. 삼중스님은 일본 야쿠자를 살해해 장기 복역한 재일 조선인 권희로를 지원한 것으로 유명한데, 삼중스님은 권희로의 이름으로 신문사에 돈을 보내 언론 조작을 한 일이 있다(권희로가 수재민을 돕는 데 성금을 보내왔다고 한 보도는 사실 삼중스님이 권희로의 선량한 이미지를 만들어 내기 위해 취한 언론 플레이였다. 왜냐하면, 그 성금은 권희로가 보낸 것이 아니라, 삼중스님의 돈이었기 때문이다). 즉, 이미지 조작을 위해 거짓말을 한 전력이 있다는 말이다.

또한 김일이 개를 빼앗겼다는 1939년은 제2차 세계대전이 시작되기도 전으로, 일본의 군수성과 후생성이 군견이 아닌 애완용 개나 고양이의 공출 명령을 내린 것은 전쟁이 막바지로 치닫던 1944년이다. 1940년의 신문 기록을 찾아봐도 개를 강제로 끌고 가는 공출을 실시했다는 기록은 없다. 그뿐만 아니라 개 가죽을 이용하기 위한 공출 대상에서 군견과 경찰견, 천연기념물인 개는 제외되었는데, 조선총독부가 1938년 천연기념물 53호로 지정한 진돗개를 일개 시골의 순사가 끌고 갔다는 것도 신뢰하기 힘든 내용이다.

또 하나는 2006년 11월 EBS의 인기 프로그램인 〈지식채널 e〉에서 방송한 김일 선수에 대한 내용이다. 이 방송에서는 경기장에 모인 일본인 관중들이 나오는 화면에서 다음과 같은 자막을 내보냈다.

"조센징, 마늘 냄새 난다."

이것을 보면 누구나 김일이 조센징이라 차별을 받고 마늘 냄새가 난다고 놀림을 받았을 거라고 생각한다. 그렇다면 과연 〈지식채널 e〉의 말은 과연 진실일까? 결론부터 말하면 〈지식채널 e〉가 방영한 내용은 거짓말이다. 김일은 그런 놀림을 받은 적이 없다. 마늘 냄새가 난다고 놀림을 받은 사람은 그가 아니라 야구 선수 장훈이다.

장훈과 김일은 역도산을 통해 만나 친하게 지내는 사이였다. 장훈이 야구장에서 겪은 일을 김일에게 말한 적이 있는데, 〈지식채널 e〉는 그것을 마치 김일이 겪은 일처럼 내보냈다. A라는 사람을 소개하는 화면을 내보내면서 B라는 사람에게 해당하는 자막을 내보내는 왜곡 방송을 한 것이다.

〈지식채널 e〉의 내용과는 달리 김일은 "'박치기해라', '원폭박치기!'라는 소리는 들었지만, 조선인이라고 괴롭힘을 당한 적은 없습니다"라고 회고했을 뿐만 아니라 일본에서 배울 점이 많다고 주장하며, 한일 양국 국민이 사이좋게 지내기를 간절히 원했다.[7] 그런데 〈지식채널 e〉는 왜 조작을 하면서까지 잘못된 정보를 국민에게 전달해 적개심을 불러일으켰을까.

이 문제에 대해 EBS에 문의를 한 결과, "당시 상황을 강조하고자 하는 의도의 수단이라면 정당성을 확보할 수 있다. 이렇게 생각한다면, '조센징, 마늘 냄새 난다'라는 표현이 1차적 팩트 자료에 근거하지 않았다고 해서, 잘못된 정보 전달로 윤리적 문제까지 발생시킨 것은 아니라고 생각한다"라는 이해하기 힘든 답변을 받았다. 즉, '1차적 사실에 근거하지 않은 것이라고 해도 상황을 강조하기 위한 것이라면 정당하다'는 말인데, 자신들이 멋대로 상상한 상황을 전달하기 위해 국민에게 거짓말을 해도 된다는 이런 발상이 국민을 얼마나 우롱하는 것인지 인식조차 못하고 있다는 것은 심히 유감이다.

지금까지의 이야기를 보면 그는 한 시대를 풍미한 스타이자, 많은 한국인의 머릿속에 깊은 인상과 추억을 만들어준 장본인임이 틀림없다. 그러하기에 한국 정부도 정권에 상관없이 여러 차례(1994년 국민훈장 석류장, 2000년 체육훈장 맹호장, 2006년 체육훈장 청룡장) 훈장을 수여해 그의 업적을 기린 것이다. 하지만 그가 프로레슬링 이외의 문제와 분야에 대해서 어떤 생각을 하고 발언을 했는지는 잘 알려지지 않은 부분이 많다.

욱일기를 좋아한 사나이

한국 사회가 민감하게 반응하는 일본의 사물 중 욱일승천기(욱일기)가 있다. 제2차 세계대전 당시 일본의 육해군 모두 비슷한 형태의 깃발을 사용했으나, 한국에서는 일본 해군이 사용한 깃발이라는 이미지가 강하다. 만일 한국 사람이 욱일기 비슷한 무늬를 사용했다든가, 일본이 응원이나 행사에서 욱일기를 사용하면 한국 사회의 분노는 폭발한다. 아이돌 그룹의 멤버가 욱일기와 비슷한 문양의 옷을 입고 등장한 걸로 이미 몇 번이나 네티즌들의 뭇매를 맞았고, 소속사 사장이 사과문을 올린 경우마저 있었다. 그리고 2012년 런던올림픽에 출전한 일본 체조 대표 팀의 유니폼에 대해 '욱일기를 연상케 한다'는 이유로 맹비난을 퍼부은 일도 한국 사회가 욱일기를 어떻게 인식하는지를 잘 보여준 사례다. 아무리 한국에서 인기가 있는 인물이라도 욱일기 문양이 그려진 티셔츠를 입거나, 그런 복장을 두둔한다면 엄청난 비난에 시달릴 수밖에 없다.

김일은 욱일기를 상당히 좋아했다. 1974년 10월 10일로 예정된 이노키와의 시합을 앞둔 김일은 괌에서 맹훈련을 했다. 이 시합은 일본 프로레슬링을 대표하는 두 거물의 시합이었기에 많은 언론의 주목을 받았고, 실제로 이 시합은 현재도 프로레슬링 팬들 사이에서 역사에 길이 남을 명승부로 회자되고 있다(결과는 이노키의 승리). 비밀리에 괌에서 전지훈련을 하는 김일을 찾아간 프로레슬링 해설자 하라 야스시는 김일과 시합을 앞두고 인터뷰를 하는데, 그 자리에서 김일은 다음과 같이 이야기한다.

저는 1933년생으로 식민지 시대에 소년 시절을 보냈습니다만(김일의 출생연도는 1929년, 1933년 등 여러 설이 있다), 강한 것을 좋아했습니다. 특히 군함을 아주 좋아했지요. 펄럭이는 군함기(욱일기)를 보고 '아름답다'고 생각했습니다. 일본의 한국 통치 시대에 관해서는 여러 가지 감정, 기억이 있지만 군함기(욱일기)는 용맹스럽고 아름다워 보여서 좋아했습니다. 그것(욱일기)은 아침 해입니다. 떠오르는 태양의 빛이 사방으로 퍼지는……. 아침에 (해변을) 달리고 있을 때 정면에서 아침 해를 보면 용기가 솟아오릅니다."[8]

이것은 일본 군국주의자의 발언이 아니다. 한국 언론이 '일본에서 조

센징으로 차별받으면서도 그것을 이겨내고 정상에 선 의지의 한국인'
이라고 칭송하는 국민 영웅의 말이다.

일본 극우와의 친분

•

한국에서 가장 악명 높은 일본인은 바로 이시하라 신타로 도쿄 도지사일 것이다. 그는 과거, 외국인과 장애인, 그리고 노인에 대한 차별적 발언과 2011년 3월 11일에 발생한 동일본대지진에 대해 "천벌이라고 생각한다"고 한 발언 등 여러 차례의 문제 발언으로 큰 비난을 받은 바 있다. 한국에서 그는 일본의 극우라는 이미지가 강하다. 보수든 진보든 대부분의 한국 언론은 그를 일본의 극우파로 소개하고, 그 보도를 보아온 대부분의 한국인은 그를 극우파로 인식하고 있다.

하지만 이 일본의 극우가 정치인으로 당선되는 데 공헌한 사람 중 하나가 바로 김일이다. 이시하라가 중의원 선거에 출마했을 때 김일이 여러 차례 선거운동에 참가했다. 정치인의 선거운동에 연예인이나 유명인이 지원 유세를 하는 것은 동서양을 막론하고 낯선 광경이 아니다. 유명 스타들의 참전은 관중 동원에 큰 효과를 발휘하기 때문이다. 전국적인 지명도를 가진 인기 프로레슬러 '오키 긴타로'의 지원은 분명 이시하라의 선거에 도움이 되었을 것이다.

이시하라의 선거운동에 참가해서 그와 연을 맺은 김일은 이시하라를 굉장히 긍정적으로 평가한다. "서울에서 오키 긴타로가 (이시하라) 선생의 당선을 축하드린다는 말을 전해달라고 하고 싶을 정도입니다. 아주 좋은 분이었죠. 그분은 진짜 성격이 일본인답죠"와 같은 그의 발언은, 김일을 '일본인의 멸시를 이겨낸 영웅'으로 생각하는 한국인에게는 충격으로 다가올 수밖에 없다.[9]

김일은 이시하라뿐만 아니라, 홋카이도까지 날아가 자민당의 중진이던 나카가와 이치로의 선거운동을 지원하기도 했다. 앞서 말한 것처럼 나카가와는 김일이 일본에 밀입국했다가 형무소에 갔을 때, 역도산의 부탁으로 김일을 석방하는 데 도움을 주었기 때문이다(김일이 이시하라의 선거운동에 참여하게 된 계기도 이시하라와 나카가와가 무척 가까운 사이였다는 점이 작용했을 가능성이 크다).

"욱일기를 좋아한다", "이시하라 선생은 참 좋은 분"이라는 발언은 아마 한국 사람들이 보면 일본의 군국주의자나 극우파가 한 말로 알 것이다. 하지만 이 말은 김일이 한 말로 다만 한국인에게 알려지지 않았을 뿐이다.

여야를 막론하고 한국의 대선 주자가 이 같은 말을 하거나 이시하라의 선거운동을 했다는 것이 드러나면 아마 후보직을 사퇴해야 할 것이다. 현재 한국의 국민 정서로는 도저히 용서받을 수 없는 말이기 때문이다. 하지만 우리는 그런 말을 한 김일을 영웅시 할 뿐 아니라, 상대 진영에 대해 가차 없는 비판을 하는 한국의 좌우 언론들도 칭찬 일색의 평가만 한다. 우리는 우리에게 유리한 면만을 보고, 불편한 진실은 외면하려고 한다.

우리의 영웅 만들기, 역적 만들기

•

김일은 2006년 10월 26일 병으로 세상을 떠났다. 그가 사망하자 일본 프로레슬링계의 원로와 중진들은 차례차례 김일에 대해 추모 메시지를 남겼고, 가장 가까이서 오랜 시간 같이 땀을 흘려온 안토니오 이노키는 사망 소식을 듣자마자 그날로 비행기를 타고 날아와 문상을 하기도 했다.

김일은 일본에 대해 긍정적인 평가를 많이 남겨서 일본 내에서는 '친일 한국인'으로 꼽히기도 한다. "일본인은 시간이 있으면 책을 보거나, 잡지를 읽거나 뜨개질을 하는 등 전철 안에서도 모두 점잖다. 한국은 어딜 가도 목소리가 너무 크다. 좀 점잖아질 수는 없나?", "개인적으로 보기에 일본인은 훌륭합니다", "나는 (한국보다) 일본 쪽이 더 좋다" 같은 발언처럼 그의 말에는 일본을 긍정적으로 묘사하면서, 한국에 대해서는 비판적인 부분이 적지 않았다.[10]

이런 정보가 전해지지 않은 것인지, 아니면 의도적으로 전하지 않은 것인지는 알 수 없지만 한국 사회에는 전혀 알려져 있지 않다. 오히려 〈지식채널 e〉처럼 한국 언론은 그가 일본에서 심한 처우를 받은 것처럼 묘사하고 그를 마치 일본과 맞서 싸운 영웅처럼 치켜올렸다.

헤르만 헤세는 "자기의 운명을 짊어질 수 있는 용기를 가진 자만이 영웅이다"라고 말했다. 그렇다면 목숨을 걸고 바다를 건너가, 뼈를 깎는 수련을 거쳐, 피와 땀이 얼룩진 링 위에서 젊음을 보낸 김일은 우리의 영웅이 되기에 충분하다. 그러므로 영웅임을 강조하기 위해 불편한 진실을 감추거나, 왜곡을 하면서까지 일본을 나쁘게 묘사하는 행위는 그만

ⓒ 중앙일보

김일(왼쪽)과 안토니오 이노키. 김일은 한국이 낳고 일본이 키운 인물이었다. 김일의 과거 행적을 떠나, 이 점을 인정해야만 우리는 그를 진정한 영웅으로 받아들일 수 있을 것이다.

두어도 될 것이다. 일본의 극우파를 존경하더라도, 욱일기를 좋아하더라도 김일은 우리의 영웅이다. 그리고 그 기준과 척도는 현재 한국 사회의 가치관과 수준을 가장 정확히 반영한다고 볼 수 있다.

만일 우리가 어떤 인물을 잘못 평가했다면, 그것은 그 인물에게 책임을 물을 게 아니라 우리의 평가 기준을 점검해야 할 일이다. 스스로의 평가 기준을 자성하지는 않은 채 김일을 격하시키는 일은 부디 일어나지 않기를 염원한다. 그것이 1970년대 흑백 TV 앞에서 김일의 박치기를 보며 열광했던 한 꼬마가 어른이 되어 가지게 된 간절한 바람이다.

그만이 할 수 있는 한류韓流

한창우

삼천포의 소작농 집안에서 태어나다

•

한국에도 잘 알려진 재일 교포 출신 실업가라고 하면 소프트뱅크의 손마사요시孫正義(한국명 손정의), 롯데 그룹의 시게미쓰 다케오重光武雄(한국명 신격호), 마루한의 한창우韓昌祐를 꼽을 수 있다. 세 명 모두 한국뿐만 아니라 일본에서도 누구나 그 이름을 알 정도로 유명한 거대 기업의 총수들이다. 파친코 체인점인 마루한マルハン은 일본에서도 손꼽히는 대기업으로 그 매출 규모는 우리가 알고 있는 웬만한 일본 기업을 능가한다.

마루한이 기록한 매출 2조 엔은 우리나라 돈으로 약 29조 5,000억 원. 2010년 매출로 비교한다면 재계 순위 국내 6위(2013년 현재)의 대기업 LG전자의 29조 2,000억 원과 맞먹는 엄청난 숫자다. 이 거대 기업의

〈2011년 일본 내 주요 기업의 매출 비교〉

회사명	업종	매출	영업이익
소니	전자, 전기	71,812	1,998
스즈키	자동차, 이륜차	26,082	1,069
마루한	파친코	21,209	556
니콘	카메라, 광학기기	8,875	540
TV아사히	방송국	2,353	95

(마루한은 2010년 기준/단위: 억 엔)

〈2012년 포브스 선정 일본의 10대 부자 순위〉

순위	이름	직위	업종	자산
1	야나이 다다시	퍼스트 리테일링 사장(유니클로)	의류	8,692
2	사지 노부타다	산토리 사장	음료	6,478
3	손 마사요시	소프트뱅크 창업자	IT	5,658
4	미키타니 히로시	라쿠텐 사장	IT	5,166
5	부스지마 구니오	산쿄 창업자	파친코	4,674
6	다키자키 다케미쓰	키엔스 창업자	전기	3,280
7	다나카 요시카즈	GREE 창업자	IT	2,870
8	모리 아키라	모리 트러스트 회장	부동산	2,624
9	다카하라 게이치로	유니 참 회장	위생용품	2,378
10	한창우	마루한 회장	파친코	2,296

(단위: 억 엔)

오너인 한창우는 미국의 경제 잡지 『포브스』가 선정한 일본의 10대 부자에 선정되기도 했는데, 일본의 10대 부자 중 타국에서 일본으로 건너간 외국인 출신은 그가 유일하다(손 마사요시는 일본 출생).

2조 엔의 기업을 일궈낸 파친코 왕국의 제왕으로 한국의 언론에도 여러 차례 소개된 한창우지만, 그의 출발은 너무나 초라했다. 1946년 그가 밀항선을 타고 처음 일본 땅을 밟았을 때, 그의 신분은 '밀항자'였고, 그가 가져간 재산이라고는 부모님이 어렵게 마련해준 쌀 두 말과 영어 사전 한 권이 전부였다.

한창우는 1930년 경상남도 삼천포(현 사천시) 소작농 집안에서 3남 2녀 중 차남으로 태어났다. 그의 아버지는 991제곱미터(300평) 정도의 땅을 빌려 소작하는 농민이었는데, 살림은 늘 빠듯했고 넉넉함과는 거리가 멀었다.

누구에게도 지기 싫어하는 성격의 한창우는 학업에서도 늘 상위권이었고 초등학교 졸업 때는 표창과 함께 상금을 받을 정도였지만, 중학교에 가는 것은 집안 형편상 포기해야 했다. 성적이 좋은데도 가정 형편 때문에 진학을 하지 못한다는 사연이 퍼지자 그 이야기를 들은 동네 유지가 선뜻 지원에 나섰고 그 덕분에 1943년 중학교에 진학하게 된다. 그리고 1945년에 해방이 되면서 그의 인생에도 전기가 찾아온다.

해방 후에 그가 목격한 것은 좌우의 이념 대립으로 인한 갈등과 폭력, 부정부패와 경제적 위기, 전염병이 유행하는 등의 지독한 혼란이었다. 이때 그는 일본에서 일을 하고 돌아온 형의 권유에 따라 일본행을 결심한다. 머리도 좋고 성적도 우수하지만, 한국에 있어 봤자 하고 싶은 것도 못하니 일본에 가는 것이 낫다는 강력한 권유에 한창우의 마음이 움직였다.

재일 조선인에 대한 오해

•

여기서 재일 조선인이라는 집단에 대한 한국 사회의 오해를 언급해야 할 것 같다. 구체적으로 말하자면 현재의 일본 사회 내에 '재일 조선인 집단'이 형성된 원인에 대한 오해다. 많은 한국 사람은 그들을 '일본에 강제 연행된 사람들 중 어쩔 수 없이 잔류하게 된 사람들과 그 후손'이라고 단정짓는다. 예를 들면 다음과 같은 기사가 그렇다.

> 약 230만 명의 재일 조선인들 중 4분의 3가량은 귀국했지만, 약 60만 명은 잔류를 희망했다. 1946년 11월 점령군 사령부는 귀환자가 지참하고 귀국할 수 있는 돈을 1인당 1,000엔으로 제한했는데, 이는 담배 20갑에 해당하는 말도 되지 않는 액수였다. 강제로 끌려온 재일 조선인 중에서 수많은 잔류자가 나온 것은 이 조치와 무관하지 않다.[1]

위의 기사에서는 미군정의 재산 반입 제한이 재일 조선인 잔류의 주요 원인인 것처럼 설명하지만, 이것은 다소 과장된 표현이다.

1946년 당시의 일본 물가는 쌀(백미) 10킬로그램에 20엔 11전, 인기가 높았던 최고급 담배 피스peace는 10개비들이 한 갑이 7엔이었고, 일반 담배는 1엔 이하였다. 그리고 1인당 1,000엔이면 4인 가족이 한국에 가지고 갈 수 있는 돈은 4,000엔이 되는 셈인데, 이것은 적은 금액은 아니었다. 극심한 인플레가 발생하기는 했지만, 담배 20갑 정도의 돈으로 '쫓아내다' 라고 표현하는 것은 과장되었다는 말이다. 당시 조선으로 돌아오기 위해 일본의 여러 항구에 몰려들어 돌아갈 배편을 기다리던 재일 조선인들이 귀국할 때까지 일본 정부에 일당으로 요구했던 금액이 하루 8엔이었다는 것만 봐도 1,000엔은 적지 않은 금액이었다.

게다가 한국으로 귀국했다가 한국 사회의 혼란과 가난, 냉대와 박해에 절망하고 '이런 조국엔 돌아오는 게 아니었다' 며 다시 일본으로 건너간 사람들도 적지 않았다. 예를 들어 일본으로 밀항하는 조선인에 대한 맥아더 사령부의 발표를 보자.

> 작년(1946년) 4월 이래 일본에 도항한 조선인 총수는 2만 5,000명에 달하는데 그중의 다수는 일단 귀국하였으나 생활난으로 인하여 다시 일본에 귀환한 조선인이며 밀항자 수는 작년 7월 최고 기록 9만 5,000명에 달하였다. 그런데 그들은 모두 다 밀선에 의하여 선임을 만 원씩 지불하고 도항하였던 것이다.[2]

1년에도 검거된 사람만 수만 명에 이르렀고, 적발되지 않은 사람은 그보다 훨씬 많을 것으로 짐작할 뿐 정확히 몇만 명인지, 몇십만 명인지는 아무도 모른다. 한창우도 그렇고, 한국 사회가 자랑스러운 한국인으로 여기고 있는 소프트뱅크의 손 마사요시 가족 역시 해방 후 한국에 귀국했다가, 한국을 등지고 다시 일본으로 밀항을 해서 정착한 사람들이다. 즉, 재일 조선인 중 상당수는 가난과 혼란에 절망하고 좀더 나은 삶을 찾아 일본에 남거나 밀항해서 건너간 사람들로, 일본 또는 미국 점령군 때문에 일본에 남게 되었다고 결론을 짓는 것은 한국의 추측과 희망이 포함된 설說이라는 말이다.

실제로 한창우의 형 한창호도 징용되어 일본의 벽돌 공장에서 일을 하다가 1944년 고향인 삼천포로 돌아왔는데, 어린 한창우에게 자신이 경험한 일본 생활을 자랑하며 '전쟁만 끝나면 다시 일본으로 가겠다' 라고 입버릇처럼 말했다고 한다. 어린 동생에게 같이 일본으로 가자며 권하던 형이 입버릇처럼 말한 내용은 '조선은 일본보다 100년이나 뒤쳐져 있다' 는 것이었다.[3]

1947년 10월 혼자서 밀항선을 타고 시모노세키에 도착한 16세의 한창우는 잠시 그곳에 숙소를 잡고 머물렀는데, 어디서 소문을 들었는지 동향인 삼천포 출신의 재일 조선인이 찾아와 빨리 구청에 가서 외국인 등록 신고를 하라고 일러준다. 이 조언은 그에게 큰 도움이 된다. 왜냐하면 이때는 외국인 신고 마감을 얼마 남겨두지 않은 시점이었고, 이때 외국인 등록 신고를 함으로써 한창우는 종전 이전부터 일본에 있었던 재일 조선인과 같은 자격, 즉 합법적인 체류 자격을 얻을 수 있었기 때문이다. 만약 이때 신고를 하지 않았다면 그는 오랜 기간 밀항자의 신분으로 가슴을 졸이며 살아가야 했을 것이다.

무사히 일본에 도착한 한창우는 곧장 친척이 있는 이바라키 현 이시오카로 갔다. 한적한 농촌 마을에는 조선인 가족 일고여덟 세대가 살고 있었고 감자를 재배해서 사탕을 만드는 것으로 생계를 이어갔다. 시골 마을에서 동네 아이들에게 한국어와 공부를 가르치는 것으로 돈을 벌던 그는 더 넓은 세상으로 나가야겠다는 생각에 1948년 도쿄의 호세이대학에 들어간다. 당시는 전후 혼란이 이어지던 시기로 대학에 들어가기는 비교적 어렵지 않았다.

한창우는 형과 매부의 경제적 지원으로 비교적 돈 걱정을 하지 않으며 학교에 다녔지만, 그렇다고 넉넉한 생활은 아니어서 양배추와 된장을 주식으로 삼고 살았다. 부실한 식사 탓에 그는 영양실조 상태였고, 엎친 데 덮친 격으로 결핵에 걸려 6개월이나 병원에 입원했다. 치료법이 발달한 현재는 대수롭지 않은 병으로 여기지만, 당시만 해도 결핵은 무서운 병이었다. 그럼에도 아직 젊었던 그는 투병 끝에 결핵을 이겨냈는데, 병원 측의 도움으로 생활 보호 혜택을 받아 결핵 치료비 전액을 면제받았다. 가난한 학생이던 한창우는 그때의 고마움을 오래 간직하며 언젠가 자신이 성공하면 일본 사회에서 받은 만큼 은혜를 갚겠다고 다짐한다.

망해가던 파친코로 시작한 첫 사업

1953년 호세이대학을 졸업했지만 취업을 하지 못했고, 한국전쟁 때문에 고국에 돌아갈 수도 없었던 한창우는 누나와 매부를 찾아간다. 매부는 교토 북쪽의 미네야마라는 작은 항구 마을에서 파친코 매장을 하고 있었는데, 최신 설비를 갖춘 다른 매장에 손님을 뺏겨 슬슬 매장을 정리하고 한국에 돌아가려고 생각하고 있었다. 매부의 파친코 일을 돕던 한창우는 매장을 매각하려는 매부를 설득해 가게를 물려받는다. 돈을 벌어서 후일 갚겠다는 막연한 조건이었다.

경험이 적었기에 초기에는 적자의 연속이었지만, 한국전쟁 특수로 일본이 빠른 속도로 경제를 회복하자 사람들에게 여유가 생겼고, 한창우의 가게도 착실히 성장했다. 4년 후인 1957년, 가게가 어느 정도 안정되자 이번에는 커피숍을 열었다. 클래식 음악을 전문적으로 틀어주는 커피숍 '루체'는 우동 한 그릇에 20엔 하던 시절, 커피를 60엔에 파는 고급 가게였다.

미네야마는 단고치리멘丹後ちりめん이라는 고급 견직물의 산지로 유명해서 살 만한 동네였으나 그래도 시골은 시골이었다. 우동 값의 세 배나 되는 커피를 누가 마시겠느냐는 주위의 염려와 반대가 많았지만 한창우는 앞으로는 레저와 오락의 시대가 올 것이라는 확신을 가지고 개업을 강행한다. 결과는 성공이었다. 새로운 감각의 커피숍은 데이트 장소로 인기를 끌었고, 합석을 하거나 줄을 서서 기다려야 하는 경우가 많았는데도 손님의 발길은 끊이지 않았다.

한창우는 자주 교토, 고베, 오사카 등에 나가서 유명한 커피숍과 음식점을 돌아보았다. 시골에서는 얻지 못하는 최신 유행을 알기 위해서였다. 그러다가 들른 고베의 커피숍에서 그는 한 일본 여성에게 반했고 곧 그녀와 결혼을 약속한다. 상대가 한국인이라는 것을 안 신부 측의 반대가 심했지만 한창우의 집념에 결국 결혼을 허락하는데, 결혼식 때 신부 측은 가족 이외의 하객을 아무도 부르지 않았고 신랑 측의 하객은 단 한 명도 없었다. 한창우의 형과 누나가 간토 지역에 살고 있긴 했지만, 당시만 해도 재일 조선인 역시 일본인과의 결혼을 반대하는 경우가 많았기 때문이다.

양가의 반대를 무릅쓰고 결혼을 한 한창우는 신혼 생활과 가게 운영으로 눈코 뜰 새 없는 시간을 보낸다. 파친코도, 커피숍도 꾸준히 성장했고, 종업원도 계속 늘어났다. 그러면서 점차 사업가로서의 감각과 능력을 갖췄다. 그는 신용을 최우선으로 삼았다. 지불해야 할 돈은 날짜를 꼭 지키고, 지불할 돈을 업자가 받으러 오지 않으면 직접 찾아가서 돈을 건넸다. 그렇게 신용을 쌓으며 차곡차곡 자금을 모은 한창우는 미네야마에 최신식 호화 레스토랑을 짓기로 마음먹는다.

유명 건축사무소가 설계한 3층 건물로 인테리어에 공을 들였고 당시로는 깜짝 놀랄만한 최신 시설인 자동문에, 대만에서 요리사까지 스카우트해왔다. 1층부터 옥상까지 커피숍, 레스토랑, 중화요리 전문점, 비어가든으로 꾸민, 지방 도시에서는 볼 수 없던 복합 공간이었다. 이 레스토랑은 크게 성공해서 미네야마의 명물이 되었고, 성공한 젊은 사업가로서 그의 위치를 확고하게 만들었다. 지역의 상공인들과 인맥도 쌓게 되고, 새로운 사업을 제안해오는 사람들도 생겨났으며, 번 돈을 사회에 환원하기 위해 지역사회에 기부도 하는 지역의 젊은 유지가 된 것이다.

유행의 무서움, 볼링 사업의 실패

유명 레스토랑 빌딩 루체와 두 개의 파친코 매장을 착실하게 키워나가던 37세의 한창우는 1967년에 새로운 사업에 도전한다. 그것은 당시 조금씩 일본에 침투하기 시작했던 볼링이었다. 이전부터 레저와 오락 산업의 시대가 올 것이라고 확신하던 한창우는 볼링이야말로 오락 산업에 딱 들어맞는 스포츠라고 생각했다. 남녀노소가 날씨에 구애받지 않고 즐길 수 있으며 부상의 염려도 없는 볼링이 일본을 휩쓸 것이라고 예상한 것이다.

그는 일찌감치 미네야마와 효고 현의 도요오카에 볼링장을 건설했는데, 이때만 해도 볼링 붐이 본격적으로 일어나지 않은 시기였다. 한창우는 쫓기듯 서두르며 볼링 사업을 진행했다. 그가 사업을 서두른 이유는 미네야마 청년회의소JC의 가입을 거절당했던 사건이 컸다. 지역의 동료 사업가들이 모두 가입한 단체에 한국인이라는 이유로 가입을 거절당하자 오기가 생겼고, 빨리 새 사업을 해서 자신을 거절했던 사람들 앞에 보란 듯이 서고 싶었다.

고도 성장기를 거친 일본에 레저스포츠 붐이 불 것이라는 그의 예상은 정확히 적중했다. 1960년대 말부터 1970년대 초까지 일본에서 엄청난 볼링 붐이 일었다. 사람들은 새벽까지 볼링에 열중했고, 볼링장에서는 길게 늘어선 손님들에게 돌아가달라며 사정을 해야 할 정도였다. TV에서는 일주일에 열 편 이상의 볼링 방송을 내보냈고, 인기가 높았던 미녀 프로 볼링 선수 나카야마 리쓰코가 일본 여자 볼링 사상 처음으로 퍼펙트게임을 기록하자 그 열기가 열도를 뒤흔들었다.

한창우는 일찍부터 볼링 사업에 진출한 덕분에 엄청난 성공을 거둔다. 사업체의 몸집이 급격히 불어나자 관리를 하기 위해 주식회사를 설립했고, 처갓집 식구들이 다니던 회사를 그만두고 그의 회사에 합류해서 사업을 도울 정도로 바쁜 나날을 보낸다. 그러나 더 높은 곳을 향해 비약하기를 원하던 그는 이 성공에 안주하지 않고 볼링 사업 확장에 더욱 박차를 가한다.

1972년 12월, 한창우는 시즈오카에 120레인짜리 초대형 볼링장을 열었다. 이전에 운영하던 볼링장이 16에서 30레인 정도였던 것과 비교하면 일본에서 전례가 없는 매머드급 볼링장이었다. 하지만 브레이크 없이 질주만 하던 볼링 사업은 이 볼링장과 함께 추락을 맞이한다.

오픈 직후에는 순조로운 출발을 보였으나 해가 바뀌면서 손님이 조금씩 줄어드는가 싶더니 5월이 지나면서 볼링장을 찾는 사람들이 격감했다. 한창우가 운영하는 볼링장만 그런 것은 아니었다. 볼링이 황금알을 낳는 사업이라 알려지며 이 사업에 무작정 뛰어든 이들로 볼링장이 난립했다가, 볼링 붐이 한풀 꺾이자 전국의 볼링장이 갑작스런 불황을 맞은 것이다. 흔한 말로 막차를 탄 셈이었다. 여러 군데에서 돈을 빌려 초대형 볼링장을 건설했던 한창우는 갑자기 찾아온 유행의 썰물 때문에 결정적 위기를 맞았다. 1975년 당시 60억 엔, 요즘 물가로 치면 1,000억 엔에 가까운 빚을 지게 된 것이다.

한 번 꺾이기 시작한 유행은 다시 돌아오지 않았다. 자동차까지 경품으로 내걸며 손님 모시기에 열을 올렸지만 손님들은 볼링장을 외면했고 쌓이는 것은 빚에 대한 이자뿐이었다. 한창우는 결국 막대한 빚을 갚을 수 없다고 판단하고 채권자들 앞에서 인감과 모든 도장을 내놓으며 '미안하지만 빚을 상환할 수 없다. 이것을 가지고 맘대로 하시라' 고 선언하기에 이른다. 자포자기의 상황이었다. 그때 그에게 돈을 빌려준 한 회사의 임원으로부터 벼락 같은 호통을 듣는다.

"무슨 소릴 하는 거요. 우리는 당신을 신용해서 돈을 빌려준 것인데……. 당신은 아직 마흔둘이요. 좀더 노력을 하세요. 우리는 당신을 응원합니다."

죽는 것만 생각하며 하루하루를 보내던 한창우는 정신이 번쩍 들었다. 여기서 포기하면 자신을 믿고 돈을 빌려준 재일 조선인 사업가들과 금융회사에게 죄를 짓는 것이라고 생각한 그는 이를 악물고 빚을 갚기로 한다.

재기의 길, 파친코 사업에 집중하다

•

그가 무작정 확장했던 볼링장은 엄청난 빚을 졌지만 두 개의 파친코 매장은 유행과 관계없이 꾸준한 흑자를 내고 있었다. 결국 그는 놀리고 있던 볼링장 부지에 파친코 매장을 내기로 하는데, 이 선택이 후일 그의 재기를 가능하게 한다. 돈이 없었기에 가능한 돈을 들이지 않고 파친코 매장을 만들 수밖에 없었는데, 그는 화려한 조명이나 인테리어, 경품이 없어도 배당만 잘 터지면 손님이 많이 몰린다는 것에 주목했다. 배당률을 높이고 손님의 관심을 끄는 적극적 홍보를 통해 대성공을 거둔 것이다.

볼링 사업의 실패는 그에게 가장 힘든 시련이었지만, 그에게 큰 교훈을 주었다. 그가 얻은 교훈은 첫째, 일본 전국을 뒤흔들었던 유행이 모래성처럼 흔적도 없이 무너지는 것을 직접 경험하면서 유행에 의존하는 사업이 얼마나 무서운가를 깨달았다. 둘째, 비용 절감이 중요하다는 것과 외관보다는 고객 만족이 손님을 부른다는 것을 알았다. 한적한 교외에 있는 소박한 인테리어의 매장이라도 배당만 잘 터지면 손님이 몰린다는 것을 파악했다. 셋째, 사업가에게 신용이 얼마나 중요한지 다시 한

번 절감했다. 한창우가 재기에 성공할 수 있었던 것은 파친코라는 특수한 분야 덕분이기도 했지만, 그의 과감한 방향 전환과 그가 쌓아온 신용이 있었기에 가능했다. 막대한 빚더미에 올랐지만 채권자들이 믿어준 덕에 재기할 수 있었다. 일본 사회의 마이너리티였지만, 일본인보다 더 인정받기 위해 열심히 일하고 노력한 결과가 재기의 밑바탕이 되었다.

한창우는 볼링 사업에서 실패하기 전까지 미네야마에서 잘나가는 청년 사업가였지만, 한국인이라는 벽은 늘 존재했다. 수백 년을 이어온 견직물 산업의 고장인 만큼, 전통과 역사를 중시하는 상공인들 중에는 물장사로 벼락부자가 된 한국인을 좋지 않게 보는 사람들이 있었다. 청년회의소 가입을 거절당한 사건이 한 예다.

지역사회와 융화되어 작게나마 공헌하고 있다고 생각하던 한창우로서는 상처가 아닐 수 없었다. 회사의 매출이나 규모 면에서 뒤질 것이 없었고, 평소 함께 교류하던 사람들이 어렵지 않게 가입하는 단체에 단지 한국인이라는 이유 하나 때문에 끼지 못했기 때문이다. 일본뿐만 아니라 어떤 사회에서도 마이너리티들은 주류 사회에 대한 적의를 가지는 경우가 많다. 그러한 반발과 증오는 끔찍한 범죄로 발전하기도 한다. 실제 재일 동포 중에도 일본 사회에서 겪은 차별 때문에 일본이나 일본인에게 반감을 가지고 있는 사람이 적지 않다.

하지만 미네야마에서 '그들만의 잔치'를 지켜본 한창우는 달랐다. 그는 '일본인이 신용을 얻기 위해 10의 노력이 필요하다면 재일 한국인은 12에서 13의 노력을, 일본인이 8시간 일한다면 재일 한국인은 12시간 일을 해야 대등하게 평가받을 수 있다'라고 생각했다. 물론 그 안에는 '두고 보자' 와 같은 오기도 들어 있었지만 민족 차별을 부정적으로만 보지 않고, 자신의 성장과 노력의 계기로 삼은 것이 그만의 독특한 해결법이었다. 그리고 그런 긍정적인 사고방식이야말로 그가 일본에서 성공을 거둔 가장 큰 요소일지 모른다. 그는 일본인과 대등해지고, 일본인보다 더 인정받기 위해서 성실하게 일하며 신용과 교양을 쌓는 데 힘을 쏟았다.

그는 재일 한국인으로 일본 사회에서 엄청나게 성공한 사람이지만, 일본 내의 차별을 절대로 강조하거나 무기로 쓰지 않았다. 그는 누구보다도 차별을 많이 겪은 세대지만, 오히려 차별이 있는 것은 당연하다고 생각했다. "세계 어디든지 차별은 있다. 차별을 떨쳐버리기 위해서는 스스로 교양과 견식見識을 가지고 그 사회에 공헌하는 길밖에는 없다"[4]라며 일본 사회에 차별과 피해를 호소하는 재일 동포들에게 일침을 가했다.

차별에 대한 그의 인식을 보여주는 재미있는 일화가 있다. 1970년대, 그가 성공한 기업가가 되어 고향인 삼천포를 찾았을 때 그곳 경찰서장 등의 인사들과 중국 음식점에 가게 되었다. 그때 일행 중 한 명이 중국인이 운영하는 식당보다는 기왕이면 같은 나라 사람이 하는 곳으로 가자고 말을 꺼냈다. 그 말을 들은 한창우는 '맛이 없어서 가지 말자고 하면 따르겠다. 그러나 중국인이어서 가지 말자고 하는 것은 이해할 수 없다' 며 반대를 했고, 결국 일행은 중국인 식당에서 식사를 했다.[5]

화교들이 한국 땅에서 겪는 차별과 그 심정은, 한국에 살고 있는 평범한 한국인보다 어쩌면 일본에서 크고 작은 차별을 경험한 그가 훨씬 잘 헤아릴 수 있을 것이다. 그렇기 때문에 국적이 아닌 맛이라는 평가 기준을 원했을 것이다.

그는 재계의 거물이 된 뒤에도 일본과 한국의 자선사업에 힘써왔고, 세금 신고와 기부에서도 항상 모범이 되려고 노력했다. 일본 사회에 공헌하고 그들의 본보기가 되는 것이야말로 재일 동포의 권리를 신장하고, 인정을 받는 지름길이라는 평소의 지론을 알 수 있는 대목이다. 고국을 위한 공헌에도 인색하지 않았던 그는 자신의 고향인 삼천포는 물론 경남대, 부산대, 서울여대 같은 한국의 대학, 중국 조선족의 교육을 맡고 있는 옌볜대학 등에도 많은 교육 기금을 기부했다.[6] 그뿐만 아니라 그는 캄보디아, 중국, 마셜 제도 등에도 여러 차례 장학금과 기부금을 제공했으며, 이런 한창우의 꾸준한 활동은 한국과 일본 정부를 비롯해 여러 단체로부터 인정을 받아 표창과 훈장을 수상했다.

한국계 일본인이 되자

한창우는 2000년 한국 국적을 포기하고, 일본 국적을 취득한다. 자식들이 1985년 일본 국적을 취득했던 것에 비해 늦은 편이었다. 그의 주장은 단순했다. 오랫동안 일본에서 살아왔고 가정과 사업을 비롯한 삶의 기반이 일본에 있기 때문에, 귀화를 해 일본 사회에 공헌하면서 선거, 피선거권 등의 권리를 구사하는 것이 재일 동포의 위상을 더욱 높이는 길이라는 것이다. 많은 사람들은 이 말에 고개를 끄덕일 것이다. 그 대상이 되는 국가가 '일본'이 아니라면 말이다.

한국인은 자국민의 일본 국적 취득에 유독 특별한 잣대를 적용한다. 미국에 있는 한국인 커뮤니티에서는 영주권, 시민권을 취득하면 주위로부터 축하를 받거나, 파티를 한다는 말을 흔히 듣는다. 그러나 일본으로 귀화를 하면 이해를 얻을 수는 있어도 축하를 받는 것은 거의 불가능하다. 오히려 귀화를 하는 사람이 입조심을 하며 쉬쉬하는 것이 보통이다. 이런 차이는 왜 생기는 것일까?

한창우는 당당히 한국 이름으로 귀화하여 일본 사회 안에서 선거권을 가질 때, 보다 적극적으로 정치에 참여할 수 있으므로 장차 영향력을 발휘할 수 있다고 보았다. 그리고 다른 나라에 대해서는 그런 행동을 이상하게 보지 않는데 왜 일본으로 귀화를 하는 것에만 색안경을 끼고 보느냐고 항변한다.

또 그는 말한다. 세계 각국의 한국계 재외 동포가 1년에 한 번 모이는 세계 한민족 체육대회에서도 호주, 미국, 영국의 교포들은 한 손에는 태극기, 다른 손에는 거주국의 국기를 흔들면서 입장하지만 재일 동포들은 한국의 격렬한 비판이 두려워 그럴 수가 없다고 한다. 그리고 그런 데서 재일 동포들이 겪는 정체성의 혼란과 갈등 같은 현실적인 문제를 외면하면서 국적에만 집착하는 재일 동포 단체 민단에 변화할 것을 촉구한다.

그렇다고 그가 민족을 부정하는 것은 아니다. 오히려 한국인으로서 자부심과 정체성을 가지고 떳떳이 살자고 주장한다. 한국 이름 그대로 귀화를 하자는 주장이 바로 그것이다. 즉 국적 중심적인 사고방식을 버리고 민족 중심적으로 나가야 한다는 주장이다. 국적은 한국이지만 본명을 감추고 사는 나카무라보다는, 국적은 일본이라도 떳떳이 홍길동이라는 한국 이름을 쓰자는 것이 그의 생각이다. 1985년 교토 한국인 상공회의 회의 석상에서 한창우는 다음과 같은 발언을 했다.

개인에 따라 각각 살아가는 사정이 다르다. 그러나 재일 동포는 일본 국적을 취득할 시대가 되었다. 또 이 나라에서 우리의 권리를 행사하기 위해서라도 일본 국적을 취득할 필요가 있다고 생각한다.[7]

한창우의 이런 발언은 재일 동포들에게 적지 않은 충격이었다. 1년에 1만 명 가까운 재일 동포가 일본인으로 귀화를 하고 있지만 공개적으로 귀화를 선언하거나, 귀화를 권유하는 것은 공공연한 금기 사항이었기 때문이다. 한창우는 묻는다. "미국에 있는 한국인은 미국 국적을 취득하려고 하고, 그것을 이상하게 보는 사람은 없는데 왜 일본에서는 손가락질을 받아야 하는가?" 라고. 또한 민단 간부들이 재일 동포들이 일본 사회에서 어떻게 살아가야 할지에 대한 고민은 제쳐놓고 한국에 드나들며 한국 정치인들과 먹고 마시는 것에만 정신이 팔려 있다고 비판했다.

이런 그의 너무나 직설적인 의견은 재일 동포 사회에서도 화제가 되어 많은 찬반을 불러일으켰다. 특히 1991년에 한창우가 교토 민단 회장 선거에 출마했을 때 상대방 진영은 한국 교포들의 민족 교육을 강조하면서 왜 당신의 자식들은 일본 국적으로 귀화시켰느냐며 그에게 맹공을 퍼부었다. 하지만 그런 공격을 당하고만 있을 그가 아니었다. 한창우는 그렇다면 왜 당신들은 한국 국적을 강조하면서도 한국어를 하지 못하며, 왜 떳떳하게 한국 이름을 쓰지 못하고 일본 이름을 쓰면서 살아가느냐고 반격했다.

치열한 선거는 인신공격과 감정싸움으로 변질되었고 낙승을 예상했던 것과는 달리 135 대 151의 16표 차로 패배하면서 한창우는 큰 좌절을 경험한다. 볼링 사업에서 실패해서 천문학적인 빚을 졌을 때보다도 더 큰 충격이었다. 그러나 이때도 그는 한창우식 복수를 하기로 마음먹는다. 민단의 개혁은 아직도 요원하다는 것을 절감하며, 민단 활동보다 사업가로서 비즈니스에 전념하기로 한 것이다. 선거에서는 졌지만 사업에서는 꼭 이기겠다는 의욕을 불태웠다. 마루한이 파친코 업계의 중견기업에서 정상 탈환을 향해 본격적으로 나서는 출발점이기도 했다.

파친코 업계의 틀을 깬 발상 전환

볼링 사업 실패의 충격을 극복하고, 착실한 성장을 계속하던 마루한은 1990년부터 새로운 전기를 마련하게 된다. 대학 졸업 후 레저, 골프 회사에서 서비스의 기본을 배운 그의 차남 한유韓裕가 마루한에 입사한 것이다.

차남은 아버지에게 새로운 시대에 맞춰 서비스도 개선을 해야 한다며 파친코 사업의 대대적인 변신을 주문했다. 기존의 파친코 매장은 구슬의 소음과 시끄러운 음악 소리와 담배 연기가 자욱한 어둡고 음침한 공간이었다. 이 분위기를 밝고 깨끗하게 바꾸어나가는 작업을 시작한 것이다. 무뚝뚝한 표정의 남자 점원들 대신 밝고 상냥한 표정의 젊은 여자 점원들을 고용했고, 친절한 응대와 서비스로 업계에 화제를 일으켰다.

마루한의 이러한 변신을 대변하는 것이 젊은이들의 거리 시부야 한복판에 건설한 '시부야 마루한 파친코 타워'다. 500억 엔 이상의 엄청난 자금이 투입된 이 사업은 파친코 업계의 상식을 깨는 파격적인 실험이었다. 차남인 한유가 주도한 이 실험적인 프로젝트는 젊은이들에게 크게 호응을 얻었고, 사업에서도 멋지게 성공했다. 이후 마루한의 변신은 파친코 업계에서 하나의 모델이 되었고, 전국에 있는 마루한의 매장들은 단시간에 최고의 서비스와 밝은 오락을 제공하는 레저 공간으로 탈바꿈했다. 새로운 운영 방식을 앞세워 공격적으로 매장을 확장해가던 마루한은 마침내 파친코 업계 정상의 자리에 오른다.

천황과 만나다

•

1994년에 김영삼 대통령이 황궁에 초대를 받아 일본을 공식 방문하는데, 이때 한창우도 재일한국상공회의소 회장 자격으로 초대를 받는다. 웬만한 일본인도 평생 가보기 힘들다는 황실 만찬의 초대장을 받은 것은 그에게 그동안의 고생에 대한 보람이자 보답이었다. 일본인조차 꿈꾸지 못할 황실 만찬에 초대를 받아 천황을 만나서 악수를 하는 것(천황과의 악수는 일본인은 할 수 없고, 외국 귀빈에 한해서 할 수 있다)은 과거 지방 도시의 청년 회의소, 로터리클럽 등의 단체에도 초대를 받지 못해 분루를 삼켰던 그의 멋진 역전 홈런이었다.

이날 한창우는 만찬에서 만난 황족들에게 감명을 받는다. 그들은 친절하고 공손했으며 입고 있는 옷은 전부 검소한 것들이었다. 일제의 통치를 경험했던 사람으로서 천황에 반감이 있던 그였지만 이 일을 계기로 그런 반감은 사라진다. 어쩌면 이 자리는 그가 이제 마이너리티가 아니라, 천황 앞에서도 당당할 수 있는 일본 사회의 주류로 발돋움했음을 확인한 계기였는지도 모른다.

그의 화려한 성공과 발자취는 놀라운 것임에도 한국 사회에서 그의 지명도나 평가는 손 마사요시나 신격호보다 높지 않다. 어쩌면 그것은 한창우의 쓴소리가 원인일지도 모른다. 그는 재일 동포 사회뿐 아니라 한국 사회, 한국의 대통령에 대해서도 날카로운 비판을 자주 해왔기 때문이다. 그러나 한국 사회는 그의 쓴소리를 냉정하게 경청할 필요가 있다. 그중에서도 한국 국적에 대한 고집이 과연 얼마나 합리적인지, 그리고 그 판단의 기준은 공정한지에 대해서는 더욱 그래야 한다.

한국 사회는 국적을 포기하는 사람에 대해서 너무나 쉽게 배신자라고 낙인을 찍지만, 외국 국적임에도 세계적으로 유명한 사람에 대해서는 너무나 천연덕스럽게 한국인이라며 치켜세운다.

한국에서 인종차별을 받던 하인스 워드는 아메리칸풋볼리그NFL에서 MVP가 되자마자 한국 언론에서 자랑스런 한국인으로 소개되었고, 대기업들은 앞다투어 그를 초청해 광고에 출연시키려고 했다. 혼혈아나, 내버리듯 외국으로 보낸 입양아가 외국에서 출세를 하거나 유명해지면 너무나 쉽게 한국인이라고 아는 척을 하는 행태는 과연 얼마나 정당할까?

한창우도 귀화를 했다는 것 때문에 재일 동포 사회에서 비난을 받았지만, 손 마사요시나 시게미쓰 다케오(신격호)를 비롯해 일본식 이름을 쓰는 사람들을 비판하는 사람은 없다. 정체성 문제만 본다면 일본식 이름으로 바꾼 손 마사요시나 신격호보다 한국식 이름 표기와 발음을 그대로 쓰는 한창우가 훨씬 떳떳한데도 말이다.

한창우는 세상의 주목을 받는 위치에서도 소신에 따라 행동하고, 자신의 주장을 당당히 밝혀왔다. 예를 들어 일본의 일부 골프장의 회원 가입 자격에 국적 제한이 있는 것을 이해할 수 없었던 그는 1995년 10월 23일 『아사히신문』에 본인의 이름으로 전면 광고를 실었다. 그리고 그 광고에 "입회 자격은 국적입니까? 인격입니까?"라는 메시지를 실어 여전히 폐쇄적인 일본 사회에 통렬한 비판을 가했다.

물론 과거 창씨개명의 기억과 일제의 통치 때문에 귀화에 거부감을 가지는 사람이 많은 것은 사실이다. 하지만 그의 행동들은 결코 타협이나 복종의 의미가 아니다. 오히려 현실을 외면하지 않고 당당하게 자신을 드러내는 자신감의 표현이다.

한창우는 국적만 일본일 뿐 자신의 이름을 그대로 지키면서 한국 출신이라는 것을 떳떳이 밝혔고, 일본 사회에서 행동을 통해 한국인에 대한 긍정적인 이미지를 심는 데 큰 역할을 했다. 외모나 춤이 아닌, 신뢰와 선행의 한국인상을 일본에 각인시킨 인물이라는 말이다. 그리고 이것이 바로 한창우류, 즉 그만이 할 수 있는 한류韓流다. 앞으로도 그의 더 큰 활약을 기대한다.

2부

굴종하지 않는 반항아로 한 시대를 살다

불의와 타협하지 않은 우국의 폭탄 사나이

이시이 고키

학생운동가에서 국회의원으로

•

한국의 국회에서 여당과 야당이 몸싸움을 하거나 기물을 집어던지는 '운동회'를 보는 것은 그다지 낯선 일이 아니다. 그들은 도대체 무엇을 위해 싸우는가? 대부분 자신이 속해 있는 정당, 혹은 정치적 이익과 관련된 이견을 놓고 싸운다. 즉, 자신들에게 직간접적으로 미치는 이익과 불이익을 두고 싸우는 것이다. 그러나 험한 얼굴로 서로 못 잡아먹어서 안달인 그들도 자신들의 연금이나 세비 인상 등 공통의 이익에 관한 한 단결된 모습을 보여주기도 한다.

일본도 크게 다르지 않다. 정치인들과 직간접적으로 관련된 정치적 이익을 둘러싸고는 큰 목소리를 내며 싸우지만, 아무리 국민을 위한 문제라도 자신들에게 불리하거나 자신들의 정치 생명에 위협이 된다면 침묵하는 경우가 적지 않다. 하지만 궁극적으로 국회의원은 자신들의 밥그릇을 위해서가 아니라 국가와 국민에게 해악을 끼치는 존재와 싸워야 하지 않을까? 진심으로 나라를 걱정하는 정치인이라면 누가 알아주지 않아도, 위협과 방해가 있어도, 선거에 도움이 되지 않더라도 문제에 당당히 맞설 수 있어야 한다. 국민은 그런 모습을 기대했기에 그들을 국회에 보낸 것이다.

자신의 안위를 돌아보지 않고 오직 국부國富를 좀먹는 세력을 근절하기 위해 싸운, 귀감이 될 만한 일본의 국회의원이 있다. 1960년대 학생운동의 최일선에서 리더로 활약하다가 국회에 진출, 오로지 국가와 국민을 위해 일하다 '제거된' 민주당의 국회의원 이시이 고키石井紘基다.

1940년 도쿄에서 태어나고 자란 이시이는 전후 혼란기에 학창 시절을 보냈다. 종전 후의 일본은 전쟁 중 탄압을 받던 좌파 세력이 대두하면서 많은 사회적 혼란을 겪고 있었다. 미국과 소련의 극단적인 대립은 동서 양 진영뿐만 아니라 일본 국내의 세력도 좌우 둘로 갈라놓았고 한국의 1980년대를 연상시키는 시위와 최루탄은 1960년 전후의 일본을 대변하는 모습이었다. 재수를 거쳐 1960년 주오대학에 입학한 이시이는 격변의 시대와 마주한다. 이때는 전후 일본을 가장 크게 뒤흔든 '안보투쟁安保闘争'이 정점에 오른 시기였다(안보투쟁은 1960년과 1970년 두 번에 걸쳐 여당이 미일안전보장조약을 강행한 것에 대한 국회의원, 노동자, 학생, 시민 및 일본 내 좌익 세력이 참여한 일본 역사상 최대 규모의 반정부, 반미 운동이다. 60년 안보투쟁에서 기시 내각은 혼란을 부른 책임을 지고 총사퇴했다. 하지만 70년 안보투쟁에서는

1960년의 안보투쟁 당시에 시위대가 국회의사당을 둘러싼 현장 모습. 이시이는 주오대학 학생자치회의 활동가로 학생운동의 최전선에 있었다.

투쟁에 참가한 좌익이 분열되고 시위가 폭력적으로 변질되면서 대중과 지식인의 지지를 잃었다). 신입생들은 입학식 다음 날부터 시위대에 합류하여 경찰과 격렬하게 충돌했고, 그해 6월에는 국회의사당에 돌입, 점거 사건을 일으키면서 세상을 놀라게 했다. 국가의 심장부인 국회의사당이 시위대에 점령당하는 수모를 겪자, 일본 정부는 당황했고 이때부터 경찰은 강경 진압에 나섰다. 이시이는 주오대학 학생 자치회의 활동가로 학생운동의 최전선에 서 있었다.

1960년 6월 1일, 대학생이 중심이 된 시위대는 국회에 돌입하여 경찰들과 충돌 직전의 상황에 있었다. 흥분한 학생들은 스크럼을 짜고 경찰을 노려보았고, 경찰은 경찰대로 국가의 위신이 걸린 시설을 지키기 위해 진압 개시 명령을 기다리고 있던 일촉즉발의 상황이었다. 그 자리에 국회의 주인인 국회의원들의 모습은 보이지 않았다. 국회를 뒤로 하고 안전한 곳으로 피신해버렸기 때문이었다. 학생들은 "역시 정치인이란 놈들은 다 이렇다"라고 기존 정치인들에게 실망했는데, 경찰 기동대가 강경 진압을 하려고 할 때 나타난 단 한 명의 국회의원이 있었다. 진보개혁 성향의 사회당 의원 에다 사부로. 살기가 감도는 위기일발의 장소에 나타나 흥분한 양쪽을 진정시키며 학생들을 지켜주려고 한 유일한 정치인이었다.

이시이는 여타 정치인과는 다른 에다에게 크게 감명받고 정치가에 대한 부정적인 시각을 바꾼다. 또한 에다 의원을 인간적으로 동경하여 후일 그와 인연을 맺는데, 이 만남이 이시이가 정치가의 길을 걷는 계기가 되었다.[1]

한국의 4·19에 고무된 일본 대학생들

•

당시 일본 학생들에게 큰 영향을 준 것은 한국의 4·19였다. 전학련全學連

(전일본학생자치회총연합)을 중심으로 한 학생들은 민중 봉기를 일으키면 일본에서도 정부 권력을 쓰러뜨릴 수 있고, 선거가 아닌 민중의 힘으로 세상을 바꿀 수 있다고 생각했다.2 일본의 학생운동 세력에는 한국의 4·19가 하나의 모델이 된 것이다. 이때 일본의 학생운동은 마르크스주의와 마오쩌둥주의에 많은 영향을 받고 있었고 실제로 소련이나 중국을 추종하는 젊은이가 많았지만, 전학련의 주류파와 이시이는 공산당을 싫어하는 '안티 공산당' 성향이었다.

이시이는 시위 현장에서 거친 활동을 펼치는 활동가 스타일이 아니라 조직의 관리와 기획, 운영을 맡는 관리자 스타일이었는데, 자치회에서 활동하다가 후일 자치회 임원을 거쳐 서기장과 위원장을 맡으며 학생운동의 핵심 멤버로 떠오른다. 안보투쟁의 최전선에 섰던 핵심 멤버들은 졸업이 가까워오면서 한 가지 고민을 피할 수 없었다. 바로 진로였다. 당시 학생운동 세력은 기성세대에 위협적인 존재로 여겨졌기 때문에 여간해서는 취직이 힘들었기 때문이다. 게다가 단순 가담자도 아닌 주오대학 학생회 위원장 출신인 이시이가 선택할 수 있는 길은 대학원에 진학하는 것과 노동운동 혹은 국회의원 사무실 같은 곳에서 일하는 것밖에 없었다. 고민 끝에 이시이는 결국 와세다대학 대학원에 진학하는데, 대학원에서 우연히 유학의 기회를 얻어 인생의 전기를 맞는다.

와세다대학 대학원 법학과에 재학 중이던 이시이는 1965년 모스크바대학 대학원으로 간다. 원래는 호세이대학 법학부 학생 위원장 출신으로 학생운동의 동지이자 핵심 멤버 중 하나였던 구라모치 가즈로가 가기로 되어 있던 자리였는데, 구라모치가 갑자기 도쿄 이타바시 구의

회 선거에 나가게 되면서 이시이가 대신 모스크바로 가게 된 것이다.

당시 소련은 장기적 세계 전략의 하나로 많은 유학생을 받아들이고 있었는데, 수업료가 무료에 일상생활이 가능할 정도로 충분한 장학금이 지급되어 각국 유학생들이 불편 없이 지낼 수 있었다. 주말에는 모여서 술을 마시거나 파티를 하는 등 캠퍼스 안의 유학생은 일반 소련 시민들에 비해 상당한 자유와 여유로운 생활을 만끽했다. 이때는 흐루쇼프Nikita Sergeyevich Khrushchev가 실각(1964)하고 브레즈네프Leonid Brezhnev 시대가 막 시작되던 시기였다. 냉전이 한창이던 이때만 해도 일본에서는 많은 인텔리, 학생, 노동자의 좌익 운동이 큰 세력을 이루고 있었고, 그들에게 소련은 '이상 국가'처럼 비쳐지고 있었다.

하지만 이시이가 직접 겪은 소련은 그런 이상 국가와는 거리가 멀었다. 관료들이 권력을 독점하고 있으며 언론과 학문의 자유는 없는데다가 감시와 의심이 팽배해 있었다. 당시 소련의 신문과 서적은 소련 당국의 검열을 받았는데, 이시이가 유학 기간에 쓴 책에 대해서도 검열을 하려고 하자, 같은 연구실에 있던 소련인 동료가 "나라 망신이니까 유학생까지 검열하는 짓은 하지 말아주십시오"라고 학과장에게 청원할 정도였다.

이시이는 일본의 사회주의청년동맹 등 일본의 사회당, 공산당 계열의 젊은 당 간부들이 종주국 소련을 방문하는 걸 직접 모스크바에서 보았다. 모스크바에 도착한 일본의 좌파 젊은이들은 사회주의를 찬양하거나 공산당의 혁명가를 부르곤 했다. 외부 사람들에게 비친 소련은 여전히 미국과 맞서는 유일한 강대국이자 이상 국가였기 때문이다. 하지만 정작 모스크바에 사는 소련의 젊은이들과 노동자들은 현실은 모르면서 소련을 찬양하는 일본의 철없는 이상주의자들을 차가운 눈으로 바라보았다. 멀리 떨어진 나라에서 바라보던 소련은 사회주의적 이상 국가를 지향하는 강대국이었지만, 정작 소련에서 사는 사람들은 사상 통제와 생필품 부족에 넌더리를 내고 있었기 때문이다.

이시이는 소련의 문제점이 공산당을 중심으로 한 관료들이 국가의 이익과 권력을 독점하는 것에 있다고 보았다. 그리고 소련에서 목격한 관료주의 국가의 문제점은 그가 후일 국회의원이 되어 일본의 관료주의를 비판하는 계기가 된다.

귀국 후 사회당에서 일하며 정계 입문

•

1968년 이시이는 모스크바에서 국립국제관계대학Moscow State Institute of International Relations에 다니던 나타샤라는 소련 여학생을 알게 되었다. 장래에 외교관이 되기를 꿈꾸던 그녀는 일본어를 배우고 싶어 했는데, 마침 모스크바대학에서 유학 중이던 이시이에게 도움을 청한 것이다. 당시 그는 소련의 국가 의사意思를, 나타샤는 일본의 민주주의 운동을 전공하고 있었다. 상대방의 국가에 대해 깊은 관심을 가지고 있던 두 사람은 자연스럽게 공부를 위해 도움을 주고받는 사이가 되었고, 연인으로 발전하게 되었다.

당시 소련에서는 외국인과 결혼하려면 부모의 승낙이 필요했는데, 나타샤의 홀어머니는 흔쾌히 이를 허락했고, 두 사람은 1970년 모스크바에서 혼인식을 올리고, 이시이가 학업을 마친 1972년에 일본으로 함께 이주하여 도쿄에서 생활을 시작했다. 일본에 돌아온 지 3개월 후 딸 타냐가 태어났고, 이시이는 사회당 기관지 기자로, 나타샤는 와세다대학에서 러시아어를 가르치며 바쁜 나날을 보냈다.

모스크바 대학원에서 법철학 학위를 따고 일본으로 돌아온 이시이는 1970년대 초반에 이미 "소련은 붕괴한다"고 예측했는데, 이때 그의 말을 주목하는 사람은 아무도 없었다. 소련의 사회체제를 비판하는 사람은 있어도 세계적 강대국인 소련이 붕괴할 거라고 보는 사람은 없었다. 하지만 6년간의 소련 생활에서 그곳의 사회적 모순과 한계를 직접 경험한 이시이는 누구보다도 관료들이 지배하는 국가의 문제점을 잘 알고 있었다.

이시이는 결국 사회당 기관지 기자를 그만두고 자신에게 큰 영향을 준 정치인인 에다 사부로의 아들이자 국회의원인 에다 사쓰키의 비서로 변신해 정계 활동을 시작한다. 그는 이시이와 한 살 차이로, 학창 시절 이시이가 에다의 선거운동을 도울 때부터 알고 지내던 동지이기도 했다. 국회의원 비서로 착실히 경험을 쌓던 이시이는 1978년에 에다 사쓰키, 후일 총리의 자리에 오른 호소카와 모리히로, 간 나오토 등 개혁 성향의 인물들과 사회운동연합을 결성해 사무국장으로 일하며 실무 경험을 쌓는다.

1989년에는 주변의 권유에 따라 도쿄에서 국회의원 선거에 입후보했다가 낙선하지만, 4년 후인 1993년에 재도전, 첫 당선의 쾌거를 이룬다. 학창 시절부터 부패한 정치인과 권력에 비판적이던 이시이가 드디어 국정에 참가하여 자신의 목소리를 낼 수 있는 위치에 오른 것이다.

이시이는 선거에 당선된 이후 "(소련과 일본의) 국가 체제는 달라도 정보를 감추려는 권력의 습성은 같다. 이대로 가면 일본도 소련의 전철을 밟게 된다"[3]며 일본의 재건과 개혁을 위해 일하겠다고 굳게 다짐한다.

일본을 망치는 고질병, 아마쿠다리

2012년 12월 총선거를 앞두고 일본의 각 정당이 내건 공약을 죽 훑어보면 자주 눈에 보이는 단어가 있다. '아마쿠다리天下り'라는 말이다. 정권 재탈환에 성공한 보수 야당 자민당도, 지지도가 땅에 떨어져 여당의 자리를 내주게 된 민주당도, 개혁진보 성향의 공산당도, 자민당과 연립·협력 관계에 있는 공명당도 서로 '아마쿠다리의 폐지', '아마쿠다리 엄격한 제한' 등을 주요 공약으로 내걸었다. 보수, 진보를 떠나 이 공약을 공통적으로 내건 이유는 간단하다. 유권자, 즉 국민들의 지지를 얻을 수 있기 때문이다.

아마쿠다리란 하늘, 즉 위에서 내려온 것을 일컫는 말인데, 한국으로 치면 '낙하산 인사'가 비슷한 의미의 단어다. 아마쿠다리는 낙하산 인사 중에서도, 공기업이나 정부에서 주로 일감을 얻는 공단, 재단, 협회 등 정부 산하 단체에 은퇴한 고위 공무원이 재취업하는 것을 주로 말한다. 예를 들어 정부의 차관급, 국장급 등 중요한 직위에 있던 사람이 은퇴한 뒤, 정부의 눈치를 볼 수밖에 없는 단체에 이사나 감사 등으로 다시 들어가 높은 연봉을 받는 것을 말한다. 명목상 재취업이기는 하지만 실제 일을 하기보다는 노인정에 나가듯 형식적으로 출근하면서 고액의 연봉을 받는 경우가 대부분이다. 문제는 그들이 누리는 혜택이 전부 국민의 세금이라는 데 있다.

정부와 지방 관청에서 은퇴하는 수많은 고위 공무원의 배를 불리기 위해 엄청난 국가 예산이 낭비되는데도 일본의 역대 정권은 그것을 일소하지 못했다. 언제나 형식적으로 제한을 부르짖고는 있지만 실제 근절되지 못했고, 오히려 정치가들과 협력해서 국가의 재산을 축내는 것이 현실이었다. 이것은 이시이가 소련에서 보아왔던 문제점의 판박이나 다름없었다. 국회의원이 된 이시이는 관료들이 장악한 국가의 권력 구조를 청산하기 위해 칼을 빼어들었다.

이시이는 아마쿠다리 문제를 해결하기 위해 제일 먼저 대표적인 '세금 먹는 하마'인 일본 전국의 지방 공항 조사에 착수한다. 일본에는 '농도공항農道空港'이라는 것이 있다. 1988년 유통의 합리화와 농업의 효율화를 위해 만든 법에 따라 1991년부터 1996년까지 전국 여덟 곳에 지어진 미니 공항이다. 농산물을 항공편으로 운반하기 위한 공항이며 총공사비는 112억 8,000만 엔이다. 중앙정부 49억 엔, 지방자치단체 43억 엔, 시와紫波 군이 21억 엔을 부담하기로 되어 있었는데, 얼마 가지 않아 중앙정부가 사실상 전부 부담하는 형식으로 바뀐다. 그 중앙정부의 부담이란 바로 국민의 세금을 의미했다.

그렇다면 각 공항은 완성 후 얼마나 이용되었을까. 연간 이용 횟수가 가장 많은 후쿠시마의 이자카 공항이 37회, 홋카이도의 기타미 공항과 나카소라치 공항은 각각 17회와 14회로 목표를 한참 밑돌았다. 세금을 쏟아부어 만든 공항이 개점 폐업이나 다름없는 유령 공항으로 전락하여 적자가 늘자 결국 용도를 다목적 공항으로 변경했다. 이름은 그럴듯한 다목적 공항이었지만 실제로는 놀이 기구를 설치하거나 무선조종 모형 비행기 경기장으로 가끔 이용할 수 있게 되었을 뿐이었다. 세상에서 가장 한산하면서도 가장 많은 건설 비용이 들어간 '놀이터'를 만든 것이다.

여론의 비판을 의식해 1999년 홋카이도의 신토쿠에서는 완두콩 등 농산물 8킬로그램을 오비히로 공항에서 오사카와 히로시마로 공수하는 쇼를 했다. 그리고 '맛이 일품'이라는 평을 얻었다며 자화자찬을 했지만, 계산해본 결과 콩 서너 개가 들어 있는 콩깍지 한 개당 단가는 300엔에 달했다. 빠르고, 신선하게 농산물을 전국에 전할 수 있다고는 하지만, 육상 운송에 비해 비용이 엄청난 비행기로 농산물을 나른다는 발상 자체가 말도 안 되는 것이었다.

이런 무리한 계획은 왜 추진되었을까? 그것은 이런 공항을 건설함으로써 각종 재단, 법인, 민간 기업이 엄청난 혜택을 볼 수 있기 때문이다. 그리고 이런 조직에는 낙하산 인사로 임명된 농림, 건설 관료들이 앉아 있다. 이시이는 이런 관료와 기업의 카르텔이 국가의 부를 좀먹고 있는 것이라고 보았다.

국가를 지배하는 철의 연결 고리

•

왜 이런 만화 같은 사업이 시행되었을까? 이유는 간단하다. 세금을 눈먼 돈이라 생각하고 털어먹으려는 세력이 있기 때문이다. 그 세력은 다름 아닌 정치가-관료-기업의 삼각 편대다. 그 구조는 간단하게 보이지만 실제 그 안을 파고들면 상당히 복잡하다.

운수성과 건설성, 농산성은 공항 건설 계획을 세우고, 정치가들은 그 계획을 국회에서 통과시킨다. 사업이 확정되면 운수성, 건설성, 농산성은 공사 업체를 선정하는데, 대부분 각 성의 퇴직자들이 퇴직 후 설립하거나 낙하산 인사로 취업한 업체다. 그 업체들은 사업만 따올 뿐 실제 공사는 하청 업체에 전부 맡겨버린다. 간판만 건설 회사일 뿐 실제로는 일거리를 따오는 로비 단체인 것이다.

하청 업체의 선정 역시 공짜는 없다. 각 정부 기관의 퇴직자들을 임원으로 받아준 회사에만 일을 의뢰한다. 다시 말해, '일거리를 따고 싶으면 정년퇴직한 관련 부처의 공무원을 임원으로 앉히라'는 강요인 셈이다. 건설 업체들은 공사를 따기 위해 퇴직 공무원을 임원이나 간부로 받아들이는 대신 정부 각처에서 쉽게 일거리를 따온다. 또한 이 사업 계획을 국회에서 통과시킨 정당과 정치가들에게 우회적이고도 합법적인 방

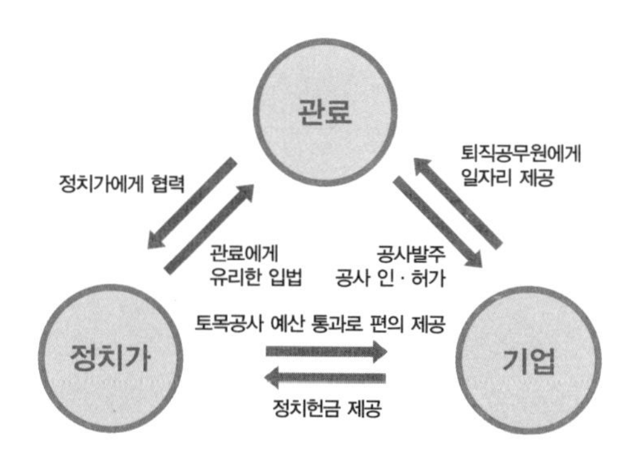

일본의 국가 재정을 좀먹는 정-관-재(財)의 삼각관계. 그 구조는 간단해 보여도 실제 그 안을 파고들면 상당히 복잡하다.

법으로 정치자금을 제공한다. 이렇게 보면 건설 업체들이 먹이사슬의 가장 하층에 있는 샌드백처럼 보이지만 이들도 그렇게 순진하지는 않다. 퇴직 공무원과 정치인에게 제공한 헌금을 메우기 위해 공사 대금을 부풀려 정부에 청구하는 것이다. 물론 이 모든 것은 국민의 세금이다. 즉, 이 삼각관계야말로 일본을 좀먹는 세금 도둑이다.

일본에는 민간 공항, 미군 부대의 공항을 제외하고도 무려 100개의 공항이 있고 그 상당수는 대합실이 텅텅 비었는데, 이용객이 거의 없기 때문이다. 비행기는 뜨고 내리되 승객이 한 명도 없는 노선이 있다는 뉴스도 있었으나, 그저 한때의 뉴스로 흘릴 뿐 문제를 집중 취재하는 경우는 보기가 힘들다. 입을 다물고 있기는 여당도, 야당도 마찬가지다. 공항이 만년 적자라 할지라도 국가사업인 만큼 건설과 사업 진행 과정에서 엄청난 자금이 투입되었고, 누군가는 분명 엄청난 이익을 보았을 텐데도 그 유착과 비리의 구조를 추궁하는 모습을 볼 수 없는 것은 왜일까? 이런 문제를 보고도 모른 척하는 국회의원이 있는 것 자체가 심각한 문제다.

하지만 이시이는 달랐다. 저술과 국회 발언을 통해 끈질기게 비리를 추적하는가 하면, 정부 기관장을 소환해 관련 문제를 집중 추궁하면서 돈키호테처럼 자신의 신념을 밀고 나갔다. 그만큼 국가의 문제에 열심이었다.

댐, 댐, 댐

•

댐을 만드는 목적은 크게 세 가지다. 첫째는 농업 용수와 공업 용수 즉 물의 확보, 둘째는 폭우나 가뭄에 대비한 저수, 셋째는 수력발전이다. 하지만 물을 이용할 일이 없는 데도 댐을 짓거나, 댐을 지었는데도 오히려 홍수가 더 많이 일어난다면 분명 무언가 잘못된 것이다.

일본에는 전국에 높이 15미터 이상의 댐이 약 2,600개나 있다. 강줄기 하나에 50개 이상의 댐이 있는 곳도 네 군데나 된다. 여기에도 뿌리 깊은 아마쿠다리 문제가 얽혀 있다. 농림수산성은 일본 전국의 하천에 엄청난 수의 댐을 계획하고 만들었다. 명목은 농업용수 확보, 홍수 방지 등이었지만 농민들이 원하지도 않는 댐과 도로, 관련 시설을 만들면서 정치인–관료–기업의 유착 구조를 이용해 천문학적인 이익을 자신들의 것으로 챙겼고, 이 문제는 여전히 현재진행형이다.

일본의 댐 건설 문제는 일본 개혁의 발목을 잡고 있는 고질적인 병폐로, 그것을 잘 보여준 예가 나가노 현 지사였던 다나카 야스오田中康夫(1956년생의 소설가 출신으로 정계에 진출해, 나가노 현 지사에 두 번 당선되었다. 이후 참의원과 중의원에 당선되었다)의 탄핵 소동이다. 2002년 다나카 지사는 세금 낭비를 막기 위해 댐 건설을 중지한다고 발표했다가 기득권 세력인 현縣 의회의 미움을 받아 탄핵된다. 댐 건설을 중지하면 여당, 야당을 막론하고 지방의회 의원들의 이익에도 지장이 생기기 때문이었다. 하지만 농민과 주민들은 다나카를 지지했고, 직위를 박탈당한 뒤 2개월 후 치른 재선거에 다시 입후보한 다나카는 주민들의 압도적인 지지를 얻으며 현

지사로 복귀한다. 현 의회에서는 자신들의 고유 영역을 건드리려는 신임 지사가 눈엣가시였으나 정작 농민들은 댐 건설을 반대하는 다나카 지사를 지지한다는 것을 보여준 사건이었다.

댐들로 가득 채워진 강의 하류에는 바다가 있고, 바다에는 항만 시설이 있다. 항만 시설은 배의 정박을 용이하게 하고 승선이나 화물의 선적을 쉽게 할 수 있도록 하기 위한 접안 시설로, 대규모 콘크리트 공사가 필요하다. 필요도 없는 곳에 항만 시설을 무조건 만들고 보자는 관행이 이어지자 배도 승객도 화물도 없는 항만 시설이 전국에 속속 등장했고, 막대한 세금이 투입되어 만들어진 것은 항만 시설이 아니라 주차장이 완비된 '낚시터'에 불과했다. 잘 닦인 도로와 주차장이 있으나 배가 들어오지 않는 항만 시설을 찾는 사람은 낚시꾼들뿐이었기 때문이다. 수십, 수백억 엔의 세금을 들여서 배를 불린 것은 고위 관료와 건설업자뿐이었다.

이런 문제를 언론이나 정치인들이 공론화하지 못했던 것에는 또 하나의 이유가 있었다. 건설업이라는 간판을 내건 각 지역의 이권 세력 중 상당수가 야쿠자였기 때문이다. 건설 사업을 수주하는 것은 은퇴한 정부 관료가 임원으로 있는 대기업이라 하더라도, 거기서 2차, 3차 공사를 하청 받는 중소 건설사 중에는 야쿠자가 운영하거나 대표로 있는 기업이 많았다. 야쿠자들이 운영하는 건설 회사는 대기업에서 공사를 수주받아 이익을 챙기거나, 하청 받은 것을 다시 3차 하청에 넘기면서 이익만 챙기는 수법으로 국가의 재산, 즉 국민의 세금을 갉아먹었다.

이시이는 자신의 저서 등을 통해, 불필요한 댐이나 항만 시설을 만들어 배를 불리는 세력이 있다고 비판하며 개혁의 목소리를 높였다. 그러면서도 그 문제를 언급하는 위험성을 잘 알고 있었다. 실제로 이시이는 지인에게 "항만공사 문제는 폭력단(야쿠자)의 이권이 걸린 문제라네. 이걸 다루면 칼을 맞을지도 모르기 때문에 신중히 추진하고 있네"라는 말을 하기도 했다. 한마디로 국회의원이 생명의 위협을 느낄 만큼 심각한 문제였던 것이다. 이런 물리적 폭력의 위협이 상존하기 때문에 '입만 애국자'인 정치가들은 일본 사회의 고질적 병폐에 감히 메스를 댈 생각을 하지 못하고 있었다.

국회의 폭탄 사나이가 되다

•

1998년 이시이는 방위성의 장비 조달 사업에서 21억 엔의 예산이 낭비되는 것을 발견하고 방위성 장관을 추궁한다. 방위성에서는 납품 기업이 견적서를 잘못 계산해서 생긴 일이라며, 기업에서 잘못 계산된 돈을 되돌려 받았다고 답변했다. 잘못을 인정하고 정정함으로써 사태를 조기에 매듭지으려고 했던 것이다.

이시이는 이것이 단순한 사무 착오인지 아닌지 해당 기업에 전화를 해서 진위를 확인하려고 했는데, 기업에서는 "사장이 자리를 비웠고 부사장도 없다, 전무도 외근 중이다"라며 핑계를 댔다. 기업 측의 회피가 계속 이어지자 이시이는 "중요한 연락이 있는데도 이렇게 회사 경영진과 연락이 안 되는 회사에 방위성의 주문을 맡기는 것은 말도 안 된다. 방위성에 그렇게 전달하겠다"라고 말하며 전화를 끊었다. 확인이 아니라 국회 차원에서 문제를 다루겠다는 엄포였다. 그러자 전화를 끊은 지 일 분도 안 되어 자리에 없다던 회사 중역에게서 황급히 전화가 걸려오는데, 이때 이시이는 새로운 사실들을 알게 되었다.

한국의 국방부에 해당하는 일본의 방위성에서는 기업에 주문을 할당하는 대가로 퇴직자의 재취업을 요구했고, 납품 단가 등을 조정하는 데도 물밑 교섭을 통한 비정상적인 관행이 이루어지고 있었다는 사실을 확인한 것이다. 물론 이시이는 이런 비리를 가만두지 않고 국회에서 방위성 장비 조달 사업에 대한 문제점과 비리를 폭로했다. 결국 현직 방위성 장관이 이시이의 추궁으로 장관 자리를 물러났고, 이후 부정부패와 세금 낭비를 일삼는 중앙 부처 사이에서 이시이는 기피 인물 1호가 되어 버렸다. 자신들의 관행과 밥그릇을 깨려는 인물에 대한 기피와 증오는 당연한 것이었다.

그렇지만 많은 국민은 관행과 부패와 싸우는 이시이에게 큰 기대를 걸었고 그는 별명을 얻었다. 바로 '국회의 폭탄 사나이'였다. 그것은 국회에서 파괴력이 큰 폭탄 발언을 거침없이 해온 이시이에게 붙은 하나의 훈장과도 같았다. 1960년 일본의 피 끓는 대학생으로 안보투쟁의 대열에 뛰어든 이래, 국가와 국민을 위해서 일하겠다는 열정을 지켜온 이시이의 활약이 본격적으로 결실을 맺은 것이다.

이시이는 자신의 별명을 싫어하지 않았다. 오히려 국민의 편에 서서 거대한 세력과 싸우는 자신을 대변하는 그 말을 좋아했는데, 반대로 정부의 고위 관료들과 그들이 만들어낸, 우후죽순처럼 난립한 정체불명의 사단법인과 재단, 조합 등의 입장에서 보면 자신들이 누려온 관행을 고발하고 저지해온 이시이는 눈엣가시 같은 존재일 수밖에 없었다. 지금까지 그들이 주물러온 수천, 수조 엔의 국가 예산을 마음대로 움직일 수 없게 되었고, 잘못하면 국회 차원에서 조사나 감사가 벌어질 수도 있기 때문이었다. 기득권 세력에 이시이는 실로 처치 곤란한 '폭탄'과 같았다.

하지만 이시이의 투쟁은 외로웠다. 다른 국회의원들이 위험한 일에는 몸을 사렸고, 선거 때 힘을 발휘하는 지역의 실력자나 기업의 심기를 건드리려고 하지 않았기 때문이다.

운명의 2002년 10월 25일

•

주변의 우려나 경고에는 아랑곳없이 오로지 부패 척결을 위해 동분서주하던 이시이는 2002년 주변 사람들에게 "아주 중요한 정보를 손에 넣었다"는 말을 했다. 그는 이전부터 언론이나 다른 정치인들보다 탁월한 정보력을 자랑했는데, 직접 발로 뛰어다니며 현장을 조사하기도 하고, 다양한 경로로 들어온 제보를 통해 언론도 놀랄 정도의 특종을 여러 번 국회에서 폭로한 바 있었다.

10월 24일 집에 돌아온 이시이는 부인 나타샤에게 "이번 국회에서 일본 전체가 발칵 뒤집힐 만한 아주 중요한 내용을 폭로할 것"이라는 의미심장한 말을 했다. 나흘 뒤에는 국회에서 이시이의 공개 질문이 예정되어 있었다. 이시이는 국회에서 늘 놀랄 만한 사건들을 폭로해왔기 때문에 그의 질문이 예정된 날은 많은 사람의 주목을 받았다.

다음 날 오후 이시이는 사흘 후로 예정된 공개 질문을 국회에 서면으로 제출하기 위해 서류를 넣어둔 가방을 손에 들고 집을 나섰다. 그가 집을 나서자마자 "누구냐?"라는 말과 함께 비명 소리가 들려왔다. 황급히 밖으로 뛰쳐나간 나타샤의 눈앞에 펼쳐진 광경은 참혹했다. 이시이가 칼에 찔려 피투성이가 된 채 쓰러져 있던 것이다. 이미 범인은 도주한 뒤로, 날카로운 칼로 심장 부분을 정확히 뚫어 절명시킨 전문가의 소행이었다. 현역 국회의원이 백주에 암살당한 이 사건은 일본 사회에 충격을 주었다.

이튿날 경찰에 자수한 범인은 이시이의 선거구에 살고 있는 이토 하쿠스이伊藤白水였다. 일본 최대의 야쿠자 조직 야마구치구미 계열의 우익 단체에 소속된 그는 이시이의 선거 사무소에도 들른 적이 있는, 이시이와 안면이 있는 사이였다. 그가 경찰에서 밝힌 범행 동기는 "예전부터 알던 사이여서 돈을 빌려달라고 했는데 냉정하게 거절당했다. 분노를 참을 수 없어 범행을 저질렀다"는 것이었다. 그러나 범인의 진술을 그대로 믿는 사람은 거의 없었다. 돈 문제 때문에 현역 의원을 죽였다는 것도 그렇지만, 서로 아는 사이인데 범행 당시 이시이가 "누구냐?"라고 소리를 질렀다는 점, 범인이 범행 직후 도망쳤다가 다음 날 바로 자수했다는 점, 범인의 외모가 목격자들의 증언과 다르다는 점 등 모순점이 많이 드러났기 때문이다.

또 하나 주목을 받은 것은 사건 현장에서 발견된 이시이의 가방이 텅 비어 있었다는 것이다. 국회에 제출하기 위해 이시이가 챙긴 서류는 어디서도 발견되지 않았다. 그뿐만 아니라 그가 언제나 들고 다니던 수첩도 사라져서 풀리지 않는 수수께끼로 남았다. 이시이는 발견 당시 왼손

중지가 절단되어 있었는데, 법의학자는 "이시이가 왼손에 쥐고 있던 가방을 범인이 억지로 빼앗으려고 하는 과정에서 생긴 것으로 보인다"는 의견을 피력했고, 유일한 목격자였던 이시이의 운전기사는 "범인이 빼앗은 가방을 여는 듯한 행동을 했다"고 증언했다. 하지만 손가락이 잘리면서까지 지키려고 했던 서류는 결국 발견되지 않았다.

이시이 고키의 암살 사건이 일본 사회에 던진 충격은 컸다. 현직 의원이 대낮에 자택 앞에서 살해당했다는 것, 또 평소 거침없는 질타와 추궁으로 기득권에 맞서며 나라와 국민을 위해 싸우던 사람이 제거되었다는 것에서 공포가 엄습했기 때문이다.

이시이가 소속되어 있던 민주당은 초상집 분위기가 되었고, 여당인 자민당 역시 민주주의에 대한 위협이라며 국회의원을 상대로 일어난 폭거를 비난하는 성명을 발표했다. 하지만 범인이 주장하는 범행 동기 말고 경찰은 아무것도 캐내지 못했고, 수사에서는 물론 재판에서도 사라진 서류나 범행의 모순점은 다루어지지 않았다. 유족과 지지자들은 배후를 밝혀달라고 강력히 요구했으나 결국 개인적 원한에 의한 우발적 살인으로 결론이 내려졌고, 이 사건은 사람들의 기억 속에서 조금씩 잊혀져갔다.

범인에 대한 판결은 이시이가 살해당한 지 3년 후인 2005년에야 확정되었다. 살인죄로 기소된 범인은 무기징역을 선고받고 형무소에 수감되었다. 당시 판사는 범인이 주장한 '이시이와의 돈 문제'에 대한 진술은 전혀 신뢰할 수 없다고 지적했지만 그 범행 동기에 대해서 규명하는 것은 어렵다고 말하며 사실상 사건을 조기 종료했다.

그런데 2008년, 사건의 진상을 오랜 기간 집요하게 추적하던 TV아사히의 기자가 옥중에 있는 범인과 4년간에 걸쳐 편지를 주고받으며 설득한 끝에 놀랄 만한 진술을 받아냈다. 이시이를 살해한 것은 "부탁을 받아서 한 것"이라는 진술이었다. 이 말은 돈 문제 때문에 흥분해서 죽였다는 진술을 뒤엎은 것이다. 범인은 기자에게 보낸 편지에서 "이 사건은 정계의 물밑에서 움직이는 돈과 인맥이 관련된 것이다. (의뢰한 사람은) 내가 모든 죄를 뒤집어쓰고 교도소 안에서 죽는 것이 가장 좋다는 결론을 내렸을 것이다"라는 충격적인 사실을 털어놓았다.

편지를 받은 기자가 형무소에 찾아가서 "왜 재판에서 엉터리 진술을 했느냐"고 묻자, 범인은 "진실을 말하면 누가 (살해를) 부탁했는지 말해야 하기 때문이다"라고 대답했다. 누가 살해를 의뢰했냐고 재차 질문하자, "그걸 말하면 부탁한 사람의 얼굴에 먹칠을 하게 되므로 말할 수 없다"며 진술을 거부했다.

단순한 사적 원한 때문에 범행을 저지른 게 아니라는 것까지는 진술을 얻어냈으나, 결국 배후를 알아내는 데까지는 이르지 못했고 사건은 여전히 미궁 속에 남아 있다.

정치가가 테러를 당하는 이유

일본에서는 지금까지 정치인에 대한 테러가 종종 있었다. 1960년의 사회당 당수 아사누마 이네지로 암살 사건(1961년 일본 사회당 위원장 아사누마 이네지로가 공개 연설 중에 극우 성향의 십 대 소년의 칼에 찔려 사망한 사건이다)을

세계를 경악시킨 사회당 당수 아사누마 이네지로 암살 사건. 우익 소년이 흉기를 휘두르는 순간이 절묘하게 사진에 담겨 퓰리처상을 받았다.

비롯하여, 2007년에는 현역 나가사키 시장이 선거 기간에 야쿠자에게 사살된 사건도 있었다. 급사하거나 아무런 이유도 없이 자살한 사건까지 합치면 정치인이 죽음으로 인해 침묵하는 경우는 더 많다. 대표적인 예로 한국계 중의원 의원이었던 아라이 쇼케이新井將敬(1948년생으로 오사카 출신 재일 조선인이며 본명은 박경재다. 도쿄대학을 나와 대장성에서 관료로 경험을 쌓은 뒤 자민당 중진 의원으로 활약했다. 자민당 내의 고이즈미 준이치로, 이시하라 신타로 등과 대립하며 당 대표 후보로 거론되기도 했다. 1998년 부정 의혹이 터져나오자 결백을 주장했으나, 며칠 뒤 호텔에서 자살한 모습으로 발견되었다. 하지만 유품이 없어지고 옆방 투숙객이 싸우는 소리를 들었다는 증언이 나오는 등 타살설이 끊이지 않았다)의 자살 사건이 있다.

일본에서 정치인 테러 사건은 '정치가에 대한 개인적 분노에 의한 것이며, 단독범'이라는 식으로 결론이 나는 경우가 많다. 이시이 고키 암살 사건 역시 경찰 수사만 보면 그렇게 매듭지어졌다. 하지만 유족의 호소와 언론의 끈질긴 추적에 의해 암살범에게 배후가 있다는 것이 밝혀진 것이다. 그러나 그 배후가 야쿠자인지, 정치 세력인지, 관료 집단인지는 여전히 오리무중이다. 국회 차원의 진상 규명 조사나 언론의 집중적인 추적이 있을 법한데도 조용하다. 그 이유는 간단하다. 그 배후에 조금씩 다가가다가는 이시이와 같은 최후를 맞을 수도 있기 때문이다. 이시이 암살은 그 배후가 일본 사회에 보내는 하나의 메시지, 즉 경고문과도 같은 것이다.

한국에서도 정치인이 테러를 당한 경우가 몇 번 있었다. 하지만 대부분은 반대쪽 지지자 등에 의한 것이었고, 이시이처럼 국가를 좀 먹는 권력층의 비리를 캐고 그들과 싸우다가 테러를 당한 예는 찾기 힘들다. 한국에는 그런 기득권 세력이 없기 때문일까? 아니면 그런 세력을 찾아내지 못하기 때문일까? 여야를 막론하고 독도 시찰, 시위 현장 방문, 국회에서의 호통 등으로 자신의 지명도를 올리는 데 분주한 정치인은 쉽게 볼 수 있다. 하지만 이시이처럼 국민을 위해 부패 정치인 퇴치에 앞장서는 것이야말로 진짜 나라 걱정을 하는 정치인이 아닐지. 두려움을 딛고 국가를 좀먹는 세력과 싸워줄 이시이와 같은 폭탄의 출현을 기다린다.

조직 사회 일본의 고고한 개인주의자

오치아이 히로미쓰

고독한 슈퍼스타

•

'고고孤高'라는 단어가 잘 어울리는 일본인이 있다. 오치아이 히로미쓰落合博滿. 나고야를 본거지로 하는 일본 프로야구 구단 주니치 드래건스의 단장이다. 현역 시절인 1979년부터 1998년까지 수위타자leading hitter 5회, 홈런왕 5회, 타점왕 5회를 차지한 강타자였던 그는 '트리플 크라운(타격, 타점, 홈런 3관왕)'을 세 번이나 기록한 것으로 유명하다. 이 기록은 일본이 자랑하는 홈런 세계기록 보유자 오사다하루王貞治도 기록하지 못했으며 일본 프로야구 역사상 오치아이가 유일하다. 일본 프로야구사에 남을 대 타자이자 슈퍼스타인 것이다.

또한 2004년 주니치 드래건스의 감독으로 취임한 이후 7년간 리그 우승 3회, 저팬시리즈 우승 1회를 기록하는 등 선수뿐만 아니라 감독으로서도 확실한 능력을 보여준, 자타 공인 야구계의 천재다.

주니치 드래건스 감독 시절의 오치아이 히로미쓰. 그는 2007년에 53년 만의 저팬시리즈 우승이라는 위업을 달성한다.

하지만 이 야구인의 인생은 숫자로 남겨진 기록만큼 화려하지는 않았다. 전통과 형식을 존중하는 일본이라는 틀 안에서 그는 이단아이자 외톨이로 사람들의 따가운 시선과 처절한 고독을 늘 느끼며 살아야 했다. 험난하고 외로운 발자취를 보면 조직 사회 일본의 전근대적인 모습과 비합리적인 부분이 적나라하게 드러난다. 그리고 그 안에서 실력만을 무기로 세상과 타협하지 않고 살아가는 게 얼마나 힘든 것인지도 알 수 있다. 실제로 그를 좋아하는 사람과 싫어하는 사람은 극명하게 갈린다. 변화와 형식에 얽매이지 않는 사람 중에는 그의 지지자가 더러 있지만, 조직 사회의 협조와 배려를 존중하는 사람들 중에는 그를 싫어하는 사람이 많다.

'튀어나온 못은 얻어맞는다'는 일본 속담이 있다. 튀는 언행을 하는 사람은 사회에서 비난을 받거나 손가락질당한다는 일본의 전통적 가치관이 잘 표현된 말인데, 한국 사회에도 비슷한 면이 있다. 무한 경쟁 시대가 된 지금은 일본 사회도 능력과 효율 위주로 많이 변해가고 있다. 하지만 여전히 개인보다는 조직을, 개성보다는 조화를 중요시하는 일본 사회의 가치관에 맞서 고독을 선택한 이 야구인의 인생은 우리에게 많은 것을 시사해준다.

집단의 폭력에 굴복하는 대신 야구를 포기하다

•

오치아이는 1953년 미인과 명견으로 유명한 아키타 현에서 태어났다. 일본 프로야구의 영웅 나가시마 시게오長嶋茂雄를 보며 열광하던 야구 소년 오치아이는 초등학교 5학년 때 야구부에 들어가 바로 4번 타자를 맡았고 중학교에서도 큰 활약을 하면서 프로야구 선수가 되겠다는 큰 꿈을 안고 고교 야구부에 들어갔다. 하지만 그것은 고난의 서막이었다. 1학년 주제에 주전을 꿰차고, 반년 만에 4번 타자를 맡게 된 그를 야구부 선배들이 달갑게 보지 않았던 것이다. 오치아이는 운동부 특유의 엄한 선후배 관계와 폭력이 상존하는 조직 생활에 적응하지 못했다고 한다. 운동부 내에서 선배는 곧 왕이었고, 그는 매일 같이 선배들에게 구타를 당했는데, 그는 그런 분위기가 싫어 야구부를 그만두었다. 하지만 시합 때가 다가오면 그가 필요했기에 시합 전에 갑자기 불려가 경기에 나가곤 했다. 그렇다고 해서 선배들과의 갈등이 없어진 것은 아니어서 괴롭힘은 점점 심해졌다. 결국 그는 야구부뿐만 아니라 학교에도 잘 나가지 않게 되었고 많은 시간을 시내 영화관에서 때웠는데, 이때 본 영화가 300편을 넘을 정도였다. 고교 시절에 야구부 탈퇴와 가입을 여덟 차례나 반복한 그는 후일 이렇게 회고했다.

> 선배에게는 매일 맞았다. 내가 연습에 가지 않게 된 이유도 거기에 있다. 단지 1~2년 먼저 태어났다는 이유만으로 그 녀석들에게 내가 왜 맞아야 된단 말인가? 싸움으로 붙으면 지지 않을 자신이 있었다.……옛날 군대도 아니고, 자신들이 구타를 당하는 게 싫다면 다른 사람도 싫은 법이다.

선배들이 모두 졸업하자 다시 야구부로 돌아왔지만 동료, 후배들과 원만한 관계를 유지하지는 못했다. 그래도 야구를 계속하고 싶던 그는 도요대학에 진학했는데 이곳 역시 크게 사정이 다르지 않았다. 잔심부름은 모두 후배들 몫이었고 선배들은 합숙소에서 왕처럼 군림했으며 폭력과 횡포는 고교 시절보다 심했다. 권위와 폭력이 지배하는 분위기를 도저히 받아들일 수 없던 오치아이는 반년 만에 중퇴하고 고향 아키타로 내려갔다. 대학을 중퇴했다는 것은 야구를 포기한다는 것을 의미했다. 나가시마 시게오를 동경하며 프로야구 선수를 꿈꿨지만, 프로가 되기 위해 거쳐야 하는 통과의례를 참지 못했다. 그가 참지 못한 것은 고된 훈련이나 경쟁이 아닌 '조직 사회의 불합리한 인간관계' 였다. 도대체 왜 그런 관계와 악습이 있어야 하는지 이해할 수 없었기 때문이다. 그는 전통이라는 미명하에 횡행하는 비인간적인 행동과 폭력, 불합리한 관습과 제도와 도저히 타협할 수 없었다.

한국에서도 스포츠계의 권위적인 구조와 구타는 고질적 병폐로 지적되고 있다. 그러나 그것을 고발하거나 고백하는 사람은 거의 없다고 해도 과언이 아니다. 동종 업계의 치부를 드러내거나 고발하는 것은 곧 선배들과 조직에 대한 배신 행위이기 때문이다. 이 점에서 한국과 일본의 스포츠계는 닮은꼴이다. 야구계에 남기 위해서, 야구 선수가 되기 위해서는 불합리한 악습에 침묵하면서도 순응해야 하는데, 오치아이는 꿈을 버리는 한이 있더라도 타협하지 않는 가시밭길을 택한 것이다.

고향에 내려간 오치아이는 볼링장에서 아르바이트를 하며 시간을 보낸다. 큰 재목이 될 능력이 있으면서도 운동부 특유의 조직 생활과 상하 관계를 거부한 채 고향에 돌아와 젊은 시절을 흘려보내는 것을 안타깝게 여긴 고교 시절의 감독은 그에게 사회인 야구 팀이 있는 도쿄 시바우라전기에 입사할 것을 권한다. 일단 사원으로 입사하여 사내 야구 팀에서 야구를 할 기회를 잡으라는 권유였다.

은사의 권유로 도쿄 시바우라전기에 비정규직인 임시 전기공으로 입사한 오치아이는 발전소의 배전판을 설치하는 일을 하면서 사내 사회인 야구 팀 도시바 후추에 들어가 5년간 활약하며 국가 대표로 뽑히는 등 뛰어난 활약을 보여준다.

오치아이가 전기공으로 일하며 야구를 하고 있을 때, 고교와 대학에서 야구를 계속 했던 동갑내기 선수들은 프로에 입단하여 각광을 받고 있었다. 하지만 체제에 순응하지 않고 편안한 길 대신 자신만의 길을 걸어간 오치아이는 동기들보다 6년 늦게 프로에 데뷔한다. 만약 그가 고교 졸업 후 바로 프로 구단에 입단했다면 훨씬 많은 안타와 홈런을 기록했을지도 모른다.

거물 가네다와의 악연

도시바 후추에서 보여준 오치아이의 활약에 프로 구단들이 주목했다. 1978년 그는 드래프트 3위로 퍼시픽리그의 가와사키 롯데 오리온스(현 지바 롯데 마린스)에 입단하게 된다. 그때 나이가 25세. 19세에 입단하는 고졸 신인은 물론 대학을 졸업한 선수들보다 나이가 많았다. 그가 남들처럼 체제에 순응했다면 먼 길을 돌아올 필요는 없었다. 하지만 그 모든 걸 뿌리쳤고 비록 남보다 늦긴 하지만 실력만으로 야구선수 가운데 0.1 퍼센트만이 들어갈 수 있는 프로 구단에 입단한 것이다.

입단 후 오치아이가 연습을 하는 스프링캠프에 프로야구계의 원로이자 롯데의 감독까지 지낸 프로야구 해설가 가네다 마사이치金田正一가 방문했다. 재일 조선인인 가네다는 일본 프로야구에서 400승을 올린 전설적인 투수로, 18세에 노히트노런, 24세에 퍼펙트게임을 기록한 전후 최고의 명투수다. 새로 입단한 오치아이의 타격을 보고 가네다는 그의 면전에서 "이 녀석은 프로에서 안 통한다"[1]라고 혹평한다. 프로야구계에서 '천황'이라 불릴 정도로 막강한 힘을 가진 대선배에게 반론할 수는 없었으나, 상처를 받은 오치아이는 이후로 가네다에게 노골적으로 반감을 보인다.

롯데에서 3관왕을 차지하며 그가 최고의 타자로 각광받자 당연히 안타나 홈런 목표에 사람들의 관심이 쏠렸다. 하지만 그는 "안타는 1,999개까지만 치면 된다"고 말하며 가네다에 대한 적의를 확실하게 드러냈다. 2,000 안타를 치면 프로야구 스타 플레이어들의 모임 '메이큐카이名球會'

에 가입할 조건이 되는데, 그 회장이 바로 가네다였기 때문이다. 많은 선수들이 영광스럽게 생각하는 이 모임에 가입하지 않겠다는 것이었다. 실제 그는 2,000안타를 기록한 후 인터뷰에서 메이큐카이에 가입하지 않겠다고 발표했고, 2,000안타 이상을 기록한 선수 가운데 유일하게 가입하지 않은 선수가 되었다. 메이큐카이가 대기록을 달성한 선수들의 모임이 아니라 가네다가 좌지우지하는 사조직이 된 것을 오치아이는 싫어했고, 모임에 가서도 후배들이 가네다를 비롯한 원로 선수들에게 허리를 숙이고 '꼬붕' 생활을 해야 하는 것을 달가워하지 않았기 때문이다. 어쩌면 감독 시절 심판까지 폭행한 전력이 있는 구시대의 열혈남 가네다와 오치아이의 사이에는 애초부터 좁힐 수 없는 벽이 있었는지도 모른다.

오치아이가 롯데에서 주니치를 거쳐 요미우리 자이언츠로 이적했을 때 수많은 기자 앞에서 한 회견은 둘의 관계가 잘 드러난 장면이었다. 입단 소감과 더불어 요미우리의 선배 가운데 존경할 만한 몇 사람을 꼽아달라는 말에 그는 이렇게 대답한다.

"나가시마 상様, 오 상, 가네다."

일본어에서 아무개 씨 혹은 누구 님에 해당하는 존경어인 '상'을 나가시마 시게오와 오사다하루에게는 깍듯이 붙이고 가네다 마사이치에게는 붙이지 않은 것이다. 나가시마와 오도 선배로 대우하는 가네다의 이름을 그대로 불러버린 것은 큰 화제가 되었다. 이렇다 보니 가네다 역시 오치아이를 좋게 볼 리 만무했고, 이후 오치아이는 프로야구 원로들이나 메이큐카이와는 완전히 담을 쌓게 되었다.

'개인주의자'라 비난 받은 타격의 천재

•

오치아이는 26세가 되던 1979년에 프로야구에 정식 데뷔를 해서 2군을 오가는 생활을 하다가 1980년 후반부터 두각을 드러낸다. 1981년 수위 타자를 차지하며 최고 타자에 등극한 뒤 이듬해에는 역대 최연소 3관왕, 1985년과 1986년에는 2년 연속 3관왕을 기록하며 1980년대 중후반에 전성기를 누렸다.

실력으로는 최고의 경지에 올랐지만, 프로에서도 많은 사람과 둥글게 지내지 않았다. 세 번의 3관왕이라는 프로야구 사상 유일무이한 대기록을 만든 천재 타자였지만, 팀에서나 야구계 전체에서나 늘 고독한 존재여서 혼자 밥 먹고 혼자 술 마시고 혼자 놀고 연습도 혼자 했다. 한마디로 미운 오리 새끼였던 것이다. 또한, 기존의 야구 이론과 상식을 거부한 자신만의 연습 방식과 이론을 펼쳐가며 '오레류オレ流(나만의 방식대로 한다는 의미)'라는 말을 유행시켰는데, 이 오레류는 그의 개성을 고스란히 대변하는 말이었다. 그는 카메라나 관중 앞에서 연습하지 않고 늘 아무도 보지 않는 집이나 호텔 방에서 연습했다. 그리고 시즌 개막에 맞춰 자신만의 페이스로 훈련하는 등 집단 행동보다 개인을 중시했다. 감독이나 코치의 지도를 받다가도 지도가 별 효과 없다고 판단하면 "나는 내 식대로 하겠다"며 자신의 스타일을 고집했는데 이런 모습은 많은 사람들에게 이기주의로 비쳐지기도 했다. 물론 그라운드에 서면 그는 팀의 승리를 중시하는 팀플레이를 하는 선수였다.

하지만 너무 솔직한 그의 언행은 팬들을 불쾌하게 만들었다. 그는 통산 네 팀에 적을 두었는데, 항상 "가장 많은 연봉을 주는 곳으로 간다"는 것이 신조였고 공개 석상에서 그렇게 밝히기도 했다. 코치나 감독을 꿈꾸는 사람이라면 처음 입단한 팀에서 오래 선수 생활을 한 뒤 은퇴하는 것이 보통이다. 설사 이적하더라도 '우승을 하기 위해 이적했다'거나 '어린 시절부터 선망의 팀이었다' 같은 겉치레 인사를 하는 것이 일반적인 모습이다. 하지만 오치아이는 처음부터 '돈 많이 주는 곳이라면 어디라도 간다'고 공언했다. 아무리 열광하던 팬이라도 그가 너무나 쉽게 돈을 더 주는 팀으로 가버리는 모습에 반감이 생기는 것은 당연했다. 그래서 그가 재적했던 팀의 연고지에서도 오치아이를 이기적이라고 비난하는 사람이 적지 않았고, 돈만 밝히는 선수라고 야유하는 팬들도 있었다. 그러나 오치아이는 연봉이야말로 그 선수에 대한 진정한 평가이자 칭찬이며 프로는 그것을 추구하는 것이 당연하다고 주장했다.[2]

선수들이 절대적으로 불리한 프로야구 연봉 협상에서 오치아이는 선수들의 권리를 위해서 최전방에서 직접 뛴 사람이기도 하다. 좋은 성적을 낸 선수는 더 많이 받기를 원하고 구단은 어떻게 해서든 연봉을 낮은 선에서 묶어두려 하므로 해마다 연봉 협상을 두고 진통을 겪는 곳이 많았다. 지금이야 대리인(에이전트) 제도가 일반화되어 선수가 직접 교섭하지 않아도 되지만, 오치아이가 현역이던 시절에는 구단이 주도권을 쥐고 선수에게 무언의 압력을 가해 선수들은 울며 겨자 먹기로 계약 갱신 도장을 찍는 경우가 비일비재했다.

액수를 가지고 구단과 줄다리기를 오래 하는 것을 바람직하지 않은 모습으로 여기는 일본 사회의 분위기도 선수들에게는 불리했다. 일본에서는 프로야구를 흔히 '어린이들에게 꿈을 파는 직업' 이라고 한다. 그렇기 때문에 페어플레이와 노력, 땀, 협동, 겸손, 경쟁, 팬을 위하는 자세 등이 미화되고 미덕으로 회자된다. 하지만 선수들에게는 피 말리는 경쟁과 큰 위험이 도사리고 있다. 일반 회사원의 몇 배에서 몇십 배를 받는 프로야구 선수는 언뜻 보면 화려하고 성공한 사람처럼 보인다. 그러나 일할 수 있는 기간은 길어야 20년이고, 10년 이상 뛸 수 있는 사람은 드물다. 거기에다 은퇴 후 생활이 보장되는 사람은 극히 일부에 지나지 않는다. 또 종신 고용제나 연금 혜택을 받는 직장인과 달리 젊은 나이에 부상이라도 당하면 그야말로 절망에 빠질 수밖에 없다.

선수들의 지위를 개선해야 한다고 본 오치아이는, 구단과 싸워서라도 자신의 연봉을 끌어올리는 게 선수들의 권리를 향상시킨다고 생각했다. 그래서 적극적으로 돈을 요구했고 연봉 1억 엔 시대를 열었다. 또한 연봉 액수를 공개하지 않는 게 일반적인 일본 프로야구계에서 자신의 연봉 액수를 공개해 다른 선수들을 크게 자극했다. 액수를 밝히면 다른 선수들에게 동기 부여가 될 뿐 아니라 비교 대상이 있어야 구단에 적극적으로 연봉 인상을 요구할 수 있다고 보았기 때문이다. 그는 선수와 구단이 노동자 대 고용자의 관계가 아니라 사업자 대 사업자의 관계가 되어야 한다는 생각 아래, 구단에 자신을 적극적으로 어필하고 당당히 대가를 요구했다. 구단 측에서 보기에 고분고분하지 않은 껄끄러운 존재가 되기를 자처한 것이다. 실제로 일본인 선수 최초로 연봉 조정 제도를 이용해서 구단과 대치하며 연봉 협상을 길게 끌기도 했는데, 이 일로 1억 엔 넘게 받으면서 또 돈을 밝히느냐는 손가락질을 받기도 했다.

그는 롯데에서 8년(1979~1986), 주니치 7년(1987~1993), 요미우리 3년(1994~1996), 니폰햄 2년(1997~1998) 등 20년의 프로 선수 생활을 마치고 1998년 45세의 나이로 은퇴한다. 20년간 안타 2,371개, 홈런 510개에 타격왕, 타점왕, 홈런왕을 각각 5회 기록한 그는 1980년대와 1990년대를 주름잡은 최고의 타자였다. 은퇴를 하면서도 그는 '오레류'를 발휘했다. 선수들이 보통 임의 은퇴라는 형식을 취하는 것에 비해, 오치아이는 자유계약으로 풀어달라고 했기 때문이다. 임의 은퇴를 하면 선수가 여전히 구단 소속이 되기 때문에 야구계에 복귀하거나 다른 팀에 코치나 감독으로 갈 때에도 팀의 허가를 얻어야 한다. 일종의 동문회 같은 것으로 하나의 적을 두는 것이다. 하지만 오치아이는 그런 속박이 아닌 자유를 선택했고, 어느 팀에도 적을 두지 않은 채 은퇴를 하고 평범한 일반인으로 돌아갔다.

감독이 될 수 없는 명감독

•

1998년 시즌을 마지막으로 은퇴한 오치아이는 1999년부터 프로야구 해설자와 평론가로 활동하기 시작했다. TV에서 해설을 맡기도 한 그는 자신의 타격 이론과 해박한 야구 지식으로 호평을 받았다. 일본 프로야구에서 스타 선수가 은퇴하면 몇 년의 해설자 생활을 거쳐 선수로 오래 활동한 팀의 코치로 발탁되는 것이 관례다. 입단부터 은퇴까지 한 팀에서 선수 생활을 한 스타 선수는 큰 문제가 없는 한 코치 자리를 얻는 게 그리 어렵지 않다. 야구계에도 종신 고용제 같은 분위기가 있어서 감독이나 코치를 선발할 때 출신 팀에 오래 있었던 사람을 우대하기 때문이다. 하지만 여러 팀을 방랑하듯 떠돈 오치아이에게는 친정 팀이라고 할 만한 곳이 없었고, 조직과 융합하지 못한다는 이미지가 굳어진 그를 불러주는 팀은 없었다. 현역 시절에 친하게 지낸 선후배가 별로 없어서 일거리를 주거나 이끌어줄 선배도 없어, 그는 도와줄 동료도 없이 다시 홀로 길을 가게 된 것이다.

그의 탁월한 타격 이론과 지도 능력은 야구계에서도 정평이 나 스프링캠프 기간에만 임시 코치로 초빙 받아 타격을 지도했다. 그러나 코치나 감독 같은 '정규직'은 없었다. 그 스스로도 "나 같은 사람을 불러줄 팀은 없을 것"이라고 했고, 팬과 관계자들도 '잇피키 오오카미一匹狼'인 그가 감독을 맡게 되리라 생각하는 사람은 없었다. 잇피키 오오카미는 한 마리 외로운 늑대라는 의미로 뜻이 맞지 않는 여러 사람과 부딪히며 사느니 홀로 외로이 자신만의 길을 가는 사람을 뜻한다. 그는 야구 해설가로 구장을 찾았을 때도 기자석에서 혼자 묵묵히 차가운 도시락을 먹곤 했다. 이 정도의 성적을 남긴 대선수라면 카메라에 둘러싸여 있거나 양 팀을 찾아가 감독이나 선수들과 인사를 하며 스포트라이트를 받는 게 보통이다. 하지만 그런 인간관계를 싫어한 오치아이는 고독하지만 언제나 자신의 길을 고집했다.

일본의 프로야구 감독은 쇼맨십이 있는 '엔터테이너'일 경우 많은 인기를 얻는다. 팬을 즐겁게 해주고 때로는 웃겨주고, 인기가 많은 선수를 거론하며 기자들에게 기삿거리를 주고, 선후배를 챙기기도 해야 사람들이 좋아하기 때문이다. 대표적인 예가 주니치에서 선수와 감독으로 오랜 시간을 보낸 호시노 센이치星野仙一로, 매체를 상대하는 그의 노련함은 천재적이라 불릴 정도다. 하지만 말수가 적고 립 서비스를 못하는 오치아이는 그와 너무나도 달랐다.

일본 프로야구계는 선후배 관계가 확실한 수직 사회다. 제아무리 실력이 좋아도 선배를 비판하거나 관계가 원만하지 못할 경우 감독이나 코치 자리를 얻기 어렵다. 방송국 해설자는 일반 기업인 방송사에서 기용하지만, 감독이나 코치 같은 야구계 일자리는 야구계 원로나 선배들의 입김이 작용하기 때문이다.

파격적인 감독 제의와 53년 만의 쾌거

•

2003년 성적 부진에 허덕이던 주니치는 시즌 중 감독 해임이라는 극약 처방을 내리기에 이른다. 시즌 막판에 2위까지 올라가긴 했으나, 주니치 드래건스의 구단주 시라이 분고는 재건을 하기로 결단내렸다. 바로 오치아이 히로미쓰를 감독으로 영입하는 것이었다. 예상대로 많은 사람의 반발에 부딪혔다. 주니치에서 은퇴한 원로 야구인들도 그랬지만, 주니치에서 7년간 뛰며 홈런왕 2회, 타점왕 2회 등 큰 활약을 하다가 요미우리로 홀쩍 이적해버린 그에게 주니치의 팬들은 좋지 않은 감정을 가지고 있었다. 하지만 이런 반대를 무릅쓰고 구단주 시라이는 과감하게 오치아이를 발탁, 주니치의 지휘봉을 맡긴다. 일본 야구계에서 충격적인 사건이었다.

일본의 프로야구 구단은 팀에 오래 몸담은 선수를 감독으로 쓰는 일이 많은데, 오치아이는 주니치에 잠시 몸을 담았을 뿐이고 정식 코치를 맡은 경험도 없었다. 그뿐만 아니라 그는 주니치에서 요미우리로 이적한 1994년, 주니치의 우승이 걸린 마지막 시합(일본 프로야구 사상 최고의 명승부라 불리는 경기로, 센트럴리그 우승을 두고 시즌 마지막 경기에서 동률 1위였던 주니치와 요미우리가 붙었던 시합. '10 · 8 결전'이라 불린다)에서 홈런과 득점타를 쳐서 주니치의 꿈을 산산조각 낸 장본인이기도 했다. 이런 오치아이를 감독으로 등용하는 것은 구단주의 과감한 결단 없이는 불가능했다. 그러나 누구도 시라이 구단주의 결심을 막지는 못했다. 이를 두고 형식과 구태에 빠져 있는 일본 프로야구계에 변화가 필요하다고 주장하던 유명 연출가 데리 이토는 파격적인 인사를 단행한 시라이를 "일본 프로야구계의 구세주"[3]라고 칭송했다.

감독으로 취임한 오치아이는 선수들을 모아놓고 몇 가지 폭탄선언을 한다. 그 가운데 하나가 '폭력 근절'에 대한 강력한 의지다. 선수와 코치 앞에서 그는 다음과 같이 말했다.

"코치가 선수에게는 물론, 선수가 선수에게 행하는 폭력을 전부 금지한다. 따르지 않는 사람은 즉각 유니폼을 벗기겠다."

일본 프로야구계에 만연한 구타에 대해 누구보다 구타를 싫어했던 오치아이가 개혁을 시작한 것이다. 선수 신분으로는 아무리 바꾸려고 해도 고참이나 코치가 악습을 버리지 않으면 바뀌지 않는다. 게다가 혼자서 그 악습을 거부하면 선배나 동료들과 원만한 관계를 맺기도 어렵다. 이미 그런 세계를 경험한 오치아이였기에 감독이 되자마자 폭력 근절에 나선 것이다.

주니치 드래건스에는 1980년대에서 1990년대에 걸쳐(1987~1991, 1996~2001) 감독을 역임한 맹장 호시노 센이치의 이미지가 강하게 남아 있었다. 호시노는 신인과 고참을 가리지 않고 실수를 하거나 경기를 망친 선수에게 주먹을 휘둘렀다(선동열 감독의 경험담. "한 번은 경기 중 더그아웃 뒤편 방에 엎드려 마사지를 받고 있는데 호시노 감독이 노구치라는 선수를 데리고 들어오더라. 한데 바로 옆에서 5분간 노구치의 뺨과 얼굴 등을 사정없이 치더라." 『노컷뉴스』, 2007년 6월 19일). 그는 장기간 주니치에서 지휘봉을 잡았기에 선수들은 그걸 당연하게 여겼고 그런 식의 지도에 익숙해져 있었다. 오치아이 역시 1987년부터 7년간 호시노 밑에서 선수 생활을 했지만 이때는 오치아이도 이미 야구계에서 고참급이었고 스타 선수였던 만큼 감독이 손을 댈 만한 위치는 아니었다. 하지만 오치아이는 프로에서도 폭력이 난무하는 것을 보아왔고, 학창 시절부터 구타를 혐오했기에 확실하게 악습을 근절하겠다고 선언한다.

두 번째 놀랄 만한 선언은 "선수 보강을 하지 않고 개개인의 능력을 10퍼센트씩 높여서 우승을 노린다"는 것이었다. 주니치 드래건스는 요미우리 자이언츠, 한신 타이거스에 이어 센트럴리그에서는 자금 동원력이 풍부한 인기 구단으로 꼽힌다. 전년도에 지지부진한 경기 운영으로 팬들에게 실망을 안겼기에 자유계약으로 풀린 선수나 외국 용병을 데려와 전력을 보강하리라는 예상이 지배적이었는데 뜻밖에 '동결'을 선언한 것이다. 오치아이의 이 도전이 실제로 가능하리라고 보는 사람은 없었다. 부진에 빠져 시즌 도중 감독까지 교체한 팀을 선수 보강 없이 개개인의 능력을 10퍼센트 올려 우승한다는 것은 만화에나 나올 법한 이야기였다. 하지만 그는 감독 부임 첫해에 주니치를 우승으로 이끌어 많은 사람을 놀라게 만들었다.

감독이 되고 나서도 그의 '오레류'는 계속 되었다. 1, 2군을 동시에 소집해서 연습을 시키는가 하면, 투수들을 한꺼번에 세워놓고 투구 연습을 시키는 등 어느 구단도 하지 않는 형태의 훈련을 시켰다. 그의 스타일을 가장 명확히 보여준 일화는 바로 저팬시리즈를 제패하던 2007년의 7차전 경기다. 이기면 53년 만에 우승을 차지하게 되는 시합에서 8회까지 퍼펙트를 이어가던 투수 야마이 다이스케를 9회에 교체한 것이다. 경기를 보던 사람들 모두 일본 프로야구 역사상 한 번도 없었던 저팬시리즈의 퍼펙트게임을 기대하고 있었는데, 오치아이는 거기서 투수를 세이브 전문 마무리 투수 이와세 히토키로 교체했다. 다행히 이와세가 타자를 삼자범퇴로 처리하여 주니치는 53년 만에 우승을 거두었지만, 이 투수 교체가 옳았는지를 놓고 팬과 야구 평론가, 언론은 둘로 나뉘어 격론을 벌였다. 이기고 있는 경기라면 9회에 이와세가 등장하는 것이 불문율이자 주니치의 경기 방식이었다. 아무리 그렇다 해도 사상 최초의 대기록이 탄생할지도 모르는 순간이고, 야마이에게 기회를 줬어야 했으며, 퍼펙트게임을 기대하는 팬들의 기대를 져버린 것이라며 엄청난 비난이 쏟아졌다. 물론 감독으로서는 사사로운 감정을 버린 어려운 결단이라는 평가도 있었지만 이 사건은 한동안 일본 사회를 떠들썩하게 만든다.

물론 오치아이식의 지휘나 경기 운영에 비판을 던지는 사람도 많다. 오치아이는 냉철하고, 때로는 비정하다. 성적이 나쁘거나 부진에 빠지

오치아이는 오직 실력만으로 팀을 여러 차례 승리로 이끌었다. 그러나 개인을 중시하는 그의 철학 때문에 그는 영광의 순간 못지않게 고독과 자주 싸워야 했다.

면 선수를 야단치거나 화를 내는 것이 아니라 아무리 인기가 있는 선수라도 선발에서 제외하고, 그래도 좋아지지 않으면 2군에, 그래도 안 되면 비정하게 팀에서 내보낸다. 심지어 코치까지도 말이다.

그의 판단 기준은 연봉도 아니고 화려한 과거 기록도 아니다. 제아무리 국민 타자, 국보급 투수라도 예외는 없다. 오로지 팀에 도움이 되는 플레이를 하는가 못하는가일 뿐이다. 성적이 기대에 못 미친다고 화를 내지도 않는다. 하지만 이런 성적과 결과 중심의 운영을 모든 선수가 반기는 것은 아니었다. 차라리 화를 낼 때는 내줬으면 좋겠다고 불만을 터뜨리는 선수도 있었다. 프로의 세계이니 만큼 성적에 따른 조치는 어쩌면 당연하지만 동양적 가치관인 '정情'을 배제한 평가와 조치를 받아들이지 못하는 것이다.

오치아이를 통해 본 일본 사회

•

오치아이가 부임 첫해 주니치를 센트럴리그(일본에서는 주로 '세리그'라고 부른다. 요미우리 자이언츠, 한신 타이거스 등 인기 팀은 대부분 이 그룹이다) 우승으로 이끌고, 부임 4년 차가 되는 2007년에는 53년 만의 저팬시리즈 우승을 끌어내자 연고지 나고야의 팬들은 열광했다. 하지만 주니치 팬 중에서도 오치아이를 좋아하지 않는 사람은 여전히 많다. 그 이유를 물으면 '실적'과 '결과'를 거론하는 사람은 없다. 대부분 무뚝뚝한 성격이나 일반인의 상식과는 다른 길을 가는 그의 지휘 스타일을 든다. 하지만 감독에게 가장 요구되는 것은 '승리'다. 오치아이는 결과만 보면 만점 감독이다. 하지만 립 서비스를 거의 하지 않고 기자도 차갑게 대하며 독선적으로까지 보이는 그는 환영을 받지 못한다.

오치아이가 일본 야구계에서 여전히 '한 마리 외로운 늑대'이자 '찬밥 신세'라는 것은 월드베이스볼클래식WBC 감독 선정에서도 드러났다. 일본 야구계는 2008년 베이징 올림픽을 맞아 역대 최고의 멤버로 팀을 구성하여 금메달 사냥에 나섰다. 메이저리거는 물론 각 팀의 에이스와 4번 타자를 총동원한 호화 군단이었다. 올림픽 시작 전부터 일본 내외의 언론은 일본을 우승 후보 1순위로 꼽았고, 지휘봉을 잡은 호시노 센이치는

"금메달 말고는 필요 없다"고 호언할 정도였다. 그러나 뚜껑을 열고 보니 흐름은 완전히 예상 밖이었다. 준결승에서 한국에 패하고 3,4위전에서 미국에 덜미를 잡혀 노메달이라는 수모를 당한 것이다. 올림픽이 끝난 후 호시노가 일본에서 큰 비판을 받은 것은 말할 필요도 없다.

이후 일본 야구계는 명예 회복을 위해 야구 월드컵이라 할 수 있는 WBC에 총력을 기울였다. 이때 관심은 누가 WBC 대표 팀 감독을 맡을 것인지에 집중되었다. 후보로 현역 요미우리 감독인 하라 다쓰노리原辰德를 비롯하여 은퇴한 오사다하루, 호시노 센이치 등이 거론되었다. 하지만 오사다하루는 건강 때문에 지휘봉을 잡기 어려웠고, 호시노는 베이징 올림픽의 실패가 있었기에 후보에서 제외되었다.

실적만을 보자면 최근 리그 또는 저팬시리즈에서 우승한 사람이 감독을 맡는 것이 무난했다. 감독을 결정하기 위한 회의에서 여러 후보가 거론되었으나 끝까지 오치아이의 이름은 없었다. 승리를 위해서라면 가장 적임자임에도 국민적 인기와 야구 팬의 지지가 부족했고 공감대가 부족했던 것이다.

이런 분위기에 대해 야구계의 원로이자 라쿠텐樂天 이글스의 감독을 맡고 있던 노장 노무라 가쓰야野村克也는 오치아이의 이름이 나오지 않는데 의문을 표시했지만("WBC 체제 검토회의 자리에서 감독 후보로 오치아이의 '오' 자도 안 나와서 '오치아이가 후보로 오르지 않는 것인가?' 라고 물어볼 정도였다." 野村克也, 「あぁ監督ー名將 奇將 珍賞」, 角川書店, 2009), 여러 원로들의 토의를 통해 감독 자리는 요미우리의 하라에게 돌아갔다. 오치아이가 후보로조차 거론되지 않는 점에 대해 비판을 하거나 의문을 표하는 야구인은 노무라 정도였고 그밖에는 아무도 문제 삼지 않았다.

감독 후보에서 그의 이름이 나오지 않았던 것은 WBC에 대한 그의 비협조적 태도에도 이유가 있었다. WBC는 미국 메이저리그 사무국과 선수회가 주최하는 경기로 단순한 흥행 이벤트일 뿐이지만, 한국과 일본에서는 마치 월드컵이나 올림픽 같은 '국가 대항전'으로 받아들여졌다. 한일 양국 언론은 라이벌 의식을 부각시키며 국민들을 TV 앞에 모이도록 선전했지만, 한국과 일본과는 달리 개최지인 미국에서는 거의 주목을 끌지 못할 정도로 온도 차가 컸다("미국인들은 WBC보다 양키스의 시합에 관심이 많다." 『아사히신문』, 2009년 2월 24일, 인터넷판). 일본에서는 WBC 관련 뉴스가 홍수처럼 쏟아지고 드림 팀 구성이 화제가 되어 야구 팬의 관심도 집중되었는데 주니치에서는 단 한 명의 선수도 참가하지 않았다. 대표팀에 다섯 명이 선발되었지만 모두 핑계를 대고 참가하지 않았던 것이다. 비난은 감독인 오치아이에게 집중되었다. 2008년 베이징 올림픽에 주전들을 내보냈다가 그 선수들이 복귀 후 부진에 빠진 경험을 한 오치아이가 선수들의 참가를 금지시켰을 것이라는 의혹을 받았기 때문이다. 오치아이는 선수 각자의 판단에 맡기고 있다고 했지만 국가라는 대의명분에 따라 참가하는 것에 대해서 확실하게 못을 박았다.

"공식전 이외의 이벤트에 참가를 강요할 권리는 없다. 선수는 구단의 사원이 아니라, 개인 사업자다. 부상을 입어도 아무 보상도 없다. 모두 참가해줄 것이라고 생각하는 게 큰 착각이다."[5]

1회 대회에 이어 2회 대회의 우승을 기대하던 일본인들은 이런 오치아이를 이해하지 못했고, 야구 팬들은 그를 이기주의자에 나라를 생각하지 않는 비국민非國民이라며 비난했다.

그런 오치아이를 두고 작가 네지메 쇼이치는 일본 프로야구에도 외국자본이 들어와 외국인 오너가 구단을 만들고 감독을 뽑는다면 오치아이를 제일 먼저 데려갈 것[6]이라고 이야기했다. 모범생과 미담, 팬 서비스, 협동, 조직을 중요시하는 일본 야구계와는 달리 모든 걸 결과라는 객관적 잣대로 평가하는 외국에서는 오치아이 같은 감독이 환영받을 거라는 말이다. 일본 사회가 들이대는 잣대가 주관적이고 가변적이라는 것에 대한 반발이기도 하다.

오치아이 같은 사람은 일본 사회에서 그다지 환영받지 못한다. 일본은 실적 외에도 무형의 무언가를 요구하는 사회이기 때문이다. 그것은 형이자 아버지 같은 '친근함' 일 수도, 팬에게 감동을 주는 '감동 스토리' 일 수도, 조직을 휘어잡는 '카리스마' 일 수도 있다. 물론, 그런 무형의 요소들이 조직과의 관계를 원만하게 해주는 윤활유가 될 수 있다. 하지만 야구 감독에게 우선시되는 승리와 결과를 일궈낸 것만으로는 인정받을 수 없다는 것은 일본 사회가 떨쳐버리지 못하고 있는 비합리적 모습이기도 하다.

사회를 지배하는 불문율 때문에 하고 싶은 말을 못하고, 하고 싶은 행동을 하지 못한다면 얼마나 안타까운 일인가? 하지만 오치아이는 그런 조직 사회의 형식에 타협하지 않고 끝까지 당당하게 자신의 길을 가고 있다. 마지막으로 오치아이가 일본 사회의 '개인주의' 에 대해 던진 날카로운 비판에서 한국 사회는 얼마나 자유로울 수 있을까 다시 한 번 생각해본다.

"문제는 이 나라(일본)의 인간들이 개인주의를 반사회적 행위라고 생각한다는 점입니다. 하지만 그런 사고방식은 그렇게 간단히 변하지는 않을 겁니다. 그건 '일본인의 병' 같은 거니까요."[7]

이상 국가를 꿈꾼 만주국의 이단아

이시와라 간지

사라져버린 이상향, 만주

•

20세기 동아시아에는 거대한 제국이 있었다. 한반도의 다섯 배에 이르는 광활한 영토와 3,600만의 인구를 가졌으면서도 단 한 명의 황제와 함께 불과 15년 만에 역사 속으로 사라진 제국. 바로 유라시아 대륙의 동쪽에 자리 잡은 만주국이다. 만주국은 중국의 한족, 만주족, 몽골족, 일본, 조선 등 다섯 개 민족이 주축이 되어 성립된 국가로, 만주국 황제 푸이의 일대기를 그린 영화 〈마지막 황제The Last Emperor〉(1987, 감독 베르나르도 베르톨루치)를 통해 우리에게 잘 알려져 있다. 청나라 황제였던 푸이가 황제 자리에 앉은 만주국은 만주 대륙의 국가였으나 실질적인 건국 주체는 일본 관동군이었고, 국방부터 재정과 행정 등 대부분의 국가 운영은 일본인 관리들에 의해 좌우되었다.

만주국에는 많은 조선인이 살았고 그들이 국가 운영의 다방면에 참여했기에 만주국은 대한민국 역사와도 밀접한 관계가 있다. 농업과 상업 때문에 만주국에 이주해서 산 일반인도 많았지만 만주에서 군인, 관료, 학생으로 있었던 박정희, 이한림, 최규하, 백선엽, 정일권 등이 해방 후 한국의 정치, 행정, 국방에서 많은 힘을 발휘했기 때문이다. 또한, 한국과 일본의 젊은 엘리트들이 '실험 국가' 만주국에서 시도한 국가 운영은 종전 후 한일 양국의 정치, 행정에 큰 영향을 끼친다.

영화 〈마지막 황제〉의 모델이 된 푸이의 실제 모습. 그는 만주국의 처음이자 마지막 황제였다.

이 만주국을 세우고, 거의 모든 청사진을 그린 한 군인이 있었으니 일본 육군 중장 이시와라 간지가 그 사람이다. 이시와라는 일본 육군에서 이단아 소리를 듣는 괴짜 중의 괴짜였으며 탁월한 군사 지식이 있는 군인인 동시에 역사, 철학, 종교에도 상당한 식견을 갖춘 사상가였다. 침략 전쟁을 일으킨 장본인이라는 비판과 더불어 종교 사상가, 탁월한 지략가, 이상주의자라는 평을 듣는 그는 한·중·일의 현대사를 이야기할 때 절대 빼놓을 수 없다.

일본 육군 최고의 기인, 니치렌종을 만나다

•

이시와라는 1889년 일본 북서부 바닷가와 인접한 야마가타 현의 농촌에서 태어났다. 아버지는 후에 경찰서 서장으로 퇴임한 경찰이었으며 어머니는 평범한 주부였다. 6남 4녀라는 많은 형제 중 삼남으로 태어났지만 형들이 어린 나이에 세상을 떠나 그가 장남이 되었다. 몸은 약한 편이어서 어려서부터 잔병이 많았고, 후일 사관생도가 되어서도 체육이나 훈련보다는 군사학, 전쟁사, 철학 등을 공부하기를 더 좋아했다. 1902년에는 육군 대장이 되겠다는 꿈을 품고 중학교에 해당하는 센다이의 육군 유년학교에 입학했고, 50명 중 1등의 성적으로 고등학교에 해당하는 중앙 유년학교에 진학한다. 그는 군사학뿐만 아니라 역사, 철학, 정치, 외국어, 종교 등에 대한 호기심이 왕성해서 다른 생도들과는 달리 도서관에 틀어박혀 많은 책을 읽으며 지냈는데, 때문에 교관에게 "너 같은 녀석은 제국의 군인이 될 수 없다. 신문기자 정도가 어울리는 직업이다"[1]라는 비아냥을 들었다.

사관학교에서는 미술 수업 시간에 자신의 성기를 그려 문제아 취급을 받는가 하면, 교관과의 논쟁도 불사하며 제 주장을 펼치는 등 한마디로 튀는 생도였고, 그런 기행은 평생을 두고 계속 된다. 주 1회 있는 주말 외출 때는 도쿄 시내를 놀러 다니는 동기들과는 달리 유명한 퇴역 군인이나 사상가를 찾아가 직접 이야기를 듣고, 방학 때도 집에 돌아가지 않고 학교에 남아 책을 읽거나 총검술 연습을 하는 등 누가 봐도 독특한 생도였다. 하지만 교관이나 상관 앞에서 주눅이 드는 동기생들과는 달리, 매사에 진지하고 성실한 성격이면서도 촌철살인의 조크와 독설을 즐겼기 때문에 동기들에게 늘 인기 만점의 생도이기도 했다. 그런 이시와라가 이 시기에 접한 종교가 다나카 지가쿠田中智學의 책은 그의 인생의 전환점이 되며, 후일 만주국 건설의 시발점이 된다.

다나카 지가쿠는 1861년에 태어난 일본의 종교가로 이시와라보다 스물여덟 정도 나이가 많다. 일본 불교인 니치렌종日蓮宗의 신자였으나 종단에 회의를 느끼고 떨어져 나와 자신만의 종교운동을 펼쳤다. 그의 주장 중 유명한 것이 바로 '팔굉일우八紘一宇(천하가 하나의 집)'인데, 이 말은 일본 군부의 지지를 얻어 후일 '대동아공영권'을 만들자는 구호로 아시아 전역에서 널리 쓰였다. 다나카는 미래에 대한 '예언적 성격'과 평화로운 극락정토를 만들자는 '이상주의'를 주창했는데 이것이 이시와라에게 큰 영향을 미쳤다. 다나카의 주장이 일본 군부의 구호처럼 쓰이긴 했지만 그 자신은 전쟁이나 사형 제도를 비판하는 입장이었고 인종, 국가, 영토의 구분이 없는 국가를 세우는 것이 이상이었다. 다만, 그 바탕에는 니치렌종과 천황을 중심으로 한 국가 일본이 자리 잡고 있었다. 이시와라는 다나카와 니치렌종의 영향을 받아 후일 만주에 일본이 리더 역할을 하는 이상 국가를 건설하는데 그것이 바로 만주국이다.

별난 군인의 자유 행보

•

육군사관학교에서도 성적은 늘 최상위권이었으나 교관에 대해 불만을 숨기지 않고, 잘못이 있으면 따져 들거나 직언을 불사한 이시와라는 교관들에게 문제아로 낙인이 찍혔다. 일반적으로 집단 생활 속에서 틀에 박힌 교육을 받는 육군 장교들은 개성이 없고, 비교적 자유로운 생활과 훈육 속에서 생활한 해군 장교들은 생각과 행동에 개성이 있다는 평을 들었지만, 이시와라만큼 특별한 장교는 해군에서도 보기 힘들었다.

1909년 육사를 마칠 때 시험 성적은 3등으로 천황에게 은시계를 받는 영광을 누릴 뻔했으나(5등까지 수여), 반항적이고 때때로 교관을 모욕한 탓에 품행 점수에서 낮은 평가를 받아 결국 6등으로 졸업했다. 졸업 후 이시와라는 후쿠시마의 보병 제2사단 65연대에 배속되었다가 1910년 연대가 조선으로 이동하면서 춘천에서 사관으로 근무했는데, 당시 조선의 산하는 황폐했고 백성들은 빈곤해서 활기라고는 찾아볼 수 없었다. 그는 이 상황을 안타깝게 여기고 부하들에게 조선 백성을 대할 때 우월감 같은 것을 가지고 행동하지 않도록 주의를 주었다.

2년간의 조선 근무를 마치고 일본으로 복귀한 이시와라는 연대장의 명령으로 1915년 육군대학 입학시험을 치렀다. 신설된 연대였기 때문에 육군대학 입학자가 한 명도 없었는데, 연대에 엘리트 군인의 정통 코스인 육군대학에 진학하는 사람이 한 명도 없다는 것은 체면과도 직결되는 문제였다. 그래서 연대장은 똑똑하기로 소문난 이시와라에게 시험을 추천했다. 하지만 이시와라는 "저는 야전 지휘관을 천직으로 생각하고 있으므로 육군대학에 진학할 생각이 없습니다"라고 거절한다. 새파란 청년 장교가 연대장의 호의를 걷어찬다는 것은 당시로서는 상상하기도 힘든 일이었다. 하지만 그를 아낀 연대장은 화를 내지 않고 육군대학 시험을 볼 것을 '명령'한다. 이것은 이시와라도 거부할 수 없어서 응시는 했지만, 육군대학 입학에 관심이 없던 그는 공부를 전혀 하지 않는다. 그럼에도 이시와라는 연대에서 유일한 합격자였다.

육군대학에서도 그의 능력은 빛을 발해 1918년에 그곳을 2등으로 졸업하며 천황에게 군도軍刀를 하사받는 영광을 얻는다. 이때 "드디어 하사품을 수상하게 되었군" 하고 축하해주는 동기생에게 "육군대학엔 품행 점수란 게 없으니까"라며 특유의 농담으로 받아넘겼다는 에피소드가 전해진다. 이시와라는 육군대학에 들어가서도 성적과 점수에 매달리는 동기생들과는 다르게 자유분방하게 행동했다. 러일전쟁의 전적지 견학으로 만주 여행을 갔다 와서 감상문을 제출할 때도, 다른 동기들은 어떻게 해서든 좋은 점수를 얻으려고 불필요하게 길게 써냈지만, 그는 '소감 없음'이라는 단 한 줄을 써내서 퇴교 조치 이야기가 나오기도 했다.[2]

1922년 이시와라는 대위 계급장을 달고 독일로 유학을 떠난다. 재외공관의 파견 무관 자격으로 당시 흔치 않던 해외 유학의 기회를 잡은 것이다. 배를 타고 홍콩, 싱가포르, 이집트를 거치면서 이국의 풍경을 접하던 중, 영국의 식민지인 싱가포르의 현지인들이 영국인에게 불만이 상당하다는 것을 느낀다. 싱가포르인들에게 "싱가포르를 지배하는 영국인들은 당신들(일본인)을 두려워한다. 당신들은 언제 영국과 한판 대결을 벌일 생각인가?"[3]라는 뜻밖의 질문을 받고서 일방적으로 압제하는 영국식 식민 지배가 크게 반감을 사고 있다는 사실을 알았다.

두 달 만에 도착한 독일은 제1차 세계대전 패전 후의 혼란과 심각한 인플레에 신음하고 있었다. 베를린에 도착한 이시와라는 패전국의 비참함을 목격한 동시에 서양인의 동양에 대한 배타성과 차별을 경험했다. 그에 대한 반발이었는지 그가 서구인을 야만인처럼 보는 경향은 독일 유학 전후에도 계속되는데, 그의 일기나 편지에는 서양인을 차별적으로 부르는 '게토毛唐(코쟁이)'라는 말이 다 세지 못할 정도로 빈번히 등장한다.

'슐리펜 작전'의 고안자이자 독일 제국의 육군 원수였던 '알프레트 폰 슐리펜'. 그의 손자가 베푼 호의로 이시와라는 다양한 군사 지식을 얻을 수 있었다.

이시와라의 좌충우돌하는 성격은 독일에서도 여전하여, 식사 초대나 생일 파티에 일본 전통 복장으로 참가하여 재독 일본인 사회와 독일인에게 굉장한 괴짜 취급을 받았다. 또한 극장에서 상영되는 미국 영화에 지나치게 반일적인 내용이 나오자 스크린을 향해 고함을 치기도 했는데, 타인의 시선을 신경 쓰지 않는 그의 성격이 잘 드러나는 에피소드다.

그럼에도 이시와라의 학구욕은 식지 않아서 바이에른과 작센 지방을 여행하면서 전적지를 견학하거나 군사학과 전사戰史 지식 습득에 몰두했다. 한번은 지인의 소개로 퇴역한 독일 육군 대령의 집을 방문했는데, 방대한 군사학, 역사 서적을 보유한 퇴역 대령은 그에게 서적의 자유로운 사용을 허락한다. 덕분에 이시와라는 다양한 군사 지식을 얻었는데, 호의를 베푼 퇴역 대령은 독일 육군 원수로 유명한 알프레트 폰 슐리펜 Alfred Graf von Schlieffen(프랑스와 러시아를 상대로 동시에 전쟁을 수행한다는 '슐리펜 계획'의 고안자로 유명한 독일 군인이다. 후일 참모총장을 역임했다)의 손자였다.

독일 근무를 마친 일본 무관들은 귀국할 때 미국을 들렀다가 본국으로 돌아가는 경우가 많았다. 독일 체재 중 알게 된 한 미군 대위가 이시와라에게 "당신도 귀국할 때 미국에 들를 생각인가?"라고 묻자 이시와라는 짤막하게 대답한다.

"아니요! 내가 미국에 갈 일이 있다면, 그것은 내가 미국 점령군 사령관으로서 갈 때뿐입니다."[4]

이 일화는 이시와라의 반미 감정이 잘 드러나는 대목으로, 당시에는 일본 사회의 곳곳에서 이러한 반미 감정이 표출되었다. 20세기 초에 미국으로 이민을 간 일본인에 대해 미국 정부가 보기 드문 차별 정책을 시행했고, 그 이야기가 일본에까지 전해져 일본인들의 분노를 샀기 때문이다. 미 정부는 일본인 어린이의 공립학교 입학을 금지하는가 하면, 일본인의 토지 소유마저 금지하고 심지어 나중에는 미국 시민권을 소유한 일본계 미국인의 토지 소유마저 제한했다. 이처럼 노골적인 일본인 차별에 일본 사회가 울분을 터뜨린 것은 당연했다.

세계 최종전쟁을 예견하다

이시와라는 태평양전쟁 발발을 예견했다는 저서 『세계최종전론世界最終戰論』(1940)으로도 굉장히 유명하다. 이 책에서 그는 역대 전쟁에 대한 설명과 함께, 인류가 진행해온 전쟁 형태와 미래의 전쟁 형태를 소개하고 세계 최종 결전에 대한 '예언'을 하고 있다. 그는 "세계는 ①유럽 연합, ②

소련, ③ 일본을 중심으로 한 동아시아 연합, ④ 미국 등 4개 세력으로 재편될 것"이며, "유럽은 여러 제국이 군웅할거해서 하나로 뭉치기 힘들고, 소련은 스탈린 사후에는 내부 분열에 빠질 것"이라 예언하고 "마지막에는 결국 미국과 일본을 중심으로 한 동아시아 연합이 격돌할 것"으로 보았다.

또한 그 전쟁은 "항공 전력을 중심으로 한 전쟁이 될 것이며, 단시간에 적을 섬멸하는 초강력 살상 무기로 결판이 날 것"이라며 장차 벌어질 태평양전쟁의 시작과 끝을 꿰뚫어본 것 같은 통찰력을 보여주었다. 특히 항공 전력에 대한 선견지명이 있었는데 독일 유학 시절에 베를린에 들른 육군 중장 오가타 쇼이치 육군 과학연구소 소장 앞에서 "앞으로의 전쟁은 공군에 의해 결정될 것이기 때문에 가장 우수한 비행기를 제작할 수 있도록 지금부터 전력을 다해 준비해야 한다"라는 연설을 해서 오가타를 놀라게 하기도 했다.[5] 진주만 공격과 미드웨이 해전에서 증명된 항공 전력의 중요성과 원자폭탄 개발, 유럽연합 탄생 등을 보면 그의 탁월한 선견지명에 감탄하지 않을 수 없는데, 이런 예언은 그의 해박한 역사, 군사 지식뿐만 아니라 니치렌종의 종교적 영향도 적지 않았다. 다만 이시와라는 어느 쪽이 승자가 될지는 언급하지 않고, 최종 전쟁에서 승리한 쪽이 세계의 패권을 잡을 것이라고 보았다.

그는 이 전제 조건으로 동아시아 민족의 연합체인 동아연맹東亞聯盟이 결성되어야 하는데 여기서 중심적인 역할을 하는 것은 역시 일본이어야 한다고 생각했다. 그리고 이런 이상주의 국가를 세우기 위한 시도가 바로 만주국이었다. 만주족, 한족, 몽골족, 일본, 조선 등 5개 민족이 공통의 이상향 건설을 목표로 국가 체제를 확립하고 지속할 수 있다면 동아연맹의 실현도 불가능하지 않다고 보았기 때문이다. 그뿐만 아니라 미국과 싸우려면 소련에 대한 견제가 필수였는데 신생국가인 만주국이 그 역할을 할 수 있을 것이라고 생각했다.

이상적인 다민족 국가 연합체를 목표로 하는 동아연맹은 일본뿐만 아니라 중국, 조선 등 아시아의 여러 국가에서 공감을 얻었다. 조선인 중에서도 조영주(후일 민단 단장), 박희도(민족 대표 33인 중 한 명), 장덕수(동아일보 주간), 나경석(동아일보 봉천 지국장), 최영의(무도가) 등이 이시와라의 사상에 크게 공감해 열성적으로 활동했다.[6] 일찌감치 일본의 패전을 예상한 이시와라는 1943년, 그의 열렬한 지지자였던 강영석에게 조선이 독립할 때 조선총독부의 경찰력, 정치력을 물리치고 조선군이 무혈점령할 수 있는 계획을 말해주기도 했다.

부하에게는 자상하게, 상관에게는 원칙대로

이시와라는 평생 술과 담배를 하지 않고 여자도 좋아하지 않아 상당히 검소하고 소박했다. 육군 장교 신분이었으므로 연회나 술자리도 자주 있었지만, 종교에 심취했고 정신적으로 구도자에 가까웠던 그는 상관의 권유에도 절대 술을 입에 대지 않았다. 집요하게 권하는 사람이 있으면 그게 상관이라도 안 마신다고 고함을 칠 정도였다.

이시와라에게는 이런 일화가 있다. 그가 관동군의 부참모장에 취임했을 때 만주국의 한 장관이 이시와라의 비서에게 "이번에 이시와라 부

참모장도 새로 왔으니 연회를 한 번 해야지. (장소를) 한 번 알아봐주게" 라고 말했다. 그러자 비서관이 "이시와라 각하는 연회를 싫어하셔서 출석하지 않으실 겁니다"라고 대답했다. 그 대화를 우연히 들은 이시와라는 다른 사람들에게 다 들릴 정도로 크게 말했다. "이봐 비서관, 잠깐 기다리게. 내가 연회에 참석하지 않는 것은 그게 관비(세금)로 돈을 내는 연회이기 때문이라네. 장관님의 월급봉투에서 나오는 돈으로 하는 연회라면 매번 참석하겠네. 가능한 한 비싼 데서 하자고." 당시 일본의 공무원이나 군인들이 공사를 엄격히 구분하지 않고 국민의 세금을 낭비하는 행태를 비꼰 것이었다.

기인으로 소문난 이시와라였지만 부하나 일반인들에게는 굉장히 자상했다. 부하를 상당히 아꼈고, 초급 장교에게는 싫은 소리도 거의 하지 않았다. 부하를 기용할 때도 직위나 소문은 일체 믿지 않았고 소개장이나 추천서도 무시했다. 한번은 한 청년 장교가 게이샤와 사랑에 빠진 일이 있었다. 명예와 품위를 존중하는 육군 장교가 게이샤와 염문을 뿌리는 것은 좋은 소리를 들을 수 없었고, 결국 그의 장교는 스스로 현역에서 물러나야 했다. 하지만 이시와라는 그의 뛰어난 재능과 실천력을 높이 평가해 과감히 발탁해서 부하로 기용했다.[7] 그에게 세인들의 입방아와 손가락질은 사람을 평가하는 기준이 아니었기 때문이다. 또한 연사로 초청받아 군에서 강연을 한 민간인을 역까지 배웅하러 가서는 플랫폼에 서서 기차가 완전히 떠날 때까지 부동자세로 경례를 하기도 했고, 어린 사람에게도 '선생'을 꼭 붙이는 등 늘 겸손하면서 깍듯이 대했다.

반면 상관과 권위에 대해서는 상당히 반항적이었다. 올바르지 않은 명령이나 지시는 거부하거나 무시하기 일쑤였고, 상관을 모욕하는 언행도 서슴지 않았다. 연대장 시절 부하 장교들에게 친절하게 전략, 전술과 전사를 설명하고 강의한 것을 보면, 이시와라에게 부하들은 키워야 할 인재로, 상관들은 그저 교양 없이 싸움만 할 줄 아는 사람으로만 비쳤는지도 모른다. 특히 상관이자 군의 실력자 중 한 명이던 도조 히데키와는 상극과도 같아서 크게 충돌하는 경우가 많았고 그 때문에 결국 군복을 벗기에 이른다. 그렇지만 이시와라의 성격과 능력을 잘 아는 혼조 시게루 대장이나 다다 하야오 대장, 이타가키 세이시로 대장 등에게는 "이시와라가 있으면 어떤 경우라도 안심할 수 있다. 또한 난관에 직면했을 때도 앞을 내다보고 확실한 결론을 내므로 그 성과에 대해서 조금도 의문이 생기지 않는다"[8]라는 찬사를 들을 정도로 신뢰받았다.

관동군 1만으로 장쉐량군 20만을 제압하다

1928년 만주를 지배하던 군인 장쭤린張作霖이 열차 폭발로 사망하는 사건이 발생한다. 이것은 반일 노선을 걷던 장쭤린을 제거하기 위해 관동군이 꾸민 사건이었다. 국제적인 비난에 내각이 전원 사임할 정도로 사태가 심각해지자 이 사건을 주도한 고모토 다이사쿠 대령이 군복을 벗었는데, 그 후임으로 관동군 참모부에서 활약한 것이 바로 대령 이타가키 세이시로와 중령 이시와라 간지다. 이 둘이 1931년에 남만주 철도를 폭파시킨 류타오후柳條湖 사건을 일으킴으로써 만주는 완전히 관동군의 지배하에 놓인다.

이 사건은 장쭤린 사망 후 그의 아들 장쉐량張學良이 북동의 지배자가 된 데서 시작되었다. 일본을 미워한 장쉐량은 만주에서 일본 세력 축출을 1순위로 삼고, 대립하던 장제스 정부와 화해했다. 그리고 만주에 있던 일본의 철도 회사 만주철도(만철)를 압박하기 위해 만철과 똑같은 루트에 나란히 새로운 철도를 건설하고, 세금을 늘려 만주에서 생활하던 일본인과 조선인을 압박했다. 그 결과 만철은 심각한 적자로 경영난에 빠졌고, 조선과 일본에서 온 농민들은 생활 터전을 뺏기고 떠돌이 신세가 되는 경우가 많았다. 만주에서 일본 세력이 확장하는 게 아니라 점점 몰려나는 궁지에 처한 것이다.

1931년 9월 이타가키와 이시와라는 장쉐량의 동북군을 물리치고 만주를 장악하기 위해 자작극을 꾸민다. 일본이 건설한 류타오후 근처의 철로를 파괴한 후 그것을 장쉐량 군대의 소행이라고 선언한 뒤 일방적인 기습 공격을 한 것이다. 치밀히 계획된 이 전투에서 이시와라는 직접 작전을 수립하고 지휘한다. 그는 진저우 폭격에도 참여하는데, 장쉐량군은 수적 우세에 있었음에도 확전을 경계한 나머지 제대로 반격도 해보지 못하고 와해되었다. 이 사건으로 만주를 완전히 손에 넣은 관동군은 다음 해인 1932년 3월 1일 청나라의 후예인 푸이를 꼭두각시 황제로 내세워 만주국을 건국했다.

만주국 건국 직후 대령으로 승진한 이시와라는 일본으로 돌아가 참모와 연대장을 거쳤고, 1935년에는 대본영 참모본부 작전과장으로 취임했다. 작전과에 들어간 그는 만주에서 소련과 일본군의 병력 차이에 크게 놀란다. 자신이 만주에 있던 1932년까지만 해도 소련의 병력과 항공기의 숫자는 일본의 2배 정도였는데, 소련의 지속적인 병력 투입으로 1935년에는 병력에서 3배, 항공기에서 5배, 전차에서 8배의 차가 났기 때문이다.

만주국의 성장이 급선무라고 생각한 이시와라는 만주에서 힘의 균형을 이루기 위해서는 공업, 농업, 노동력의 비약적인 발전이 필요하다고 판단했다. 이것은 소련과의 일전을 겨루기 위한 준비 작업이라기보다는 장래 미국과의 전쟁을 생각할 때 일본의 동맹국 중에 풍부한 자원과 생산력, 군사력을 갖춘 국가가 있어야 한다고 생각했기 때문이다. 그 중심 역할을 한 것이 만철 조사부였다. 만철 조사부는 1907년 설립된 철도 회사 내 조사 기관이었지만, 1932년 만주국 설립 후 관동군에 만주국의 경제정책 입안과 조사를 의뢰받으면서 관동군의 '싱크탱크'로 활약한 엘리트 집단이었다.

1935년, 이시와라는 만철의 엘리트 미야자키 마사요시에게 군수 생산력 확충과 단기간 안에 군사력을 강화할 수 있는 총력전 체제의 계획안을 의뢰했다. 미야자키가 생각한 만주국의 모습은 ①일본과의 경제 블록화를 통해 자급자족을 확립, ②국방 자원 중심의 개발 경제, ③국가 경제를 자유방임에 맡기지 않고 국가가 개입해서 통제하는 것9이었고 이는 이시와라의 생각과도 일치했다.

이시와라는 장차 벌어질 최종 전쟁에서는 일본의 힘만으로는 승산이 없다는 것을 간파하고 있었다. 그래서 만주, 조선, 일본을 경제 블록화해서 지출과 군사력 소모를 최소화해야 한다고 생각했는데 그러기 위해서 반드시 필요한 것이 평화였다. 그는 최소 10년간의 평화를 통해 일본과 만주국이 국방국가의 체제를 완성해야 하다고 보았다.[10] 한마디로 장래의 총력전을 위해 당장의 국지전은 절대 피해야 한다는 생각이었다. 더군다나 막강한 군사력을 보유한 소련과 국경을 맞댄 상황에서 중국과의 대립은 너무나 무모하다고 여겼다.

하지만 관동군이 1937년 중일전쟁을 일으키면서 이 계획은 금이 가기 시작했다. 군부 내 확전파는 정예 일본군 3개 사단을 투입하면 쉽게 중국을 제압할 수 있다고 주장하며 병력 증강을 주장했고, 중국을 잘 아는 이시와라(당시 소장)를 비롯한 반대파는 중국과의 전쟁은 절대 단기 국지전으로 끝나지 않고 소모적인 장기 전면전으로 발전할 것이라며 어떻게든 전쟁을 수습하려고 했다. 청년 장교 시절부터 중국과 중국인을 '생활력이 강하고 성실한 민족'이라고 평가하던 이시와라와는 달리 당시 일본 군 수뇌부에는 반중 의식과 우월감이 충만했다. 결국 강경론이 힘을 얻으면서 일본은 중일전쟁의 진흙탕 속에 빠져들었고, 이시와라의 계획은 물거품이 되고 말았다.

"도조 상병!"

1937년 이시와라는 관동군 부참모장(소장)으로 발령받는다. 이때의 참모장은 사관학교 4년 선배인 도조 히데키東條英機(중장)로, 이시와라는 관동군 운영과 중일전쟁을 두고 도조와 사사건건 충돌했다. 만주국의 안정과 발전을 위해서는 중일전쟁을 피해야 한다는 그의 주장을 도조가 인정하지 않자, 도조를 교양이 없고 머리가 나쁘다고 바보 취급했고 심

군인이자 정치가였던 도조 히데키(왼쪽)와 군인이었지만 오히려 사상가에 가까웠던 이시와라 간지(오른쪽)는 물과 기름 같은 관계였다.

지어 상관인 도조를 '도조 상병上等兵'이라고 불렀다. 그뿐만 아니라 후일 도조가 총리대신에 취임하고 일본군이 과달카날 섬Guadalcanal(남태평양 솔로몬 군도에 있는 섬. 남태평양의 전략적 요충지로 1942년 8월부터 약 반년간 미일 간에 치열한 전투를 벌였고, 그 결과 일본군이 패퇴했다. 일본군 사망자의 절반 이상은 물자 부족에 의한 아사자와 부상자였다)에 진주했을 때, 도조가 이시와라에게 사후 대책을 상담하자 면전에서 "(당신이) 총리에서 물러나셔야겠네요"라고 대답해 도조를 무안케 하는 등, 둘은 물과 기름과도 같은 관계였다.

도조 역시 이시와라가 뛰어난 전략가이며, 만주에 대해서는 누구보다도 많은 정보를 가졌다는 것을 알았으나 자신에게 반항적이고 불손한 그를 눈엣가시처럼 여겼다. 결국 이시와라는 도조 히데키의 눈 밖에 나

1938년에 후방인 교토 마이즈루의 요새를 지키는 한직으로 밀려났다. 도조는 군 내부 파벌의 정점에 있었기 때문에 그를 무조건적으로 지지하는 장교와 지휘관이 많았고, 이시와라는 어떤 파벌에도 속하지 않는 독불장군이었기에 군 내부의 세력 싸움에서 패배할 수밖에 없었다.

이후 이시와라는 중요 직책에서 완전히 밀려나 있다가 태평양전쟁 직전인 1941년 예비역 중장으로 예편한다. 한때 만주를 호령하던 엘리트 군인으로는 쓸쓸한 퇴장이었지만, 도조와의 트러블, 개전 직전의 퇴역 덕분에 패전 후 전범으로 체포되는 것을 피할 수 있었다.

사상가로 변신하다

•

1941년 군에서 물러난 이시와라는 리쓰메이칸대학에서 국방학 강좌를 의뢰받아 정치, 역사, 군사에 대해 강의했다. 강의가 청강생들에게 감명을 주고 높은 평가를 받자 일반인들에게도 화제가 되었다. 하지만 도조에게 반항적이던 그의 일거수일투족은 헌병의 감시를 받았고, 출판된 강의록은 물론 다른 출판물까지 절판되는 등 혹독한 보복을 받았다. 여기저기서 강연 요청을 받았지만, 강연 중 이어지는 독설에 경찰이나 헌병이 강연을 중지시키는 일도 있었다. 군부 비판이나 패전을 언급하는 것이 금기시되던 시절이었으나 이시와라는 전혀 개의치 않았고, 청중이 "미국과의 전쟁이 순조롭게 진행되고 있는 것 같은데, 어떻게 보십니까?" 하고 질문하면 "반드시 진다"거나 "도쿄는 잿더미가 되어 나무 한 그루 풀 한 포기 보기 힘들 것이다"라고 대답했는데, 사람들은 반신반의

하며 그 말을 믿지 않았다. 일본이 승승장구하던 때였고, 도쿄 공습이 있기 1년 반 전이었기 때문이다.

연이은 탄압에 학교나 강연 주최자들이 곤란에 빠지자 결국 이시와라는 강의 활동을 접고 고향으로 내려가 은거하며 사상가로 활동했다. 하지만 그가 최종 전쟁론을 포기한 것은 아니었다. 태평양전쟁이 발발하기 불과 1개월 전에 그는 이런 말을 했다. "가까운 장래에 최종 전쟁이 일어나리라는 것은 나의 '확신' 이다. 최종 전쟁의 주체는 동아시아 연맹과 미국이 될 것이라는 것은 나의 '상상' 이다. 그리고 최종 전쟁이 30년 이내에 일어날 것이라고 하는 것은 '점술' 에 지나지 않는다."

1941년 12월 8일 일본이 진주만을 기습하며 서전緖戰을 화려한 승리로 장식하자, 전 국민이 군부를 예찬했고 도조 히데키는 국민의 영웅이 된다. 이때 다나카 지카쿠의 아들이자 이시와라와 전부터 가까운 사이였던 사토미 기시오가 미래에 대한 불안 때문에 그를 찾아와 의견을 구하자, 이시와라는 "이 전쟁은 진다" 며 그 이유를 이렇게 설명했다. "전쟁에 1만 엔의 돈이 필요하다고 한다면 미국은 100만 엔을 가지고 있다. 이에 비해 일본은 1만 엔의 돈이 필요한데 겨우 1,000엔밖에 없다. 1,000엔을 쓸 때까지는 문제가 없겠지만, 그걸 다 써버리면 무엇을 할 수 있겠는가?"

그의 예상대로 전쟁 초기에는 일본군이 미군과 영국군을 상대로 연전연승했으나 점차 생산력과 자원, 병력의 한계가 드러나면서 참패를 거듭했다. 전쟁 말기인 1944년에는 도조 히데키 내각의 폭주를 보다 못한 청년 장교 쓰노다 도모시게가 도조 암살 계획을 가지고 그를 직접 찾기도 했는데, 세상을 멀리하고 은거하던 이시와라는 그런 움직임에 직접 간여하지는 않았지만 찬성 의견을 피력한다. 거사 직전에 도조 내각이 전원 사퇴하면서 암살 계획은 실행되지는 않았으나 나중에 발각되어 쓰노다가 체포되고 이시와라도 조사를 받는다.

이시와라는 일본의 조선 지배에 대해서도 그다지 긍정적이지 않았다. 그는 "일본은 조선 통치 40년을 통해서 조선인의 민족의식을 말살하려고 한 어리석은 정책을 강행했다"고 말했고, 해방이 되자 조선의 장래에 대해서 "중국, 미국, 소련의 후원하에 조선 민족이 다시 당파 싸움을 일으키지 않을까 걱정하는 조선인도 적지 않다. 하지만 나는 40년간 고생을 해온 조선 민족이 대동단결하여 하루빨리 완전한 독립을 손에 넣기를 기원하며, 그 성공을 믿고 있다"며 조선의 역량과 성공에 믿음을 보냈다.

그의 열렬한 지지자였던 조선인 조영주는 좌파에서 동아연맹의 지지자로 변신해서 적극적인 홍보 활동을 했다. 전시체제로 돌입하자 조영주는 일본 경찰에 의해 불순분자로 분류되어 모진 고문을 받았는데, 그때 그를 구속한 교토 경찰은 '동아연맹 활동을 하면서 조선의 독립을 생각하게 되었다'고 자백하면 석방과 동시에 좋은 직업을 알선해주겠다고 회유한다. 하지만 이시와라를 존경했고 동아연맹에 강한 신뢰가 있던 조영주는 심한 고문을 당하면서도 끝까지 지조를 버리지 않았다. 조영주뿐만 아니라, 좌파의 거두로 유명한 박열도 은퇴 후 칩거 중인 이시와라를 찾기도 했다. 실제로 이시와라가 거주하던 니시야마 농장에는 그를 따르는 중국인과 조선인이 자주 왕래했다.

극동 군사재판 증인대에 서다

•

1945년 8월, 원폭 투하로 패전이 확실해지자 일본 각지의 수뇌부로 무조건 항복을 하기로 했다는 내무성의 극비 사항이 전달되었다. 이때 야마가타 현의 지사와 경찰부장이 어떻게 해야 할지 몰라 조언을 얻으러 이시와라를 찾아가자 그는 그들의 얼굴 표정을 보더니 "(일본이) 졌지?" 라고 말하며 히죽히죽 웃었다고 한다.[11]

일본이 연합군 측에 정식으로 항복하고 내각이 바뀌면서 황족인 히가시쿠니노미야가 내각의 우두머리로 취임한다. 예전부터 이시와라의 능력과 기품을 높이 평가한 히가시쿠니노미야는 야마가타로 특사를 파견해 이시와라에게 내각 고문을 맡아달라고 요청했다. 하지만 건강이 상당히 좋지 않았던 이시와라는 요청을 거절했다. 일본을 잿더미로 만든 군인과 정치가 대신, 절망에 빠진 일본을 일으켜 세울 수 있는 것은 파벌도 욕심도 없는 이시와라라는 세간의 평가도 있었으나 결국 건강 문제 때문에 이는 실현되지 않았다.

일본의 점령지와 본토에 연합군이 진주하자 군 수뇌부와 전쟁 협력자들이 체포되어 전범 재판을 받았다. 극동 국제군사재판이라 불린 이 재판에는 이시와라와 함께 만주국 건설을 획책한 이타가키 세이시로, 내각 수반 도조 히데키, 제7대 조선 총독 미나미 지로, 제9대 조선 총독이자 총리 출신 고이소 구니아키, 외무 장관 마쓰오카 요스케 등이 전범으로 재판대에 섰는데 이시와라는 거기서 제외된다. 만주사변을 일으킨 장본인인 이시와라가 재판대에 서도 이상할 것이 없었으나, 태평양전쟁 직전 퇴역했고, 중일전쟁의 전선 확대에 반대하며 도조와 크게 대립했다는 점, 종전 당시 이미 중병으로 병석에 있었다는 이유였다. 그 대신 그는 중요 증인이 되었는데, 중병으로 도쿄까지 오는 것이 불가능한 상태여서 결국 재판정이 야마가타로 이동해 그의 증언을 들었다. 이때 그는 일본 전통 복장에 전투모를 쓴 우스꽝스러운 모습으로 청년들이 끄는 리어카에 간호사를 대동해서 20킬로미터나 떨어진 재판정에 출두했는데, 리어카를 끌던 청년 중에는 조선인 최영의도 있었다.[12]

심문에 들어가기 전 재판장이 질문이 없느냐고 물어보자 그는 이렇게 대답했다. "만주사변의 원인은 전부 나다. 사변의 시작과 끝, 진저우 폭격, 만주 건국 계획을 세운 것도 전부 나다. 그런데도 내가 전범에서 제외된 것이 이해되지 않는다."[13] 이 한마디는 많은 사람에게 충격을 던졌다. 당시 많은 군인이 체포되기 전에 자결하거나, 제 목숨을 구하려고 상관이나 동료를 고발했어도 자기가 죄인이 아닌 것은 이상하다고 항의하는 사람은 없었기 때문이다. 육군 소장 다나카 류키치는 연합군 최고 사령부GHQ에 적극적으로 협력하면서 동료와 상관을 차례차례 고발해 괴물, 배신자, 일본의 유다라며 손가락질당했는데, 그와 대조되는 이시와라의 발언은 방청객들이 귀를 의심할 만했다. 또한 재판에서 A급 전범으로 지목된 도조 히데키와 대립한 것에 대해서는 "내게는 사상이 있지만, 도조에게는 사상이란 게 없다. 사상이 있는 사람과 없는 사람이 어떻게 대립할 수 있는가?"[14]라며 끝까지 상관을 한참 아래로 내려다보는 듯한 발언을 했다.

그뿐만 아니라, "전범 1호는 트루먼이다. 민간인을 상대로 대량 학살을 한 히로시마와 나가사키를 보라" 하고 항변하는가 하면, 맥아더의 군정軍政에 대해서는 "과거 일본군이 한 짓과 똑같은 실패를 반복하고 있다"며 맥아더의 일본 통치를 비판하기도 했다(당시 맥아더는 점령군에 대한 정치 비판을 엄격하게 금지했다).

그야말로 이시와라의 독무대였다. 독설과 블랙유머가 섞인 거침없는 그의 답변에 법정에서는 폭소가 터지기도 하고 감탄의 목소리가 들리기도 했다. 취재차 온 한 외신 기자가 "일본은 왜 이런 뛰어난 장군의 의견을 듣지 않았는가?" 하고 감탄할 정도였다. 이시와라는 "내가 전쟁을 지휘했다면 지지 않았을 것이다"라고 말했는데, 이것은 전쟁에 승리한다는 의미는 아니었다. 전선을 최소한으로 축소하고 사이판을 요새화해 끝까지 사수하며, 중국 전선에서는 일본이 장제스에게 진심으로 사죄해 어떻게 해서든 중일전쟁을 수습했다면 지구전도 가능했다는 이야기였다. 승리하지는 못하더라도 장기전으로 이끌어 교착 상태에서 휴전으로 이끌 수는 있었다는 구상이었는데, 그것이 일본으로서는 가장 피해를 줄일 수 있는 전략이었다. 하지만 당시 사이판을 요새화해 미군의 일본 본토 공격을 저지한다는 구상을 한 사람은 이시와라뿐이었다.

이시와라가 남긴 유산, '일본 주식회사'

•

일본 군부 엘리트 출신인 쓰지 마사노부(대본영 참모 출신으로 노몬한, 과달카날, 미얀마에서의 작전을 입안했다고 알려져 있다. 이시와라를 따르는 육사 후배이기도 했다. 종전 후 동남아, 중국, 일본에서 도피 생활을 하다가 전범 기소의 시효가 끝나자 국회의원에 출마, 당선되어 정치가로 활동했으나 동남아 여행 중 실종되었다)나 세지마 류조가 정・재계의 실력자로 부귀영화를 누리며 전후 일본에 강한 영향을 끼친 것과는 대조적으로, 이시와라는 고향 마을에 은거하면서 검소하고 소박한 생활을 했다. 재판정에 출두하는 그의 기록 필름을 본 일반 시민들조차 너무나 낡고 초라한 집에서 걸어나오는 이시와라를 보고 "저게 정말 일본 육군 중장을 지낸 사람의 집이란 말인가?"라고 놀랄 정도였다.

탁월한 전략가이자 사리사욕이 없는 군인이며, 아시아 국가들이 힘을 합쳐 연합국가를 만들어야 한다고 주장하던 이상주의자 이시와라는 호전적이며 과신에 빠진 일본 군 수뇌부에서 도태되어 스스로 옷을 벗었다. 서구 문명에 반감을 품었고, 미국을 언젠가 대결해야 할 상대로 본 그는 운명론적 세계관을 지닌 사람이었는데, 이시와라가 만약 일본 군부의 정점에 있었다면 전쟁의 양상과 세계의 역사가 어떻게 바뀌었을지 궁금하기도 하다.

그가 만주국에 만들어놓은 '일본 주식회사'의 원형은 미야자키 마사요시와 만주국의 경제 관료였던 기시 노부스케(종전 후 수상 역임), 시나 에쓰사부로(종전 후 외무 장관 역임) 등을 통해 일본 사회와 경제에 큰 영향을 끼쳤고, 만주국형 모델은 한국의 고도 성장기에 정부 주도형 개발의 본보기가 되기도 했다.

일본 현대사에서 이시와라에 대한 기억은 점점 옅어져 가지만, 아직까지도 그의 탄생일과 사망일이 되면 야마가타 현에 있는 그의 묘소에는 참배객의 헌화가 이어지며 여전히 그의 사상을 연구하는 모임도 활발하다. 그의 묘소는 일본과 세계의 역사를 완전히 바꿔버릴 수도 있었던 사람의 묘치고는 거의 알려져 있지 않고 규모도 크지 않지만, 그 비석에 새겨진 '영구평화永久平和'라는 글자는 오늘을 사는 우리에게 다양한 시사점을 던지고 있다.

세상사에 서툴렀던 맛의 달인

기타오지 로산진

한국은 공전의 미식 붐

•

현재 한국에는 맛의 열풍이 거세다. 젊은 층을 중심으로 맛집을 찾아다니는 마니아들이 늘어나고 있으며 한식뿐만 아니라 일본, 중국, 이탈리아, 프랑스, 베트남, 태국, 인도 등 다양한 나라의 음식이 빠르게 보급되고 있다.

이런 미식 중에서 빼놓을 수 없는 것이 바로 일본 요리다. 번화가에 나가면 흔히 이자카야라는 간판을 볼 수 있으며 일본식 주먹밥인 오니기리나 일본 술인 사케, 라멘 등은 이미 한국 사회에 정착한 고유명사가 되었다. 일본 요리는 간소하면서도 절제된 꾸밈과 재료의 특성이 잘 드러나는 맛이 특징이다. 이런 일본 요리에 큰 영향을 끼친 사람이 바로 서예가이자 도예가, 요리가로 이름 높은 기타오지 로산진北大路魯山人이다. 그는 독특한 미적 감각으로 서예뿐만 아니라 그림, 도자기, 요리, 낙관(도장) 등의 분야에서 개성 있는 작품을 만들어 갈채를 받았고, 일본뿐만 아니라 유럽과 미국에서도 높은 평가를 받은 바 있다.

로산진은 한국에서도 유명한 일본의 인기 만화 『맛의 달인』에 당대 최고의 미식가로 등장하는 가이바라 유잔의 실제 모델이기도 하다. 이 만화의 인기와 한국의 일본 요리 붐을 생각하면 그가 한국 사회에 간접적으로 끼친 영향도 적지 않다고 할 수 있다.

양자로 전전한 어린 시절, 재능을 발견하다

로산진은 1883년 교토에서 태어났다. 신사에서 일하던 아버지는 그가 태어나기 전에 사망해서 로산진은 어린 나이에 남의 집에 양자로 보내졌다. 아버지의 사망 원인은 자살이었는데, 로산진이 어머니의 불륜으로 생긴 아이라는 것을 비관했기 때문이었다. 일본에서 양자로 남의 집에 들어가는 일은 드물지 않았으나, 양자로 들어간 집의 부부가 차례로 사망하거나 실종되어 또다시 다른 집에 양자로 보내지는 등 로산진의 어린 시절은 순탄치 않았다.

후일 로산진은 누구를 야단치거나 비판할 때 불같이 화를 내거나 심한 말로 상처를 주곤 해서 인격 파탄자라는 소리까지 들을 정도로 외고집에 다혈질이었다. 그래서 상처받기 쉬운 어린 나이에 남의 집을 전전한 경험이 이런 그의 인격에 영향을 주었을 거라고 보는 사람도 적지 않다.

'동물의 냄새까지 그린다'는 평가를 받은
다케우치 세이호의 동물 그림.
위: 〈반묘班猫〉, 1924, 도쿄 야마타네미술관 소장
아래: 〈추흥秋興〉, 1927, 교토 국립근현대미술관 소장

로산진이 6세 때 다시 양자로 들어간 곳은 목판업을 하던 후쿠다 다케조의 집이었다. 이 부부는 로산진을 끔찍이 아껴주지는 않았지만, 몸과 마음을 정착시킬 수 있는 환경을 마련해주었다. 그는 이 집에서 잔심부름을 하는 등 집안일을 도우며 소학교를 다녔다.

1893년 11세에 소학교를 졸업하고 생약을 다루는 가게에서 일하게 된 로산진은 12세 때 교토에서 개최된 내국권업박람회內國勸業博覽會를 구경할 기회를 얻는다. 당시 이 박람회는 최신 문물부터 진귀한 동식물, 특산품, 미술 작품까지 전시하던 화제의 행사였다. 박람회 구경을 간 그는 화가 다케우치 세이호竹內栖鳳의 그림에서 크게 감명을 받는다. '동물의 냄새까지 그린다' 고 할 정도로 높은 평가를 받던 다케우치의 그림에 반해버린 로산진은 이때 화가가 되기로 결심한다(성인이 된 그는 어려서부터 선망의 대상이던 다케우치에게 낙관을 만들어준다).

생약 가게에서 2년간 일하고 양부모의 집으로 돌아온 그는 양아버지의 일을 도왔다. 양아버지의 직업은 나무 간판을 만드는 것이었는데, 글씨에 대한 감각이 뛰어난 로산진이 만든 간판은 인기를 끌었고, 이것은 후일 그의 본업 중 하나가 된다.

학교를 다니거나 개인지도를 받지는 못하고 독학으로 서예를 연마하던 로산진은 용돈을 벌 생각으로 상금이 걸린 교토의 서예 대회에 응모하여 입상한다. 이에 용기를 얻고 이후에도 연습을 계속하며 서예 실력을 키운다. 글씨가 점점 호평을 얻자 로산진은 간판 글씨를 쓰는 것으로 생계를 유지하는데, 10대 후반에 이미 '선생' 이라 불릴 정도로 실력을 인정받았다.

1903년 징병검사에서 난시를 이유로 면제 처분을 받고, 20대 초에 도쿄로 활동 거점을 옮겼다. 그리고 1904년 일본미술전람회 서도書道 부문에 천자문을 예서隷書로 써서 응모한 것이 1등에 당선되는데, 이 글씨를 당시 궁내대신(한국으로 치면 대통령 비서실장)인 다나카 미쓰아키가 구입한 것이 화제가 되어 세상의 주목을 끈다. 이후 안진경顔眞卿(기세가 웅혼하고 형체가 돈독하며, 엄하면서도 정대한 서법으로 유명한 중국 당唐나라의 서예가)체의 명인 오카모토 가테이의 제자가 되어 그 집에 기거하며 회사의 문서를 써주는 일을 배웠는데, 로산진은 이 집 부엌에 자주 드나들며 음식을 만들기도 했다. 결국 스승보다 그에게 들어오는 일거리가 많아지자 스물다섯에 독립하여 간판 글씨나 문서를 써주는 일을 병행하며 서도를 가르쳤고 이때 교토 시절부터 알고 지내던 야스미 다미라는 여성과 결혼한다.

요리에 눈을 뜨다

•

1915년 32세가 된 로산진은 가나자와 현 출신의 한학자이자 실업가인 호소노 엔다이細野燕台를 알게 되었다. 호소노는 후일 로산진의 절대적인 지지자가 되어 그가 '호시가오카사료星岡茶寮'를 개업하는 데 큰 도움을 준 사람이다. 로산진은 가나자와에 있는 호소노의 집에서 기거하며 그의 소개로 도예와 칠기의 장인들과 교류할 기회를 얻게 되는데, 예술에 관한 것이라면 장르를 가리지 않고 왕성한 호기심을 보인 로산진에게 이 시기의 경험은 큰 자산이 되었다.

로산진이 호소노의 집에서 이따금 솜씨를 발휘하여 교토 요리를 선보이면 호소노의 가족은 그 요리에 감탄하고, 반대로 로산진은 호소노의 집에 있는 독특한 접시와 그릇에 감탄했다. 그 그릇들은 호소노가 직접 그림을 그린 후 지인의 가마에서 구운 것인데, 로산진은 그것들을 보며 요리에 잘 어울리는 그릇이 요리를 한층 빛내준다는 사실을 깨달은 것이다. 이때의 경험을 로산진은 후일 이렇게 회고했다.

> 요리와 그릇이 절묘하게 조화되어 마치 그 그릇에서 국물이 배어나오는 것 같았다. 시각적으로 요리를 어떻게 꾸미는지에 따라 음식이 더 맛있어진다는 것을 그때만큼 절실히 느낀 적은 없었다.[1]

호소노는 제 집에 머무는 로산진의 편의를 봐주고 일감을 얻어주곤 했는데, 그중 하나가 도예가 스다 세이카의 작업장에 쓰일 간판 제작이었다. 로산진 특유의 개성 있는 필체로 만든 간판을 가지고 스다의 가마터를 찾았을 때 스다는 이 간판을 굉장히 맘에 들어 하며 그에게 작업장을 구경시켜주었다. 처음 본 도자기의 제작 풍경은 로산진을 한 번에 사로잡았고, 접시에 그림을 그려보라 권하자 즉석에서 멋진 글과 그림을 담아내기도 한다. 로산진은 이때의 경험을 계기로 도자기 제작에도 발을 들여놓는다. 스다의 가마터에 드나든 건 비록 8개월이라는 짧은 기간이었지만, 이때 도예의 기초와 기법을 익혔다. 그뿐만 아니라 스다 세이카의 가마가 있는 호쿠리쿠 지방에서 호소노의 호의로 접한 여러 가지 요리와 특산물은 로산진에게 많은 영향을 끼치는데, 그중에서도 요

정 야마노오山の尾에서 배운 요리는 후일 로산진이 음식점을 개업하는 데 절대적인 역할을 한다. 이 시기는 서예, 낙관, 그림에 두각을 나타낸 로산진이 요리와 도예라는 새로운 예술의 세계에 눈을 뜬 중요한 시기다. 호소노 덕분에 큰 재산이 되는 경험을 한 로산진은 후일 전설적인 요정 '호시가오카사료' 를 개업할 때 은인을 고문으로 맞는다.

가나자와에서 도예와 요리에 눈을 떴지만, 아직 취미 수준이었고 도예가나 요리인으로 살아갈 생각은 없었다. 1919년 도쿄로 돌아온 로산진은 미술품 감정을 하는 '다이가도大雅堂 예술점' 이라는 상점을 개업하는데 그동안 수집한 수많은 골동품과 보아온 작품에 대한 지식과 심미안으로 좋은 반응을 얻었다. 가끔 매장에 있는 그릇을 이용해 사람들에게 음식을 선보이면, 로산진의 실력과 감각에 많은 사람이 감탄했다. 그런 사람 중에는 나카무라 다케시로中村竹四郎가 있었다. 재미있는 괴짜 미술품 감정사가 있다는 지인의 말에 로산진을 찾아간 나카무라는 그의 예술적인 감각과 다재다능함에 놀랐다. 그중에서도 손님을 감탄케 하는 요리 실력은 그 어떤 요릿집에서도 경험하지 못한 훌륭한 것이었다. 예술가에게 요릿집을 같이 하자고 제의하는 것은 실례라고 생각했으나, 요리 실력을 썩히는 것을 너무나 아쉽게 생각한 나카무라는 로산진을 설득하여 1921년 다이가도 예술점 2층에 '미식 구락부' 라는 음식점을 차린다. 38세의 서예가가 프로 요리인으로 늦깎이 데뷔를 한 순간이었다.

전설의 요정, 호시가오카사료

•

미식 구락부는 많은 사람에게 호평을 받았지만 실패하고 만다. 가격이 너무 비싼 것도 한 가지 이유였지만, 1923년 간토 지역을 강타한 지진으로 도쿄가 큰 타격을 입었기 때문이다. 당시 도쿄는 식도락보다 재건이 우선이었다.

비록 오래가지 못했어도, 미식 구락부 운영을 통해 자신감을 얻은 두 사람은 규모를 확장하여 도쿄의 지요다 구에 있는 히에 신사日枝神社 안에 최고급 음식점 '호시가오카사료'를 연다. 이곳은 로산진에 얽힌 일화나 업적을 이야기할 때 빼놓을 수 없는 곳이자, 그의 능력과 성격을 가장 잘 엿볼 수 있는 '작업장'이기도 했다. 도쿄와 오사카 두 군데에 존재하던 이 음식점은 제2차 세계대전 때 미군의 폭격으로 모두 소실되어 현재는 찾아볼 수 없지만, 아직도 일본인의 기억에는 '전설적인 음식점'으로 남아 있다.

호시가오카사료는 볕이 잘 들고 나무로 울창한 공간에 고급 사교 공간을 만들자는 취지로 1881년에 지어졌다. 이 건물은 건립할 때부터 최고 중의 최고만을 고집했다. 보통 건축물의 3배에 이르는 목재를 모아서 3년간 보관하다 갈라지거나 비틀어진 목재는 전부 버리고 그중에 남은 가장 좋은 목재로 만들어졌다. 그러나 결국 점점 찾는 사람이 줄어들어 건물을 처분해야 했는데, 이 건물을 산 사람은 당시 도쿄상업회의소 회장 후지타 겐이치였다. 개인이 구입했으나 공원 안에 있었으므로 주택으로는 사용할 수 없었는데, 로산진의 능력과 요리에 대한 천재적인

오사카에 있던 호시가오카사료. 로산진의 일화나 업적을 이야기할 때 빼놓을 수 없는 전설의 요정이다.

솜씨를 잘 아는 나가오 한페이의 소개로 로산진이 이곳을 빌려 음식점을 운영하게 되었다. 이때의 요리사 모집 광고를 보면, 로산진의 요리에 대한 태도와 개성을 중시하는 그의 성격이 잘 드러난다.

> 응모 자격: 일본 요리뿐만 아니라 미적인 취미를 가지고 있는 사람. 그림, 조각, 건축, 공예 등 예술에 대한 애착이 있으며, 음식 취향에 대해 사람들에게서 '괴짜 취급'을 받았을 정도의 사람. 그리고 아주 건강한 신체를 가진 사람.

일반인의 상식으로 보면 분명 엉뚱한 조건이다. 하지만 요리를 하나의 종합예술로 본 로산진은 맛뿐만 아니라 요리의 장식과 그릇 선택 등을 제대로 할 수 있는 심미안을 갖춘 사람을 원했고, 그런 사람이어야 제대로 된 요리를 할 수 있다고 보았다. 또한, 세상의 평가에 개의치 않는 개성을 가진 사람을 원했는데, 그런 인재상은 자신의 모습이기도 했다.

도쿄 지역에 치명적 타격을 준 간토대지진이 일어난 지 2년 후인 1925년, 로산진은 나카무라 다케시로와 공동으로 고급 음식점 호시가오카사료를 시작한다. 나카무라는 회계와 경영을 맡고, 로산진은 음식, 종업원들의 교육, 실내와 정원을 포함한 호시카오카사료 전체의 디자인과 인테리어를 맡는다. '사업가'와 '장인'이 각자의 역할을 분담한 것이다. 이곳은 철저한 회원제였는데, VIP회원이라 할 수 있는 특별 회원 중에서도 갑은 500엔, 을은 200엔, 보통 회원은 10엔을 받았다. 1925년 당시에 쌀 10킬로그램이 3엔 11전 정도였으니, 실업가나 정치가 등 특권층만이 가입할 수 있는 특별 회원은 '신분의 표시' 같은 것이었다.

이곳은 기존의 음식점이나 요정들과는 여러 면에서 차이가 있었다. 로산진이 이 장소에서 표현하고 보여주고 싶은 것은 최고의 맛과 멋이었다. 그리고 그것을 즐길 줄 아는 사람들을 손님으로 원했기에 보통 요정에서는 당연하던 춤과 노래가 허용되지 않았고, 게이샤도 없고 여 종업원이 손님에게 술을 따르는 행위도 금지되었다. 종업원의 품위 있는 서비스를 위해 예절 강좌를 운영하고 여 종업원들에게 다도나 꽃꽂이까지 가르칠 정도였다. 최고의 환경에서 잘 교육된 종업원이 제공하는 맛과 멋에만 힘을 기울인 것이다. 이곳의 완벽한 서비스는 상류층마저 감탄할 정도였는데, 회원들이 앞다투어 딸들의 신부 수업을 호시가오카사료에서 시키려고 부탁할 정도였다.[2]

또한 청결함에도 완벽을 기하여 종업원들에게는 늘 하얀색 버선만 신게 했고 청소가 제대로 되었는지 체크하기 위해 버선 바닥을 검사하곤 했으며, 음식에서 머리카락이 한 올이라도 나오는 날에는 요리사에게 삭발을 명령할 정도로 엄격했다.

좋은 재료를 요리의 가장 중요한 요소로 치는 로산진의 철학대로 전국 각지에서 최고의 재료를 구해다가 사용했는데, 야간 열차로 직접 생선을 운송시키는 등 비용과 수고를 아끼지 않았다. 또한 식기 역시 직접 제작한 것만 사용했고 음식의 재료, 색깔, 계절에 따라 식기를 주문 제작했으므로 엄청난 비용이 소모되었다. 하지만 음식의 맛과 모양, 색깔, 그리고 계절과 너무나 절묘하게 들어맞는 식기는 감탄을 자아내는 훌륭한 미술품으로 높은 평가를 받았다.

호시가오카사료에서 로산진의 예술을 한 번 경험한 사람들은 이곳의 분위기에 매료되었다. 소설가 시마자키 도손, 아쿠타가와 류노스케, 기쿠치 간, 요시카와 에이지 등 명사들이 자주 찾는 곳으로 유명해지며 회원 1,000명이 넘는 사교 클럽으로 발전했고 오사카에도 지점을 내기에 이른다. 로산진은 직접 빚은 도자기로 타일을 만들어 욕실을 장식하는 등 오사카 지점에도 심혈을 기울였다. 결국 이곳 역시 도쿄 본점에 버금가는 화려하고 품격 높은 지역의 명소로 떠오른다. 로산진의 요리와 도자기가 유명세를 타자 1932년에는 세계적인 희극배우 찰리 채플린이 로산진을 직접 방문하기도 했다.

로산진의 요리 철학

재료 본래의 맛을 살리는 것을 중요시한 로산진의 일면을 엿볼 수 있는 일화가 있다. 로산진은 호시가오카사료에서 요리 강좌를 열기도 했는데, 어느 날 일본 최대의 화학조미료 회사인 아지노모토味の素의 사장 부인이 참가를 신청했다. 이것을 안 로산진은 그녀에게 참가를 포기하라고 권한다. 그는 평소 화학조미료를 싫어했고, 수강생들에게도 강습 중에 "아지노모토를 가능한 한 사용하지 마라. 음식을 망친다"[3]라고 자주 말해왔는데, 자신의 말을 듣고 그 부인이 불쾌함을 느끼거나 상처를 받을까 염려했기 때문이었다.

로산진 요리의 바탕은 교요리京料理다. 교요리의 '교京'는 교토를 말하는 것으로 예부터 천황과 귀족들이 살던 교토는 깨끗한 물과 그 물로 만든 두부와 채소 등을 원료로 한 섬세하고 품격 높은 요리가 발달했다.

로산진은 교토 요리가 발전한 이유를 "황족과 귀족들이 사는 지역이었지만, 바다와 멀리 떨어져 신선한 해산물이 없었고 구할 수 있는 건 두부, 고사리 같은 평범한 재료였다. 이것을 가지고 귀족들의 입맛을 만족시키려다 보니 요리가 발전한 것이다"[4]라고 평한 바 있다. 로산진이 본격적으로 요리에 힘을 쏟은 것은 가나자와에서 맛에 눈을 뜨면서부터였지만, 교토에서 태어나 스물까지 자란 그에게 교토의 맛은 표본과도 같았다. 재료의 맛을 살리는 조리법, 섬세함, 싱거운 듯한 맛 내기, 분위기를 중시한 꾸밈 같은 교요리의 특징은 로산진의 요리와 모두 일치한다.

요리에 대한 그의 지론에는 그의 사고방식이 잘 드러난다.

첫째, 재료를 중시한다. 그는 언제나 신선한 최고의 재료만 고집했다. 아무리 훌륭한 요리사가 있어도 재료가 나쁘면 좋은 음식을 만들 수 없다는 것이었다. 야채를 직접 밭에서 따다가 바로 요리하는가 하면, 운송 수단이 발달하지 않은 1930년대에 자동차와 기차로 생산지에서 신선한 재료를 사다가 사용했다.

둘째, 맛있는 것을 만들고자 하는 마음이다. 요리도 하나의 예술이라고 생각한 로산진은 친절한 마음이야말로 요리의 첫걸음이라고 보았다. 한 가지 반찬이라도 만든 사람의 마음이 들어가 있으면 맛을 느낄 수 있다는 것이다. 남편에 대한 부인의 애정이 식으면 자연히 남편을 위해 준비하는 음식의 맛도 떨어지고, 남편은 맛있는 것을 찾아 집이 아닌 요릿집을 찾아다니게 된다고 했다.

셋째, 그릇은 요리의 기모노다. 그릇은 단지 음식을 담아내는 물건이 아니라, 요리와 어우러져 시각적인 미를 더욱 돋보이게 해서 음식을 맛

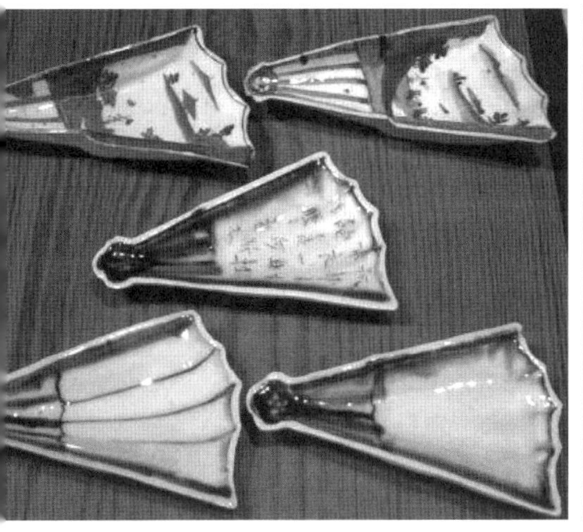

로산진이 만든 그릇. 그는 그릇이 단지 음식을 담아내는 물건이 아니라, 요리와 어우러져 시각적인 미를 더욱 돋보이게 해 음식을 더 맛있게 해주는 존재라고 보았다.

있게 해주는 존재라고 보았다. 마치 사람과 옷의 관계처럼 말이다. 로산진에게는 계절에 따라, 분위기에 따라, 재료에 따라 질감, 색, 크기, 모양이 다른 식기에 음식을 담는 것이야말로 아름다움을 아는 사람의 예술이었다.

이처럼 높은 수준의 요리와 서비스를 추구한 로산진의 구상과 가게 운영 방식에 부작용이 없던 것은 아니다. 지나치게 엄격한 지도와 인격을 무시하는 듯한 꾸지람, 독선적인 운영을 좋아하지 않는 종업원들이 있었고, 이것은 공동 경영자 나카무라도 마찬가지였다. 로산진이 골동품 도자기를 사는 데 많은 돈을 쓰면서 경영에 무리가 오자, 결국 이를 두고 둘의 사이가 틀어지고 만다. 사람들과 원만하게 지내지 못하던 로산진이 내분을 불러서, 결국 개업 11년째가 되던 1936년 해고 통지를 받자 크게 충격을 받는다. 두 사람이 등을 돌리게 된 것을 안타깝게 여긴 지인들이 중재에 나섰으나 결국 실패했고, 이 일을 계기로 로산진은 요리의 세계에서 한 걸음 물러나 도예 쪽에 더 정력을 쏟는다.

야나기 무네요시 vs 로산진

•

야나기 무네요시柳宗悅는 20세기 초 일본을 대표하는 사상가이자 미학자로 문학, 미술 평론 등에서 큰 족적을 남겼다. 우리가 실제 사용하는 일상 용품 중에서 아름다움을 찾아 그것을 활용하는 이른바 '민예 운동'의 제창자로, 한국에서도 사용되는 민예, 민화라는 말은 그가 만들어낸 것이다. 그는 일반 민중이 사용하는 투박한 자기, 소박한 그림 등이 가진 아름다움을 독특하게 해석했다.

야나기는 중국이나 조선의 자기와 민예품, 건축에도 관심이 많았는데, 수집한 조선의 민예품을 가지고 1924년 경성에 조선민족미술관을 세우고, 광화문 철거 계획에 반대 성명을 발표해서 조선총독부의 계획을 중지시키는 등 조선 특유의 아름다움을 높이 평가한 사람으로 한국에서도 유명하다. 일반적으로 조선과 조선 미술의 이해자라는 평가를 받고 있지만, 조선의 독립을 부정적으로 보았고 조선 민족의 미를 '비애悲哀의 미'라는 이미지로 고착화했다는[5] 비판을 받기도 한다.

1889년생으로 로산진보다 여섯 살 정도 어린 야나기의 시각은 로산진과 다를 수밖에 없었다. 해군 제독의 아들로 태어나 어려서부터 유복한 생활을 해왔고 엘리트 코스인 가쿠슈인學習院(일본 패전 이전의 가쿠슈인은 관립 학교로 황족이나 귀족들만이 입학할 수 있는 교육기관이었다)을 거쳐 도쿄제국대학에서 유럽의 종교철학을 전공한 야나기는 상류층이자 특권층이었다. 그에 반해 로산진은 어려서 양자로 남의 집을 전전하며 일해야 했으며, 소학교 졸업이 학력의 전부일 뿐 독학으로 배우고 익혔으니, 이런 성장 환경의 차이만큼 두 사람의 관점은 너무나 대조적이었다. 야나기는 위에서 태어나 아래를 내려다보며 미의식을 발견하려고 했고, 로산진은 아래에서 태어나 최고의 정점을 추구했기 때문이었다.

야나기는 일상생활에서 사용하는 값싸고 투박한 식기, 옷, 가구에서 아름다움을 찾으려 한 반면 로산진은 언제나 최고급의 식재료를 고집했고, 식기는 직접 제작하거나 주문 제작한 최고급만 사용했다. 그러니 서민의 생활이란 것을 경험도 해보지도 못한 도련님이 소박함 속의 아름다움 운운하는 것은 로산진에게는 모순과 위선에 가득 차보였을지도 모른다.

로산진은 1930년 12월부터 다음 해 초까지 직접 간행하던 잡지 『호시가오카星岡』를 통해 야나기에게 독설에 가까운 비판을 퍼부었다.

> 야나기는 풍족한 생활을 하고 있어서 민중의 생활과는 거리가 먼 딴 세상에서 살고 있다. 집, 옷, 살림도구, 자동차 등 모든 것이 '민중'의 레벨이 아니다. 투박하고 서툰 작품에도 생명이 있고, 순진함이 있고, 무욕의 아름다움이 있다고 하지만, 고급스럽고 뛰어난 작품에도 그런 마음은 있다. 그리고 싸고 투박한 것에서 아름다움을 찾자는 것이 틀렸다는 말이 아니다.

실용적이고 싼 민예품을 강조하지만, 정작 당신의 동료 하마다 쇼지濱田庄司의 자기 주전자가 서민들이 쓰는 것의 300배에서 500배 가격인 15엔, 간장 종지가 5엔에서 6엔에 팔리고 있고 당신은 그것을 인정한다. '싸기 때문에 좋은 작품이 아니라고 할 수 있는 근거는 세상에 없다'라고 당신이 말한 것은 대체 무엇인가?

유명 도예가 하마다 쇼지는 야나기와 함께 민예 운동을 일으킨 사람이다. 야나기의 동료이자 후일 인간국보(한국의 인간문화재에 해당)에 지정된 하마다의 도자기가 오늘날의 물가로 치면 수백만 원에 팔리고 있는데, 이런 것을 알고도 아무 말도 하지 않는 야나기가 서민을 강조하는 것에 로산진은 위화감을 느낀 것이다.

로산진의 도예 미학

•

호시가오카사료에서 해고된 로산진은 가마쿠라의 가마터에서 도자기를 만드는 작업에 열중하지만, 1937년 중일전쟁, 1941년 태평양전쟁을 거치며 일본이 본격적인 전시 상태로 들어가자 그것도 서서히 침체에 빠진다. 전시의 통제, 긴축 경제하에서 비싸고 예술적 가치가 있는 도자기는 그다지 환영받지 못했고, 젊은 제자들도 징병이 되어 제대로 일을 할 수 없었기 때문이다.

그가 한때 정열을 불사른 도쿄와 오사카의 호시가오카사료는 전쟁 막판에 공습으로 다 불타버리는 비극을 맞는다. 많은 이들의 기억 속으로 사라져버린 것이다.

전쟁이 끝나고 연합군이 일본에 진주하자 로산진은 도쿄의 번화가 긴자에 '가도카도비보火土火土美房'라는 상점을 열었다. 이곳에서는 도쿄에 진주한 미군을 비롯한 외국인들을 상대로 도자기로 된 전기스탠드나 미술 작품을 팔았는데, 빈곤에 허덕이던 일본인들에 비해 여유가 있던 진주군에게 로산진의 작품은 인기가 많았고, 그들을 통해 로산진의 작품은 해외에 퍼져나가게 된다.

1951년 가마쿠라에서 도자기를 굽던 로산진에게 일본계 미국인 예술가 이사무 노구치가 찾아온다. 조각, 회화, 인테리어, 정원 설계 등 다양한 방면에서 활약하던 노구치는 로산진의 배려로 로산진의 집에 아틀리에를 두고 도예를 배웠다. 이후 노구치의 소개로 로산진이 미국의 매스컴에 소개되면서 지명도가 높아지는데, 1953년에는 미국의 부호 록펠러 3세가 그를 찾아올 정도로 유명해진다. 그의 작품을 본 록펠러 3세는 전시회를 제의했고, 그 초대를 받아들인 로산진은 미국 순회 전시의 기회를 잡는다.

유럽에서 호평을 받다

1951년 프랑스 파리에서 열린 현대 일본 도예전에는 많은 일본 도예가들과 함께 로산진의 작품도 출품되었다. 전시회장에 지팡이를 짚고 나타난 로산진은 일본을 대표하는 대가들인 이타야 하잔, 이시구로 무네마로, 가토 하지메, 하마다 쇼지(일본을 대표하는 도예가들로 이타야 하잔을 제외한 전원이 일본의 인간국보다. 이타야도 인간국보에 추대되었으나 본인이 사퇴했다)가 모인 앞에서 지팡이로 그들의 도자기들을 가리키며 "뭐야 이게? 제대로 된 작품이 없잖은가? 이것도, 저것도……이딴 걸 일본의 도자기라고?"라고 소리를 지르곤 "제대로 된 건 내 작품뿐이군"이란 말을 남기고 자리를 떠난다.[6]

자신에 대한 과신과 안하무인의 불손함, 예술가의 고집이 나타난 것이기도 했으나 그 때문에 멀어지거나 등을 돌리는 사람도 적지 않았다. 하지만 로산진은 괴팍하기보다는 솔직한 사람이었다. 대가들의 작품을 보고도 감명을 받지 못하거나 별것 없다고 생각하는 평론가, 일반인들은 많다. 하지만 대중 앞에서 그런 말을 하면 비난을 받거나 예술을 모른다 또는 예의가 없다는 소리를 듣게 된다. 그래서 많은 사람들이 자신의 솔직한 감상이 아닌, 주위의 눈치나 반응을 살펴가며 비평을 하곤 하는데, 그런 경향은 대상이 명망이 높고 인기가 많을수록 심해진다.

하지만 로산진에게는 그런 소심함이 없었다. 작가들 사이에서 왕따가 되든 평론가들에게 욕을 먹든 좋은 것은 좋고 아닌 것은 아니라고 말한 것이다. 그것은 세계적인 명성을 누리는 파블로 피카소에 대해서도 마찬가지였다. 파리에서 열린 도예전에서 로산진의 작품을 본 파블로 피카소는 로산진의 작품을 높이 평가하며 절찬을 했고, 그것을 계기로 몇 년 후인 1954년에 로산진은 프랑스 여행에서 피카소와 만난다. 그리고 일본에 돌아와서는 "피카소는 도둑 같은 놈이었다. 내가 훨씬 '대예술가' 다"[7]라고 거리낌 없이 말했다(일설에 의하면 피카소가 선물로 들고 간 도자기가 아닌, 도자기를 넣은 고급 나무 상자에 더 관심을 보인 것에 화가 났기 때문이라고도 한다).

로산진은 유럽을 여행하며 프랑스와 이탈리아의 요리를 직접 맛봤다. 하지만 실망뿐이었다. 프랑스 체재 경험이 있는 일본의 외교관, 유학생 등이 입에 침이 마르도록 칭찬을 하는 탓에 프랑스 요리에 대한 기대가 컸지만, 막상 재료와 요리법, 식기와 꾸밈을 보니 그때까지 들어온 세계 제일의 요리라는 것은 허상이라는 생각이 들었다. 그리고 그것은 제대로 된 일본 요리를 먹어본 적 없는 일본인들이 만들어낸 사대주의라고 비판했다. 하지만 유럽의 먹거리 중에서도 그를 만족시킨 것이 있었는데, 그것은 미국에서 처음 만난 덴마크의 투보그Tuborg라는 맥주였다. 일본의 맥주로는 기린을 최고로 치고 늘 찬 맥주만 즐겨마셨으나 이 투보그는 기린보다 맛있다고 칭찬을 아끼지 않았다.

인간 문화재보다 소중한 프라이드

•

도자기 작업에 전념하던 로산진은 1955년 문화재보호위원회에서 '국가지정 중요무형문화재(인간국보)'의 지정을 수락해달라는 요청을 받는다. 인간국보로 지정되면, 작품의 가격은 몇 배로 뛰어오르고 각지에서 전시회 요청이 쇄도한다. 명예뿐 아니라 경제적인 면에서도 윤택한 생활을 보장받는 것이나 다름없는 것이다. 더군다나 그때 로산진은 유럽 여행을 위해 빌린 돈을 갚아야 해서 도자기를 굽느라고 바쁜 일정을 보내고 있었다. 하지만 로산진은 도예가이자 절친한 사이인 고야마 후지오가 위원회의 제안을 전하자 "자네가 말하는 것은 무엇이든 들어주고 싶지만, 그것만은 받아들일 수 없네. 거절하네. 작위 같은 건 하나도 필요 없네"라며 일언지하에 거절한다.

그는 직함이나 호칭 같은 것을 극도로 싫어했다. 천상천하 유아독존(로산진은 많은 사람들에게 천상천하 유아독존의 독불장군이라 불렸을 뿐만 아니라, 스스로도 이 말을 좋아해서 이것을 붓글씨로 쓴 다수의 작품을 남겼다)인 그에게 남들도 가지는 호칭 같은 것은 몰개성의 표상에 불과했기 때문이다. 실제로 로산진은 평생 명함에 직함을 쓰지 않았다. 많은 이들이 안타까워했으나 그는 인간국보 요청을 두 번이나 거절한다. 어쩌면 사이가 나빴던 다른 도예가들이 이미 인간국보로 지정되어 있던 것이 맘에 안 들었을지도 모르고, 그들과 같은 부류에 들어간다는 것이 그의 자존심을 상하게 했을지도 모른다.

로산진의 말년은 그다지 행복하지 않았다. 가마쿠라의 작은 집에서 도자기를 만들었지만 건강은 점점 나빠져갔다. 다른 도예가처럼 제자나 파벌도 없었고 뒷바라지를 해주는 사람도 없었다. 여섯 번이나 결혼과 이혼을 반복했지만 아들들은 요절했고 로산진의 도자기를 훔쳐간 것이 들통 난 딸과는 연을 끊어버렸기 때문이다. 더군다나 체재비를 부담하겠다는 록펠러 3세의 제의를 거절하고, 자신의 경비는 자신이 대겠다고 해서 진 빚은 계속 무거운 짐이 되었다.

외로운 노인이 된 그였지만 마지막까지 도자기 만들기를 포기하지 않았다. 고집과 성질도 여전해서 건강 악화로 입원했을 때도 '이런 것은 돼지도 못 먹는 음식'이라며 병원 식사를 엎어버리는 등 골치를 썩이기도 했다.[8] 그러던 1959년 로산진은 77세의 나이로 요코하마의 한 병원에서 조용히 눈을 감는다. 사인은 디스토마였다. 한 시대를 풍미했던 천재이자 현대 일본 사회에 큰 영향을 끼친 예술가의 위상과는 대조적인 마지막이었다.

로산진이 만들어낸 현대 일본의 아름다움

•

현재 로산진은 일본에서 전설적인 천재라 불리며, 20만 점이나 된다는 그의 작품은 수집가들 사이에서 큰 인기를 끌어 수십만 원에서 수억 원까지 거래되고 있다. 대형 백화점에서 전시하고 판매한 작품조차 모조품이 나돌아 사회문제가 될 정도고, 아예 그의 작풍을 흉내 낸 도자기들이 하나의 장르를 이뤄 싼 가격에 판매되기도 한다. 그만큼 그의 도자기는 사랑을 받고 있다. 로산진은 서예, 도예, 전각, 목판, 요리 분야에서 분명 천재라 불릴 만한 사람이었다. 하지만 다른 사람과 타협하지 못하고, 결벽증에 가까운 완벽주의에 타인을 배려하지 않는 언사로 많은 사람들을 떠나보냈다. 절대적인 지지자였던 호소노나 나카무라와도 갈등을 겪었고 살림을 도와주는 사람도 심하게 꾸짖어 그만두는 일이 허다했다. 제2차 세계대전이 끝난 후에는 생활고에 시달리기도 했는데 배는 고플지언정 둥글게 살려고 하지는 않았다(만약 그가 인간국보 지정을 못 이기는 척 수락만 했어도 작품 판매와 전시회로 돈방석에 올랐을 것이다).

로산진은 어린아이처럼 쉽게 흥분하고, 작은 일이라도 자기 말을 듣지 않으면 불같이 화를 냈다. 그의 추종자라 할지라도 까다로운 성격의 그와 같이 지내보라고 하면 고개를 절레절레 흔들지 모른다. 작품과 실

기타오지 로산진. '천상천하 유아독존'이란 말을 좋아했던 그는 괴팍하기보다는 솔직한 사람이었다.

력만으로 그 언행을 이해하고 받아들이기에는 그의 독설과 노여움에 상처를 받는 사람이 많았다.

일본은 자국의 요리뿐 아니라 세계 각국의 요리를 즐길 수 있는 곳으로도 유명하다. 일본인들의 입맛이 서구화되면서 프랑스와 이탈리아 요리는 보편화되었고, 에스닉 요리 붐이 불면서 태국, 베트남, 네팔, 멕시코, 인도, 터키, 아프리카 음식 등 낯선 지역의 독특한 요리들까지 즐길 수 있게 되었다. 그리고 언제부터인가 그런 요리를 많이 알고 즐긴 사람이 식도락가 취급을 받는다. 그렇지만 70년 전의 로산진은 외국 음식이라면 무조건 추종하는 일본인에게 일침을 가했다.

"외국의 것만 숭상하는 사람들은 일본을 잘 모른다. 직접 겪어본 일이 별로 없기 때문에 일본 요리의 진수를 모르는 것이다. 스프는 만들 줄 알아도 미소시루味噌汁는 못 만들고, 맛있는 빵이 어떤 것인지는 알아도 어떤 쌀밥이 맛있는지는 모른다. 이것이 현재의 일본인이다."

우리나라도 정부의 지원 아래 한식의 세계화를 제창하고 있다. 외국의 유명 요리사를 불러서 지도를 받거나, 퓨전 한식이라는 미명하에 한식과 양식이 혼합된 요리를 만들어내는 등 많은 시도를 하고 있다. 심지어 미국 일간지에 전면 광고를 내 '한국 음식은 맛있다'고 호소하는 등 한식의 세계화라는 목표를 위해 갖가지 방법을 동원하기도 한다. 그럼에도 아직까지 세계에서 한식의 지명도는 미미하다. 만일 로산진이 살아 있었다면 한국의 음식을 세계에 알린다며 바깥에만 신경을 쓰는 우리에게, 잊고 있는 한국 전통의 맛부터 정확히 인식하고 음미하라고 조언하진 않았을지 하는 상상을 해본다.

"가정 요리란 말하자면 요리의 기본이고, 요릿집의 요리는 그것을 미화하고 형식화한 것이다. 다르게 말하자면 가정 요리는 '진짜 인생'이고, 요릿집의 요리는 그것의 '연극'이다."[10]

3부

개성파다운 사고로 새로운 길을 개척하다

고독과 싸우며 스스로를 세운 건축가

안도 다다오

그의 개성과 감수성을 키운 은인, 외할머니

•

2008년 도쿄의 번화가인 시부야의 지하역이 새롭게 단장한 모습으로 공개되었다. 유려한 곡선, 지하까지 빛이 들어오는 현대식 디자인으로 변모한 시부야 지하역은 완공 전부터 화제가 되었다. 그 지하역을 설계한 사람이 일본이 낳은 세계적인 건축가 안도 다다오安藤忠雄였기 때문이다. 안도 다다오는 '빛의 교회', '스미요시 나가야住吉の長屋', 효고 현의 불교 사원 혼푸쿠 사本福寺 등을 설계한 뛰어난 건축가로 한국에도 널리 알려져 있을 뿐 아니라 1995년 건축계의 노벨상이라 불리는 프리츠커상을 수상하는 등 세계적으로 높은 평가를 받는 현대 건축가이다.

건축학도가 아니라도 그의 작품을 한 번쯤 본 사람은 무척 많고, 많은

안도의 대표작인 '빛의 교회Church of the light'. 어린 시절 살던 목조 건물에 다락방을 개축할 때 본, 창을 통해 들어오는 빛은 그의 건축에 영감으로 작용한다.

사람들은 그의 강한 개성과 창조력에 감탄한다. 하지만 그의 작품 말고도 또 하나 감탄하지 않을 수 없는 것은 그 작품을 낳게 한 그의 인생 역정과 그의 가치관이다.

안도는 1941년 오사카에서 태어났다. 쌍둥이 중 첫째로 태어난 그는 태어나자마자 외할머니 댁에 양자로 들어간다. 그의 외갓집에는 외동딸인 안도의 어머니밖에 자손이 없어서 사내아이를 낳으면 외가로 보내 대를 잇게 하기로 미리 정해놓았기 때문이었다. 오늘날 일본에서는 좀처럼 볼 수 없는 모습이지만, 자식을 친척의 가문에 양자로 들여보내는 것은 과거 일본에서는 그리 드문 풍경은 아니었다.

어린 안도는 장난꾸러기였다. 늘 친구들과 공터에서 야구를 하고, 뛰놀며 어린 시절을 보냈다. 싸움을 잘하기도 했고, 자주 하기도 해서 동네에서는 유명한 악동이었다. 그는 오사카의 서민주택가에서 자랐는데 동네에 있던 목공소, 철공소, 유리 공장 등은 그의 호기심을 크게 자극했다.

안도는 목공소 일을 거들기도 하고 직접 자신의 손으로 물건을 만들면서 창조에 대한 즐거움을 맛봤다. 그에게는 인정과 활기가 넘치는 서민의 거리야말로 학교였다. 안도는 오사카와 오사카 사람을 좋아했고, 자신을 키워준 오사카에 강한 향토애를 가졌다.

중학교 2학년이 되던 해 안도의 집은 개축 공사를 한다. 단층인 목조 건물을 한 층 더 올려 다락방을 만드는 작업이었다. 이때 2층을 지으며 창문을 만드는데 그 창문과 창문을 통해 들어오는 빛은 어둡고 침침한 분위기와 방 안의 모습, 그리고 그 색을 완전히 바꾸어놓았다. 고개를 들면 창문 밖으로는 파란 하늘이 보였고, 그가 자란 낡은 집은 신세계처럼 느껴졌다. 이때 새겨진 강렬한 기억과 감동은 그의 머릿속에 깊이 자리 잡아 그의 건축에도 큰 영향을 끼쳤다.

안도는 외할아버지와 외할머니 밑에서 씩씩하고 건강하게 커나간다. 살림은 윤택한 편은 아니었으나 생활하는 데 큰 고생은 없었다. 그의 외할머니는 그에게 많은 기회를 준 사람이다. 그 기회란 물질적인 혜택이 아니라 독립심과 책임감을 키우는 계기를 만들어준 것이다.

외할머니는 절대 안도에게 공부를 강요하지 않았다. 공부나 성적 때문에 그에게 잔소리를 한 적이 한 번도 없다고 한다. 오히려 집에서 공부를 하면 "공부나 숙제는 학교에서 하고 집에 숙제 같은 것은 가져오지 말라" 며 핀잔을 주었다. 안도의 성적은 늘 중간 이하였지만 외할머니는 그를 꾸짖지 않았다. 하지만 가정교육은 상당히 엄해서, '약속을 지켜라', '시간을 지켜라', '거짓말하지 마라', '변명을 하지 마라' 는 것을 항상 강조했다.

그의 외할머니는 자유롭게 행동하되 자립심을 가질 것과 책임감 있는 행동을 하라고 가르쳤다. 안도는 초등학교 때 편도선 수술을 받기 위해 입원을 해야 했는데, 그때 그의 외할머니는 세면도구와 갈아입을 옷만 챙겨주며, "네 발로 걸어가서 혼자 수술을 받고 돌아오너라" 하고 안도를 혼자 병원에 보냈다. 안 그래도 수술에 대한 불안과 공포를 느끼던 어린 안도에게 외할머니의 냉정한 말은 큰 충격이었지만, 훗날 그는 "인생에서 아무리 힘든 고난이 있어도 혼자서 극복해내는 강한 사람이 되라는 메시지였다"[1]라고 회고한다.

자식들이 성인이 되어 회사에 입사한 후에도 과잉보호를 한다는 요즘의 부모들이라면 어린아이 혼자 병원에 보내는 것은 상상도 하지 못할 일이지만 이런 엄한 가르침은 스스로 사회를 헤쳐나가는 힘을 키워준 중요한 교육이 되었다.

프로 복서로 데뷔, 고독을 배우다

•

고등학교 2학년이 된 17세의 안도는 체육관에 다니며 권투를 배운다. 싸움에 어느 정도 자신이 있던 안도는 입문한 지 1개월 만에 프로테스트에 합격해 프로 복서로 링 위에 설 수 있었다. 대전 시간이 짧은 4회전 경기를 뛰면 대전료로 4,000엔을 받았는데, 당시 대졸 초임이 1만 엔 남짓이었으므로 열일곱의 고교생이 20분 만에 버는 돈 치고는 굉장히 큰 돈이었다. 권투는 외로운 경기였다. 아무도 도와주지 않는 링 위에서 혼자만의 결정과 혼자만의 힘으로 살아남아야 했기 때문이다. 또한 시합을 위해 몇 주 전부터 체중 감량과 식사 조절을 하는 자기 자신과의 싸움은 그를 육체적으로, 정신적으로 강하게 만드는 계기가 된다.

그러던 어느 날 그에게 해외 원정 경기의 기회가 온다. 태국의 방콕에서 시합 제의가 들어왔는데 안도가 속해 있는 체육관에서는 아무도 가려 하지 않아서, '외국 구경을 한 번 해보는 것도 좋겠다' 라고 생각한 안도가 자원을 한다. 조건은 상당히 열악했다. 대동하는 스태프도 없이 혼자 떠나는 원정이었기 때문에 경기 중에 땀을 닦아줄 사람도, 물을 떠 줄 사람도, 심지어 잠깐 앉아 쉴 의자를 내주는 사람도 없었다. 혼자서 싸우고, 혼자서 의자를 꺼내서 앉고, 혼자서 물을 마시고, 공이 울리면 다시 혼자서 의자를 치운 뒤 싸우러 나가야 했다. 고독한 싸움이었다. 하지만 그는 이때의 경험에서 혼자서 싸워나가는 일에 큰 자신감을 얻었다고 한다.

그의 권투 선수 생활은 길지 않았다. 4회전 시합에 10번 출전해서 7승 2패 1무[2]라는 신인 선수로는 그리 나쁘지 않은 성적을 거뒀으나, 당시 일본의 스타 복서였던 하라다 마사히코原田政彦(일본 역사상 최고의 복서로 불리는 선수. 쉴 새 없이 몰아붙이는 폭발적인 펀치로 두 체급을 석권해서 일본 선수로는 유일하게 복싱 명예의 전당에 이름을 올렸다)가 연습하는 것을 직접 보고, 안도는 수준 차이를 실감했다. 그 뒤로 낙담한 안도는 권투에 대한 꿈을 완전히 접고, 고교를 졸업하면서 짧지만 강렬했던 2년간의 프로 복서 생활에 종지부를 찍는다.

그래도 권투 선수 시절의 경험은 그의 철저한 자기 관리로 이어졌다. 지금도 그는 자기 전에 30분의 스트레칭, 잇몸 단련, 근육 단련, 시력 유지를 위한 운동을 한다고 한다. 안도는 이를 50여 년간 지속해왔다.

돈보다는 자유를 선택한 백수 생활

•

고등학교를 졸업하면서 친구들은 대학에 진학하거나, 철공소, 공장 등에 취직을 한다. 하지만 안도는 취업보다는 자유인이 되는 길을 선택한다. 복서의 꿈을 접고 장래를 고민하던 안도는 잠시 취업을 하기도 했으나 천성적으로 속박 받는 것을 싫어하던 그는 직장 생활을 오래 이어가지 못했다. 결국 심사숙고 끝에 어려서부터 가장 재미있어 하던 '무언가를 만들어내는 일'을 하기로 마음먹는다. 하지만 무언가를 만들겠다는 막연한 생각만 있을 뿐 건축가가 되겠다는 생각이 있던 것은 아니었다.

안도는 주변의 소개로 50제곱미터(15평) 정도 되는 바bar의 인테리어 설계를 맡게 되었다. 이것이 건축과 관련된 그의 첫 일이었다. 안도는 많은 자료를 참고해서 도면을 그렸고, 자신이 생각하는 공간을 실현하기 위해 목수와 의뢰자에게 머리를 숙여가며 그곳을 완성해나갔다. 완성을 얼마 남겨놓지 않은 어느 날 안도는 큰 실수를 깨닫는다. 도면에서 화장실을 빼먹은 것이었다. 허둥지둥 도면을 변경하고 좌석을 줄여서 화장실을 추가했지만 예상치 않은 작업 때문에 완공은 크게 늦어졌고,

바의 형태도 이상하게 되어버렸다. 지금은 세계적인 건축가로 추앙받는 안도도 시작은 터무니없는 실수의 연속이었다.[3]

인테리어 설계를 하거나, 직접 나무 가구를 만들면서 생계를 유지하던 안도는 대학에서 정식으로 건축을 배워야겠다고 생각한다. 하지만 대학에 갈 경제적 여유도 없었고, 대학에 갈 실력도 갖추지 못했던 안도가 대학에서 공부할 수 있는 방법은 없었다. 몰래 관련 수업을 청강해보기도 했지만 별다른 소득을 얻지 못한 그는 독학으로 건축 공부를 하기로 마음먹는다.

건축과에 다니던 지인을 통해 건축학 교과서를 구입한 후, 아르바이트를 하면서 한 손에는 빵, 한 손에는 전공서를 들고 점심을 먹을 정도로 정력적으로 공부를 한다. 동시에 건축, 인테리어의 통신교육 과정을 이수하고, 야간에는 데생 교실에 다니며 스케치 연습에도 매진한다.

하지만 독학은 결코 쉽지 않았을 뿐만 아니라 고통스러운 일이었다. 가장 어려운 것은 역시 고독이었다. 모르는 것을 물어볼 사람도 없고, 비교 대상이 없으니 자신의 현재 실력이 어느 정도인지 알 수도 없었으며, 무엇을 공부해야 할지도 혼자 결정해야 했다. 그러나 어려서부터 자립심을 키웠고 복싱을 통해 고독과 싸우는 법을 익혔던 안도는 1년 만에 대학 4년 과정의 교과서를 독파한다. 요즘의 젊은 세대들이 볼 때는 상상하기 힘든 일일지도 모른다.

물론 그렇다고 안도가 교과서의 내용을 다 이해한 것은 아니었다. 하지만 전체의 흐름과 건축의 체계를 파악할 수 있게 된 것은 그에게 큰 자신감을 가져다준다.

르 코르뷔지에와의 만남

독학의 나날을 보내던 그는 20세 때 오사카 시내의 헌책방에서 현대 건축 관련 도서에서 자주 언급되던 건축가 르코르뷔지에Le Corbusier(스위스에서 태어나 프랑스를 중심으로 활동한 건축가. 근대건축의 3대 거장으로 불린다)의 사진집을 발견한다. 호기심에 책을 집어든 안도는 전기에 감전되는 듯한 충격을 받는다. 심플하면서도 개성이 살아 있으며 주변 환경과 조화를 이루는 콘크리트 건축물. 코르뷔지에의 건축이야말로 안도가 생각하던 이상적 건축이었기 때문이다.

르코르뷔지에의 책을 보고 한눈에 반하지만 가난한 안도에게는 비싼 외국 책을 살 수 있는 여유가 없었다. 그래서 다른 사람이 그 책을 사가지 않도록 눈에 띄지 않는 곳에 책을 꽂아놓고, 헌책방 근처를 지날 때마다 책을 꺼내보는 생활을 반복한다. 그가 조금씩 돈을 모아 책값을 마련한 것은 한 달이나 지난 다음이었다. 르코르뷔지에는 안도에게 가장 큰 영향을 끼친 사람으로 후일 안도는 건축사무소에서 기르는 개의 이름을 '코르'라고 붙였다.

22세가 되던 1963년에 안도는 일본 전국 여행을 떠난다. 전국을 돌며 일본의 고건축과 근대 건축들을 직접 보고 느끼기 위해서였다. 그는 이 여행에서 인간의 생활공간으로서의 건축, 자연과 조화를 이루는 건축에 감동을 받는데, 젊은 시절 국내외의 건축물을 둘러본 경험은 이후 그에게 큰 자산이 된다.

1964년에 해외여행이 자유화되자 안도는 바로 여행을 떠나기로 결

안도 다다오에게 큰 영향을 준 르코르뷔지에와 그의 대표 건축들.
위: 프랑스 마르세유에 있는 '유니테 다비타시옹Unité d'Habitation', '주택 집합'이라는 뜻의 이 건물은 모더니즘 건축의 최초이자 가장 확실한 예로 꼽힌다.
아래: '빌라 사부아Villa Savoye', 르코르뷔지에는 이 저택을 일상적으로 기능하는 주택이라기보다는 주말을 보내려는 사람들을 위한 "기술로 생산한 시詩"로 생각하고, 기존에 시도되지 않은 모험적인 기술들을 적용했다.

심한다. 당시 일본에서 해외여행을 가본 사람은 극히 적었고, 안내 책자 같은 것도 없던 시절이었다. 미지의 세계로 떠난다는 것에 불안은 있었지만, 서양의 건축과 도시를 직접 보고 싶다는 강렬한 욕구가 그를 일본 밖으로 떠나게 했다. 시베리아 횡단철도로 유럽으로 건너가 핀란드, 그리스, 이탈리아, 스페인 등에서 수많은 건축 예술을 직접 본 그는, 파리로 가서 꿈에도 그리던 르코르뷔지에의 작업실에 찾아가 그를 직접 만나려고 했다. 그러나 안도가 파리를 방문하기 몇 주 전인 1965년 8월 27일 코르뷔지에는 수영을 하다가 심장마비로 사망했고, 결국 그 꿈은 실현할 수 없었다.

유럽에서 일본으로 돌아올 때는 배를 타고 희망봉과 인도를 거쳤는데, 작열하는 태양 아래 한쪽에서는 시체가 떠내려가고, 한쪽에서는 목욕을 하는 갠지스 강의 혼돈에 큰 충격을 받는다. 이때 안도는 바위 위에 앉아 삶과 죽음에 대해 생각했고 자신의 존재에 대해서 진지하게 고민하는 시간을 가졌다고 한다.

20대 초반에 경험한 일본 전국 여행과 해외여행은 그의 인생에서 가장 중요한 사건이었고, 이때도 그를 격려해준 것은 외할머니였다. 언제 돌아올지 모르는 기약 없는 해외여행을 떠나겠다고 말하자 그의 외할머니는 "돈은 모아두는 것이 아니다. 자신을 위해 제대로 쓸 때야말로 가치가 있는 것이다"라고 말했다. 이후로 그는 돈만 모이면 여행을 떠났고, 가장 중요한 20대의 시기를 값진 경험으로 채울 수 있었다.

1969년 안도 건축사무소 설립

•

28세가 되던 1969년에는 오사카의 우메다에 자신의 이름을 딴 '안도 다다오 건축사무소'를 설립했다. 하지만 대학 졸업장도 없고, 업계에 인맥도 없는 안도에게 일을 맡기는 사람은 없었다. 처음 몇 달간은 아무런 의뢰도 들어오지 않아 누워서 독서만 했다고 한다.

비록 일거리는 없었지만 그의 상상력은 절대 쉬지 않았다. 여기저기 돌아다니다가 공터가 있으면 주변 환경과 가장 어울리는 건축물을 상상하거나, 스케치를 하거나, 도면을 그렸다. 그리고 땅 주인을 찾아가 이런 건물을 지어보지 않겠느냐고 자신이 그린 그림이나 도면을 내밀기도 했다. 냉대를 받는 때가 대부분이었지만 시간이 흐르면서 하나둘 일감이 생겼다.

주로 소규모 개인 주택의 설계를 맡아서 하던 그가 단번에 세상에 이름을 알리게 된 획기적인 건축물이 있다. 1976년에 오사카의 좁은 주택가에 세운 '스미요시 나가야'라는 건축물이다. 안도는 빽빽이 들어선 집들 사이에 있는 좁고 긴 공간에 들어설 주택의 설계를 의뢰받았다. 긴 직사각형 모양의 좁은 공간을 어떻게 구성할 것인가? 고민하던 안도는 자연과 서민의 삶을 그곳에 집어넣기로 마음먹는다. 그는 성처럼 사방을 회색 콘크리트로 쌓고 한가운데에는 하늘이 올려다보이도록 천장이 없는 중앙 정원을 설치해서 박스 모양의 생활 공간 4개로 구성된 괴이한 형태의 건물을 만들었다.

침실, 부엌, 거실, 화장실 등으로 구성된 각각의 방으로 이동하려면

© hetgallery

오사카 스미요시에 세워진 안도의 명작 '스미요시 나가야'. 안도 다다오는 이곳에 자연과 서민의 삶을 집어넣기로 한다.

중앙 정원을 통과해야 한다. 방에서 화장실에 갈 때 신발을 신어야 하며, 부엌에 갈 때도 마찬가지다. 더욱 황당한 것은 중앙 정원은 개방형으로 설계했기 때문에 비가 오면 방에서 화장실을 갈 때도 우산을 쓰고 신발을 신어야 했다. 추운 겨울에는 밥을 먹으러 갈 때도 두꺼운 옷을 입어야 했다.

이 건물은 '기존의 통념을 뒤엎은 획기적인 건축물'이라는 찬사와

'거주자의 편의를 완전히 무시한 이기적인 건축물' 이라는 비판으로 의견이 극단적으로 갈렸다. 안도 역시 이 건물이 불편하다는 것을 알고 있었다. 하지만 그는 그런 악조건을 극복할 수 있는 인간의 능력을 믿었고, 그 믿음을 강조하고 싶었다.

과거에는 화장실이 실외에 있는 경우가 대부분이었지만, 그런 공간적 제약이 인간의 생활을 제약하거나 방해하지는 못했다. 인간이 인내로 그 제약을 극복해냈기 때문이다. 부엌이 다소 멀거나 침실이 불편해도 인간에게는 몸을 움직여서 그런 제약을 이겨낼 수 있는 능력이 있고, 또한 그런 과정을 통해 인간은 성장한다는 것이 그의 생각이었다. 그리고 이 건물은 불편한 대신에 이곳에 사는 사람에게 중앙 정원이라는 소중한 공간을 제공하는 게 장점이라고 보았다. 비슷한 면적의 일반 주택에서는 상상할 수 없는 개인 공간이었다. 중앙 정원은 밖에서도 보이지 않고 옆집에서도 보이지 않는 완전히 격리된 공간으로, 속옷 바람으로 돌아다녀도 되고, 더운 여름에는 웃옷을 벗고 돌아다녀도 된다. 자신만의 자유가 보장된 공간인 것이다. 더군다나 그곳에서 보이는 하늘은 그곳에 사는 사람이 자연을 느낄 수 있도록 해주었다.

이 건축물은 독창적인 구조로 매체의 주목을 받았고, 완공된 지 3년 후인 1979년에는 일본 건축학회상을 받으면서 안도는 일약 건축가로 명성을 얻었다.

집념이 종교시설의 개념을 바꾸다

•

한국에도 잘 알려진 전기전자 회사인 산요SANYO 전기의 창업자 이우에 도시오는 자신의 출신지인 효고 현 아와지 섬의 낡고 작은 절 혼푸쿠 사本福寺의 주지에게 오래전에 다음과 같은 약속을 한 적이 있다.

"훗날 만약 산요가 큰 회사가 된다면 멋진 절을 세워드리지요".[4]

시간이 흘러 산요는 세계적인 대기업이 되었고, 1980년대가 되면서 혼푸쿠 사가 낡아서 더 이상 방치할 수 없는 상태가 되자, 이우에 도시오의 아들이자 산요의 후임 회장인 이우에 사토시는 아버지의 뜻을 받들어 사원을 짓기로 한다. 이때 그는 간사이 지방에 많은 건축물을 세운 안도 다다오에게 사원의 건축을 의뢰한다. 안도는 세계적으로 유명한 '빛의 교회'를 필두로, '물의 교회', '바람의 교회' 등 교회 건축으로 이미 높은 평가를 받고 있었지만, 불교 사원의 건축은 처음이었다.

얼마 후 안도는 자신이 구상한 사원의 도면을 사토시에게 보여주는데, 사토시는 그 도면을 보고 깜짝 놀란다. 이것이 과연 불교 사원일까 하는 생각마저 드는 희한한 형태의 건축물이었기 때문이다. 원형 지붕은 물과 연꽃으로 채워져 있었고, 그 원을 관통하듯 아래로 뻗은 좁은 계단에, 본당의 위치는 연못 아래 지하실 같은 곳에 있었으며, 하늘에서 보면 마치 기하학적 평원을 연상시키는, 전대미문의 불교 사원이었다.

이 기괴한 모습의 사원을 보고 주지승을 비롯한 신도들은 맹렬히 반대했다. 보수적인 종교계에서 받아들이기 힘든 형태의 건물이었기 때문이다. 하지만 안도는 굽히지 않고 자신의 생각을 설명했다. 기존의 일본

© Autumn Snake

효고 현의 혼푸쿠 사本福寺의 모습. 본당으로 내려가는 좁은 계단이 보인다. 이 기괴한 모습의 사원은 처음에 맹렬한 반대에 부딪혔으나 안도의 집념으로 추진되었고, 후에 20세기 최고의 종교 건축물이라는 평가를 받는다.

불교 사원들은 화려하게 뻗은 지붕과 처마, 웅장한 높이의 기둥들로 이루어진 것들이 일반적이었다. 안도는 그것이 웅장함으로 사람을 압도하는 권위적인 건물이라고 보고, 깨달음을 얻은 석가의 모습을 상징하는 연꽃의 풍경을 연출해서 조금이라도 더 일반 중생에게 가까운 불교의 모습을 구현하려고 했다.

그러나 사찰 측에서 물러서지 않아 대립이 이어지면서 사원 건축은 진행되지 못하고 제자리걸음만 했다. 이때 이우에 사토시는 불교계의 원로인 90세의 다치바나 다이키에게 상담을 했는데, 안도의 건축 계획을 들은 다치바나 다이키는 그 생각에 크게 공감을 표시했다. 다치바나가 적극 찬성하자 상황이 급변해서 결국 안도의 생각대로 사원은 건축되었고, 1991년 완성된 이 불교 사원은 20세기 최고의 종교 건축물이라는 평가를 받으며 일본 건축업 협회상을 수상한다.

일본의 전통 건축을 중요시한 안도

•

1992년 스페인의 세비야에서 열린 만국박람회에 일본 전시관을 설치하기로 결정한 일본 통산성은 이미 국내외에서 명성을 얻은 안도에게 일본관의 설계를 의뢰한다. 안도 다다오의 건축 하면 제일 먼저 떠오르는 게 노출 콘크리트인데, 이것은 철근, 유리, 물 등을 적절히 배치해서 건물을 만드는 현대적 건축 기법이다. 하지만 세비야의 일본관은 안도에 대한 선입견을 완전히 깨는 모습이었다. 목조 건축물이었기 때문이다.

사실 목조 건축물과 안도는 밀접한 관련이 있다. 어린 시절 집 앞의 목공소를 드나들며 나무로 물건 만드는 법을 익혔으며, 학생 시절에는 시간이 날 때마다 일본의 전통 목조 건축이 많이 남아 있는 간사이 지역을 돌아다니며 마음에 드는 건물을 관찰하고 스케치하며 시간을 보냈다. 또한 성장한 후에는 가구를 만들어 돈을 벌 정도로 나무는 그에게 친숙한 소재였다.

세계인을 대상으로 한 행사이니만큼 일본 고유의 건축미를 보여주겠다는 취지에 많은 사람들이 공감했지만, 높이가 30미터나 되는 대형 목조 건물을 만든다는 것에 통산성은 난색을 표명했다. 하지만 나라奈良의 사찰 야쿠시 사藥師寺의 재건 작업을 직접 지켜보고 현장에서 목수들에게 기법을 배웠던 안도는 일본의 목조 건축 기술이라면 해낼 수 있다는 자신이 있었고, 결국 그의 계획대로 세련된 디자인과 일본의 전통 기법이 혼합된 건물로 완성된 세비야의 일본관은 큰 주목을 받는다.

도쿄의 관광 명소 하라주쿠 거리에 인접한 아오야마에는 오모테산도 힐스表參道ヒルズ라는 독특한 건물이 있다. 한국의 여행 책자에도 대부분 소개된 이 현대식 쇼핑몰은 안도의 철학이 재현된 2006년의 작품이다. 원래 그 자리에는 1927년에 건축된 3층 아파트 건물이 있었는데, 건물이 노화되어 전부 철거하고 새 건물을 짓기로 한다. 이 지역은 화려하고 고급스러운 매장이 즐비하게 늘어선 고급 쇼핑가로 건물이 크면 클수록 많은 임대 수입을 기대할 수 있었다. 이 거리를 꼼꼼히 관찰한 안도는 건축주를 깜짝 놀라게 하는 건물을 제안한다.

"이 거리의 생명은 건물 앞 인도에 늘어선 커다란 가로수들이다. 이 가로수와 조화를 이루려면 나무의 높이와 건물의 높이를 맞춰야 한다. 그리고 이곳은 상점이 아니라 '주택 공간'으로 명맥을 이어가야 한다."

가로수와 높이를 맞춘 건물은 불과 5층 높이였다. 노른자위 땅에 5층 건물. 게다가 땅값이 비싸기로 소문난 상업 지구에 주택이라니. 설계를 의뢰한 조합에서는 '건축가의 독선적 결정은 곤란하다'며 난색을 표명했고 프로젝트는 난관에 부딪혔다. 반대한 이유는 수익률이 낮다는 것이었다.

하지만 안도는 일에서는 타고난 '파이터'였다. 그는 항상 일은 승부이자 싸움이라고 보았다. 건축주를 설득하기 위해 싸우고, 시공사를 설

위: 안도 다다오는 오모테산도힐스를 지으면서 가로수의 높이와 건물의 높이를 맞춘 주택 공간을 구상한다.
아래: 오모테산도힐스의 내부 모습. 안도는 낮은 높이를 만회하기 위해 지하 30미터를 파고들어간 지하에 상점가를 조성했다.

득하기 위해 싸우고, 건축 허가를 내주는 관청을 상대로 싸우는 것은 그의 계획을 실현하기 위해 피할 수 없는 과정이었다.

안도는 아오야마 거리가 도쿄에서 얼마나 중요한 역할을 하는지, 그 거리의 미관을 파괴하는 것이 얼마나 어리석은 짓인지를 역설하며 결국 '가로수의 미관을 고려한 6층 건물'(1~3층은 쇼핑센터, 4~6층은 아파트 형식의 주상 복합) 건축에 동의를 얻어냈다. 그는 낮은 높이를 만회하기 위해 지하 30미터를 파고들어가 지하에 상점을 배치했고 중앙은 위로 뻥 뚫린 개방적인 구조의 쇼핑몰을 완성시켰다. 이 건물은 도로를 따라 250미터나 이어지는 길고 가느다란 구조인데, 이렇게 좁은 공간에 지하로 30미터의 공간을 마련하려면 뛰어난 공사 기술이 필요했고, 공사비도 훨씬 많이 들었다. 그리고 그것은 높은 임대료를 뜻하는 것이기도 했다. 그러나 결국 안도의 철학이 재현된 이 빌딩은 도쿄의 명물이 되었고, 수많은 관광객을 불러들이면서 현재에도 입주를 원하는 사람들이 줄을 잇고 있다.[5]

안전 대 개성, 인간의 자립 능력에 대한 믿음

2004년 3월 롯폰기힐스 입구에 설치된 회전문에 어린아이가 끼어 사망하는 사건이 발생했다. 이 사건은 큰 사회적 반향을 일으켜 일본 내 많은 건물이 안전을 위해 회전문의 운용을 중지하거나 교체하는 소동을 벌였다. 반면 안도는 안전을 무시해서는 안 되지만, 사고가 한 번 났다고 획일적으로 전국의 회전문을 없애거나 폐쇄하는 것이 과연 도움이 되느냐고 반문했다.

"(예를 들어) 아이가 유리에 부딪혀 크게 다쳤다고 건물에서 유리를 전부 없앨 것인가? 아이에게 유리의 위험성을 가르치고, 행동에 주의를 줄 생각은 하지 않고 사람들은 유리에게만 책임을 묻고 있다. 그것은 어린이들에게 교육과 주의를 소홀히 한 자신들의 책임을 회피하는 것이다. 흔히 아이들의 개성을 키우는 교육을 해야 한다고들 말하는데, '아이들의 개성과 자립심을 키운다'는 것과 '위험 요소는 무조건 제거하고 본다'는 발상은 완전히 모순된다. 유리에 부딪히면 위험하다는 것도 모르는 아이들에게 자기 관리 능력이 생길 것이라고 보는가?"

이런 안도의 생각은 현대 일본 사회뿐만 아니라, 과잉보호로 '애어른'을 양산해온 한국 사회에도 유효한 따가운 충고로 들린다. 아이들을 부모의 의지대로 학원에 보내고, 차로 학교에 데려다주고, 숙제까지 도와주는 것이 오히려 아이들의 자립 능력을 방해하는 것은 아닐까? 어린 시절부터 자립심을 키워온 안도는 아이들이 문제를 해결해나가면서 자신만의 능력을 키워나가는 것이 그들에게 도움이 되며, 아이들은 충분히 그럴 능력이 있다고 강변했다.

안도의 오사카 사랑과 사회 운동

•

안도는 오사카에서 나고 자란 전형적인 오사카 사람이다. 오사카 사람들은 수다스럽고 남의 일에 참견을 잘하기도 하는 반면, 인정이 많고 타인을 잘 챙겨주는 성향이 있다. 그런 환경에서 자란 안도는 자신을 키워준 오사카에 큰 애정을 가지고 있다. 도쿄대학에서 교수로 초빙받았을 때도 오사카를 떠나지 않고, 도쿄로 출퇴근을 하며 학생들을 가르쳤고, 오사카의 도시계획에도 적극적으로 참여했다. 또한 그의 작품 중 상당수가 오사카를 중심으로 분포되어 있는 것도 특징이다.

1995년 6,400명의 사망자를 낸 한신대지진으로 오사카, 고베 지역은 치명적인 피해를 입는다. 이때 해외에 체재하고 있던 안도는 급히 일본으로 돌아온다. 오사카, 고베 지역은 그의 고향일 뿐만 아니라 혼푸쿠사, 산토리 박물관, 스미요시 나가야, 빛의 교회 등 그의 대표작이 집중된 지역이었기 때문이다. 급히 돌아온 오사카에서 그는 오랜 역사를 자랑하던 전통 건축들이 잿더미로 변하고 수많은 사람이 목숨을 잃은 것을 보고 안도는 슬픔과 동시에 건축가의 책임을 느낀다.

다행히도 그가 설계한 건축물들은 거의 피해가 없었다. 그뿐만 아니라 그의 대표작인 로코六甲의 집단주택과 혼푸쿠 사에는 각각 옥상에 수영장과 연못이 있었는데, 전기와 수도와 도로가 끊긴 상황에서 그 물들이 비상용 생활용수로 긴요하게 쓰였다는 점은 높이 평가되었다.[6] 반면 영리만을 목적으로 한 상업 빌딩, 외관만 화려한 건물일수록 큰 피해를 입었다는 것을 알게 된 안도는 건축의 공익성과 건축가로서의 사명이 얼마나 중요한지 다시 한 번 절감한다. 안도는 그때의 충격적인 상황을 머릿속에 새겨두기 위해 시간이 날 때마다 혼자 혹은 건축사무소 직원들을 데리고 오사카와 고베의 거리를 직접 걸었다.

간사이 지역 경제인들의 두터운 신뢰를 받고 있는 안도는 오사카와 고베의 부흥을 위해 팔을 걷어붙인다. 먼저 '그린 네트워크'를 결성해서 피해 지역에 나무를 심는 녹지 조성 운동을 시작했고, 지진으로 부모를 잃은 아이들을 위해 육영 기금을 모집하는 등 자신이 성장하는 데 큰 영향을 끼친 오사카 지역의 부흥을 위해 동분서주했다.

안도는 도시의 녹지 조성에도 적극적이어서 오사카 지역뿐만 아니라, 도쿄의 녹지 계획과 나무 심기 운동에도 참여했는데 여기에는 안도의 팬이자 아일랜드가 낳은 세계적인 록 밴드 U2의 보컬 보노BONO가 참가해 화제가 되었다. 활발한 평화운동과 자선 활동을 펼치는 것으로 유명한 보노는 안도와 친분을 맺기 전에 안도의 사무실에 전화를 걸어서 설계를 부탁했는데, 그때 안도는 "그딴 사람 난 몰라. 거절하도록!" 이라고 직원에게 말해서 세계적인 슈퍼스타의 의뢰를 일언지하에 거절했다는 일화가 전해진다. 반면 1997년에는 의료 환경이 열악한 네팔의 어린이 병원 건립을 위해 모금 활동과 병원 설계를 무료로 해주는 등, 안도는 국제적으로도 활발한 활동을 펼쳤다.

우리에게 필요한 것은 안도의 교육 철학

•

제주도에 가면 안도가 설계한 건축물인 '글라스하우스Glasshouse'와 '지니어스 로사이Genius Loci'가 있다. 제주도의 아름다운 풍경과 조화를 이루는 이 건축물을 통해 우리는 안도의 건축 철학과 작품 세계를 보고 배울 수 있다. 하지만 그것은 어디까지나 그가 남긴 건축물일 뿐이다. 멋있는 건축물을 보고 비슷한 스타일을 흉내 낼 수는 있지만 그것은 오래가지도 않을뿐더러 새로운 창조물을 낳을 수도 없다. 안도의 철학과 사고까지는 흉내 낼 수 없기 때문이다.

한국에서 흔히 볼 수 있는 성냥갑 모양의 콘크리트 건물이 줄줄이 늘어선 아파트 단지, 옥상이 온통 초록색 방수 페인트로 통일된 다세대주택촌 등은 몰개성의 상징이자 도시 미관을 해치는 요소로 지적된다. 그런데 그런 건물과 도시환경을 만들어온 것은 단지 한국의 설계사, 건축업자만의 책임은 아닐 것이다. 그것은 기술이 없어서도 아니고, 아름다움을 느끼지 못해서도 아니다. 여기서 우리가 다시 한 번 생각해봐야 하는 것은 안도의 건축물보다 안도 다다오라는 인물을 기른 그의 외할머니의 교육 방식일 것이다.

그의 외할머니는 "학교 성적은 각자의 능력이 다르니 개인차가 있는 게 당연하다. 그런 작은 것을 두고 타인과 경쟁하지 말고, 스스로 열심히 살아가기 위한 노력을 하거라"라며 그에게 절대 공부에 대한 부담을 주지 않고, 철저한 방임주의로 일관했다. 그러면서도, 타인에게 폐를 끼치는 것과 약속을 지키지 않는 것에 대해서는 무척 엄한 기준을 적용했고, 안도는 스스로 고민하고 노력해서 자신의 삶을 헤쳐나갔다. 만약 그의 외할머니가 안도에게 공부를 강요하고 초등학교에 들어가기 전부터 영어 학원을 보내고, 맛있는 음식과 따뜻한 잠자리를 제공하는 것으로 사랑을 표현했다면 안도 다다오 같이 강한 정신력과 자립심을 가진 독특한 개성의 소유자는 절대 태어나지 못했을 것이다.

안도 역시 현재 일본 부모들의 교육 방식을 다음과 같이 비판한다.

"부모는 아이들의 진로에 대해 이래라저래라 간섭하기 전에 이 아이는 어떤 일이 잘 맞을까를 진지하게 생각해야 한다. 부모는 아이가 자립심을 가진 어른으로 살아갈 수 있도록 키울 의무가 있다. 현재의 일본 사회는 일류 대학 합격만 바라보는 꿈이 없는 학력 사회가 되었다. 왜 학문을 공부하는가, 학문을 익혀서 무엇을 하고 싶은지도 모른 채 일류 대학에 가서 공부를 하는데 그런 건 학문이 아니다."[7]

안도 다다오를 키운 것은 책임감과 자립심을 강조한 외할머니의 교육이었다.

일본이나 한국에서 문제가 되고 있는 은둔형 외톨이를 생각해보라. 무궁무진한 가능성과 습득 능력을 가진 아이들이 그렇게 좁은 방 안에 틀어박히게 된 것은 누구 탓일까? 따뜻한 밥과 잠자리가 최고라고 생각하는 부모들의 이기적인 사랑이 추위와 피곤, 외로움과 싸우며 아이들이 스스로 성장할 수 있는 기회를 완전히 빼앗아 버린 건 아닐지? 안도는 부모뿐만 아니라 일본 사회 전체에도 다음과 같이 일침을 가한다.

"요즘 젊은이들은 유치원 때부터 시험 또 시험에, 일류 대학을 목표로 죽어라 공부를 하다 보니, 막상 대학에 들어가서는 의식이 몽롱한 상태다. 이래서는 '책임감과 자립심을 가진 개인'은 자라날 수 없다. 정치가도, 관료도, 언론도, 국민들에게도 잘못이 있다."[8]

많은 사람이 안도 다다오의 건축물과 건축 철학에 매료되어 그를 동경하고 그에게 찬사를 아끼지 않는다. 하지만 더욱 높이 평가받아야 할 것은 그에게 고난을 극복할 기회를 준 외할머니와 그것을 스스로 극복하며 자신을 성장시킨 '안도 소년' 일지도 모른다.

경제대국 일본의 상식을 뒤엎은 화상

쑹원저우

한국에서 성공한 외국인 '경제인'은 왜 없을까

•

한국에서 활동하는 외국인 가운데 가장 성공한 사람은 누구일까? 최근에 TV에 자주 등장하는 사람만 생각해도 여러 명이 떠오른다. 중국인으로 하루아침에 한국 연예계의 주목을 받은 백청강, 국회의원이 된 이자스민, 유일한 외국인 예능 대세로 떠오른 샘 해밍턴, 일본에서 한국으로 귀화해서 한국의 독도 홍보 대사 역할을 톡톡히 하는 호사카 유지.

여러 사람이 머리에 떠오르지만 대부분이 연예계나 TV를 중심으로 활동하는 사람, 또는 정부와 한국 사회의 홍보를 위해 위에서 선택된 사람들이 대부분이다. 수십만의 외국인 노동자와 오래전부터 한국에서 생활해온 2만 명 이상의 화교華僑가 있지만, 그중에서 우리가 아는 유명인은 극소수의 연예인과 선택된 사람들뿐이고, 한국에서 바닥부터 시작해서 큰 회사를 일궈내거나 장사로 크게 성공한 사람의 이야기는 좀처럼 듣기 힘들다.

이미 다문화가 진척되고 있는 한국이지만 외국 출신 사람들의 활동무대가 이렇게 한정된 것은 어쩌면 단일민족의 신화에서 아직 헤어나지 못한 한국의 폐쇄성 때문일지도 모른다. 정부와 언론은 하루에도 수없이 다문화 타령을 되풀이하지만, 정작 우리가 보는 다문화의 모습은 TV 속의 공익광고에 웃는 얼굴로 등장하는 꾸며진 이상이자, 정부가 제시하는 하나의 모델이다.

미국에는 아메리칸드림을 이룬 예가 적지 않다. 미국의 500대 기업에는 1985년 이후 설립된 기업 41개사가 포함되었는데, 그 41개 회사 중에 이민자가 설립한 기업의 비율이 19.5퍼센트나 되었다. 최근의 예로는 대만 출신으로 미국에 건너가 동영상 사이트 유튜브를 창업한 후 구글에 매각해서 억만장자가 된 스티브 첸steve chen을 들 수 있을 것이다. 이런 성공 사례는 100번의 광고와 구호보다 후발 주자들에게 더 큰 용기를 준다. '외국인이지만 나도 스티브 첸처럼 성공할 수 있을 거야'라는 동기부여가 되기 때문이다.

그렇다면 일본으로 건너간 외국인 중 가장 성공한 사람은 누구일까? 2조 엔 파친코 기업을 일궈낸 한창우나 일본 내 최고 부자에 등극한 손정의 등이 있지만, 이런 사람들은 일본에서 태어났거나(손 마사요시), 10대의 나이에 일본으로 건너가 자란(한창우) 사람들이다. 다시 말해서 일본 사회의 영향을 받고, 일본식 사고방식과 일본식 미덕을 익히면서 일본인으로 성장한 사람들이라는 말이다.

반면, 22세의 나이에 맨손의 유학생으로 일본으로 건너가 벤처 기업을 창업한 후, 일본 최고 기업들의 집합소이자 일본 증권거래소 시장 중 최상위 시장인 도쿄 증시 1부 거래소에 기업을 상장시킨 사람이 있다. 그의 이름은 쑹원저우宋文洲. 경영 컨설팅 기업 소프트브레인Softbrain의 전 회장으로, 일개 유학생에서 저팬 드림의 꿈을 이뤄낸 입지전적 인물이다.

국비 유학생으로 선발되어 일본으로 가다

•

쑹원저우는 1963년 중국 산둥 성에서 태어났다. 그의 집안은 상하이의 상인 집안으로 여유가 있는 편이었으나 문화대혁명 때 홍위병들로부터 탄압과 학대를 받아 여기저기를 떠돌았는데, 떠돌이 생활은 마오쩌둥이 사망할 때까지 이어졌다.

중국의 둥베이대학 재학 중 국비 유학생 시험에 합격한 그는 일본의 대학 중에서 희망 대학을 선택한다. 하지만 당시 중국에 일본의 대학에 대한 정보는 잘 알려져 있지 않아서 어느 대학이 좋고 나쁜지 알 수가 없었다. 결국 그는 도서관에서 '일본 대학 목록'이 나와 있는 서적을 펼쳐놓고 제일 앞에 나온 대학의 이름을 골라 지원한다. 제일 앞에 나와 있는 대학이 그 나라를 대표하는 가장 좋은 대학일 것이라는 생각에서였다. 그것은 그의 착각이었다. 일본의 대학 리스트는 성적순이 아니라 지역순이었기 때문이다. 그가 선택한 대학은 일본에서 가장 북쪽에 있는 국립대학인 홋카이도국립대학이었다.

쑹원저우는 22세가 되던 1985년 9월 일본에 도착한다. 당시 일본은 소위 '거품경제'라 불리는 경제 호황기를 목전에 둔 시기로, 수출, 취업, 복지 등에서 전에 없는 풍요를 누리고 있었다. 일본에서 흔히 '버블'이라 부르는 1980년대 후반의 호황은 그야말로 전설 같았다. 기업들은 구직자들을 모셔가기에 바빴고, 구직자들은 기업 설명회에 참가하는 것만으로도 2만 엔에서 3만 엔의 교통비를 받았다. 유럽과 미국의 고급 스포츠카들은 날개 돋친 듯 팔려나갔고, 일본의 기업들은 해외의 부동산과 회사들을 미친 듯이 사들였다. 미국의 유명한 빌딩 록펠러 센터와 전통 있는 영화사 컬럼비아 픽처스가 일본 기업들에 팔려나가 화제가 된 것도 이 시기였다.

그런 시기에 유학을 간 쑹원저우는 버블 직전의 풍요로운 땅 일본에서 엄청난 충격을 받는다. 재활용 쓰레기를 버리는 곳에 멀쩡한 컬러 TV를 버리는 장면을 목격했기 때문이다. 당시 중국에는 흑백 TV조차 제대로 보급되어 있지 않았다. 경제 대국이며 주가와 부동산 가격이 상승일로에 있다고 하나 멀쩡히 잘 나오는 컬러 TV를 버리는 사람이 있다니. 처음 본 일본이란 나라는 그에게 그렇게 다가왔다. 그것은 단순한 외국 체험의 충격이 아니라, 공산주의 국가에 태어나 자란 22세 청년이 처음 대면한 자본주의에 대한 충격이기도 했다. 해외여행이 가능하고 개인이 자동차와 주택을 소유할 수 있으며, 국민들은 성실하게 일한 대가로 생활에 만족하며 살아가는 모습. 그의 눈에 비친 일본은 이상향이자, 선진적인 경제 모델 그 자체였다.

홋카이도대학 석사 과정에서 공학을 전공하고 1991년 공학박사 학위를 취득한 쑹원저우는 홋카이도 삿포로 시에 있는 한 인재 파견 회사에 취직한다. 학업을 마치면 중국으로 돌아갈 예정이었지만, 유학 중 중국에서 일어난 한 사건이 그를 좌절하게 만든다. 바로 1989년 6월 4일 전 세계를 경악케 한 '톈안먼 사건'이었다.

1989년 4월 중국 공산당의 원로이자 민주개혁 성향의 정치가 후야오방胡耀邦이 사망하자 중국의 젊은이들은 추모 집회를 연 뒤, 민주화를 요구하며 베이징의 톈안먼 광장에서 집단 농성을 시작한다. 장례식이 끝나도 광장에 모인 군중은 해산하지 않았고, 오히려 소문을 듣고 전국에서 모여든 학생과 노동자들이 가세해 광장과 그 주변은 50만 명 가까운 사람들로 소요가 인다. 이 시위에 대한 지지와 성원은 중국 전역에서 이어졌고, 해외에 있던 중국인들도 고국의 민주화를 염원하는 열렬한 지

1989년 6월 4일 톈안먼 광장에 모인 군중들. 무장 병력과 장갑차를 앞세운 중국 정부의 강경 진압으로 이 날은 세계 역사에 비극적인 날로 기록된다.

지를 보낸다.

하지만 역사는 돌이킬 수 없는 비극을 낳는다. 언론을 통제하고 외신을 단속하던 중국 정부는 강경 진압을 결정했고, 6월 3일 밤부터 다음 날까지 무장 병력과 장갑차를 앞세우고 끔직한 진압을 실시한다. 광장에 모여 있던 시위대와 시위대의 천막을 향해 장갑차가 질주했고, 무장 병력은 무차별로 실탄을 발사했다. 그 결과 중국 정부 발표 300여 명, 시위대와 외국 언론 추정 1,000여 명의 엄청난 사망자가 발생한다. 이 일로 중국은 국제적으로 큰 비난을 받았고, 중국의 많은 활동가와 학생들이 외국으로 망명했으며, 민주화와 개방을 기대하던 해외 거주 중국인들의 들뜬 분위기에도 찬물을 끼얹는다.

쑹원저우도 충격을 받은 사람 중 한 명이었다. 톈안먼 사건 이후 후퇴해버린 중국의 개방개혁 분위기와 꽁꽁 얼어붙은 공안 정국은 아직 20대 젊은이였던 그의 귀국 의지를 완전히 꺾는다.

거품경제의 붕괴로 드러난 일본 기업의 모순

쑹원저우가 취직을 한 1991년은 일본의 거품경제가 꺼지면서 주가와 부동산이 폭락해 은행과 기업이 도산하는 경제의 격변기였고, 그가 일하던 회사도 일본 경제를 덮친 거품의 붕괴를 견디지 못하고 그가 입사한 지 불과 3개월 만에 망하고 만다.

이때 그는 세계에서 주목 받는 모범생이자, 그 어떤 외국의 기업보다 효율적이고, 합리적으로 보였던 일본식 기업 모델의 이면을 적나라하게 목격한다. 종신 고용제의 장점을 강조하며 사원은 한 가족이라 말하던 사장은 회사가 위험해지자 제일 먼저 사원들을 내팽개치고 야반도주를 했고, 사원들은 어제까지만 해도 가족이었던 사장을 욕해댔다. 쑹원저우는 혼란과 회의에 빠진다. 이것이 과연 가족인가? 일본식 기업 문화와 모델은 정말 본받을 만한 것인가?

입사한 회사의 갑작스러운 도산으로 직장을 잃은 쑹원저우는 자신이 대학원 시절 만든 소프트웨어를 개량해 판매한다. 주변에서는 무모한 일이라며 만류하는 사람들이 있었지만, 그에겐 선택의 여지가 없었다. 그가 내놓은 상품은 건축공학용 계산 소프트웨어로 댐이나 교량, 터널 등에 사용하는 콘크리트의 양을 시뮬레이션해 가장 경제적인 사용 분량을 산출해내는 소프트웨어였다. 같은 용도로 사용되던 기존의 소프트웨어는 슈퍼컴퓨터를 사용해야 했지만, 그가 만든 소프트웨어는 일반 컴퓨터나 노트북으로도 계산을 할 수 있다는 장점이 있었고 가격은 10분의 1에 불과했다.

그는 자신이 만든 소프트웨어의 성능과 품질에 자신이 있었다. 하지만 넘어야 할 산은 너무 많았다. 먼저 그것을 어떻게 팔아야 하는지를 모르고 있었다. 대학원을 졸업한 지 얼마 되지 않아 사회 경험도 없었고, 다니던 회사가 3개월 만에 도산해 사업 인맥도 없었다. 게다가 그는 중국어 억양의 일본어를 사용하는 외국인이었다. 또한, 그가 만든 소프트웨어는 소기업이나 일반 상점에 필요한 게 아니라 대형 건설사에나 팔릴 만한 고가의 제품이었다. 이를테면 유학생 신분으로 한국에 온 외국인이 학교를 졸업한 뒤, 혼자서 현대나 삼성 같은 대형 건설사를 상대로 수천만 원짜리 상품을 팔려고 하는 거나 마찬가지였다.

그의 가장 큰 무기는 상품의 성능과 품질이었다. 다만, 그것을 어떻게 알리고 인정받는가 하는 것이 과제였다. 그는 그 소프트웨어가 고객인 건설사에 어떤 이익을 가져다주는지 설명하기 위해 홋카이도에 있는 건설 회사와 현장을 돌아다니며 영업 활동을 시작한다.

많은 외국인들은 '일본은 외국인들이 진입하기 힘든 장벽이 있는 시장'이라고 말한다. 하지만 경쟁력이 있는 상품을 가지고 있는 쑹원저우에게 그런 것은 변명에 불과했다. 외국제 제품이든, 외국인이 팔러 다니든 그것이 소비자에게 확실한 이익을 가져다준다면 외면할 사람은 어디에도 없다는 것이 그의 생각이었다. 그가 만든 소프트웨어는 300만 엔이라는 고가의 제품이었지만, 고객에게 확실한 이익을 가져다주는 상품이었다. 결국 판매 시작 반년 만에 3,000만 엔의 매출을 올린 쑹원저우는 1992년 6월 홋카이도에서 소프트브레인이라는 회사를 설립하는데, 거의 혼자서 운영하다시피 한 이 회사는 설립한 지 3년 되던 해 3억 엔의 매출을 올린다.

도로와 터널, 교량 등을 건설하는 도로 공단 등 토목공사를 주로 하는 기업들은 필요한 자재의 양을 낭비 없이 산출해낼 수 있는 쑹원저우의 소프트웨어를 이용해서 공사비를 절약했다. 하지만 도로 공단에서 돈을 받아 공사를 진행하던 하청업자들은 오히려 공사비가 줄어 수입이 감소했다. 발주하는 쪽의 경비 절감이 수주하는 쪽에는 손해를 입힌 것이다. 그렇게 되자 쑹원저우는 "민폐 끼치지 말고 얼른 중국으로 돌아가라"는 협박 전화를 받기도 한다. 하지만 자신의 사업이 일본 국민이 낸 세금을 절약하는 데 도움이 되고, 그것은 올바른 일이라고 생각한 쑹원저우는, 이에 지지 않고 "돌아갈 때가 되면 돌아갈 테니 참견하지 마라. 그건 당신이 상관할 바가 아니다"라고 반발하고는 사업을 계속한다.

본격적으로 회사 경영을 시작한 그는 매출을 늘리기 위해 경험 있는 영업 사원들을 고용한다. '선수'를 스카우트한 것이다. 타사에서 영업을 잘한다고 소문난 베테랑과 그의 부하 5명까지 총 6명을 헤드헌터를 통해 영입하는데, 새로 온 영업 사원은 매출 3억 엔을 8억 엔으로 늘려 놓겠다고 호언장담한다. 하지만 어떻게 된 일인지 영업의 귀재와 그 밑에 있는 영업 사원을 여러 명 고용했는데도 매출은 전혀 늘지 않았다. 그때 그는 '일본식 영업 방식에 문제가 있는 것이 아닐까' 하는 의문을 가진다. 6명이 물건을 파는 데도 혼자서 팔러다닐 때보다 오히려 성과가 나오지 않았기 때문이다.

그가 분석을 해보니 고용한 베테랑 영업 사원은 다짜고짜 부하를 쥐어짜는 스타일이었고, 영업 사원들이 사용하는 무기는 접대였다. 뚜렷한 방법과 목표를 제시하는 것이 아니라 "열심히 뛰어 다녀라", "근성으로 승부하라"라는 모호한 말로 부하를 채찍질하고, 고객을 만나 제품의 장점을 설명하기보다는 술 접대와 골프 접대를 하는 것이 이미 그들에게는 습관이 되어 있었다. 쑹원저우의 눈에는 그것이 낭비이자 매력 없는 상품을 인맥으로 어떻게든 팔려는 행위로 보였고, 일본식 영업의 문제점과 모순을 뼈저리게 느낀다.

업종 전환으로 상장 기업이 되다

•

1998년에 그는 지금까지 해오던 소프트웨어 사업을 정리하고 새로운 분야에 뛰어든다. 그동안의 회사 경영을 통해 느낀 문제점과 비효율성을 개선하는 컨설팅 사업이었다. 그가 절실히 개선이 필요하다고 생각한 것은 바로 일본식 영업이었다. 대기업에서 날고 기던 영업 사원을 스카우트했지만 그것이 매출로 이어지지는 않는 것을 보고, 합리성의 결여, 복지부동을 벗어나지 못하는 일본 비즈니스맨들이 일본 경제의 발목을 잡고 있다고 생각했다.

비록 컨설팅 사업으로 전환하는 극단적인 선택을 했지만, 낡은 방식에 얽매여 불합리한 업무만 반복하는 일본식 영업을 개선하는 컨설팅 사업에 승산이 있다고 보고 승부수를 띄운다. 이것은 일본 기업들이 가지고 있는 구태의연한 기업 문화, 살인적인 야근, 비효율적인 영업, 매번 시간만 허비하는 회의 등을 바꿀 수 있다는 생각을 직접 실천해서 증명해보이겠다는 그의 도전이기도 했다.

그는 야근과 쓸데없이 긴 시간을 소비하는 회의에 특히 부정적이었다. 야근에 대해서는 "낮에는 적당히 시간을 때우다가, 끝내지 못한 일을 저녁 늦게까지 붙잡고 있으면서 그것을 야근으로 인정하라는 것은 말이 안 된다. 아침부터 긴장감을 가지고 집중해서 일을 한다면 오후 5시쯤이면 피곤해서 더 이상 일을 할 수 없게 되는 것이 정상이다"라고 이야기한다. 또한 지겹고 따분한 시간이 되기 쉬운 마라톤 회의에 대해서는 "영업 부문에 한정해서 말한다면, 회의는 주 1회 1시간만 있으면 충분하다. 처음부터 끝나는 시간을 정해 각자가 이야기할 시간을 정하고, 시간 내에 이야기를 끝내도록 하면 문제될 것이 없다"라고 이야기한다.

물론 야근을 하고 싶어 하는 사람도 없고, 시키고 싶어 하는 경영자도 없다. 그러나 일본뿐만 아니라 한국의 많은 사람들도 "일찍 퇴근하고 싶지만 현실은 그렇지 않다"고 강변한다. 퇴근하지 않는 상사가 있는데 맘 편하게 퇴근할 수도 없고, 무조건 오래 남아 있는 사람을 높이 평가하는 상사들이 있기 때문이다. 이에 대해 쑹원저우는 소프트브레인을 설립할 때부터 확고한 신념이 있었다.

"야근을 하지 않아도 이익을 낼 수 있다는 것을 확실히 증명하겠습니다. 우리 회사는 오후 5시 반이 되면 사무실의 전기를 끌 것입니다. 지켜봐 주십시오."

결과는 엄청난 성공이었다. 여러 기업에서 컨설팅 요청이 쇄도했고, 소프트브레인의 컨설팅과 영업 관리 시스템을 채용한 기업들의 호평이 뒤따르면서 2000년에는 도쿄 증권거래소의 '마더스Mothers'에 상장하는 쾌거를 이룬다.

손 마사요시 등 외국인 신분으로 일본에서 상장을 하는 경우는 과거에도 있었으나, 모두 일본에서 태어났거나 어려서 일본에 이주한 사람들이었다. 스물이 넘어 일본 땅을 처음 밟은 외국인이 상장 기업을 키워낸 것은 100년이 넘는 일본의 주식거래소 역사상 쑹원저우가 처음이었다.

그렇다면 쑹원저우는 일본 기업을 상대로 어떤 컨설팅을 했고 어떤 점을 문제점으로 지적했을까? '일본식 영업'의 그림자가 남아 있는 한국에도 참고가 될 만한 것이 많다고 생각되어 쑹원저우의 일본식 영업

'마더스'는 Market of the high-growth and emerging stocks의 줄임말로 신흥 정보통신 기업들이 중심이 된 시장이라는 뜻이다. 100년 넘는 일본의 주식거래소 역사상 뒤늦게 타국에서 건너온 외국인이 상장 기업을 키워낸 것은 쑹원저우가 처음이었다.

비판과 그만의 독특한 주장을 소개하고자 한다.

'발로 뛰는 영업', '발품팔기'는 그만두어라

한국에서도 귀에 못이 박힐 정도로 듣는 말 중의 하나가 '발품을 팔아라'다. '발품을 판다'는 말은 과연 어떤 뜻이며 우리는 어떤 의미로 사용하고 있는가? 일이 없어도 거래처를 돌아다니며 인사를 하거나, 특별한 용건이 없는데도 의무감에서 정기적으로 만나 식사를 하는 식으로 인맥 관리를 하고, 물건을 들고 일방적으로 찾아가 상품을 설명할 시간을 달라고 조르거나, 무작정 밖으로 나가 여기저기 들쑤시듯 돌아다니는 것이라고 생각하고 있지는 않은가? 아니면 전화나 인터넷을 통해서도 해결할 수 있는 일을 직접 만나 정보를 묻고 있지는 않은가?

하지만 생각해보자. 상품에 자신이 있다면 외판원처럼 무턱대고 여기저기를 찾아다닐 필요가 없다. 그렇게 찾아다니는 이유는 손님이 상품에 매력을 느끼지 못하기 때문이며, 설사 집요한 설득에 어쩔 수 없이 상품을 구입한다 하더라도 손님이 만족할 가능성은 낮다. 결국 손님은 돈을 내고도 만족을 얻지 못하고, 회사는 물건을 팔고서도 좋은 평가를 받지 못하는 최악의 결과를 부르는 것이다.

일찍 퇴근하자

그가 일본에서 가장 경악한 것은 긴 노동 시간이다. 회사에 오래 있는 것이 반드시 생산량의 증가를 의미하지는 않는다. 하지만 일본에서 장시간 노동은 미덕이 되어 있고, 많은 사람이 자의 혹은 타의에 의해 야근을 한다. 한국도 예외는 아니다. 한국은 근무 시간이 긴 것에 비해 생산성은 바닥 수준이다. 일본도 살인적인 야근으로 유명하지만, 그래도 한국에 비하면 적은 편이다. 많은 사람들은 말한다, "어쩔 수 없다"고. 하지만 근무시간 중에 인터넷 서핑과 휴대전화 통화를 아무렇지도 않게 하면서 매일 늦게까지 남아 낮에 할 수 있는 일을 처리하는 것은 업무량이나 노동자의 능력 문제가 아니라, 회사의 체질과 경영자의 마인드 문제다. 아이큐는 세계 1, 2위라고 자랑하는 한국이 유럽보다 2배 정도의 노동 시간을 기록하면서도 성과는 그 절반 수준에 머무르는 것은 부끄러운 이야기가 아닌가?

쑹원저우는 분명히 말한다. 야근으로 매출이 증가한다고 경영자가 좋아해서는 안 되며, 매출이 줄더라도 5시에 퇴근을 해서 이익률이 증가한다면 5시에 퇴근하도록 하는 것이 경영자의 바른 자세라고. 또한 일찍 퇴근하는 사람이야말로 우수한 사람이라는 지론을 펼친다.

야근하지 말고 빨리 집에 가라고 말하는 경영자는 많다. 하지만 근로자로서는 그 말대로 실천하기 힘들다. 상사나 동료의 눈치를 볼 수밖에 없고 나중에 어떤 소리를 들을지 모르니 주저하게 되기 때문이다. 일본 역시 마찬가지다. 쑹원저우가 경영한 소프트브레인에서는 오후 5시에 전기를 내렸다. 그것은 사원들에게 말로만 '빨리 집에 가라' 한다고 해서 일본의 기업 문화가 쉽게 바뀌지 않는다는 것을 알고 있었기 때문이다. 그리고 그는 일찍 퇴근하는 기업이라도 효율적으로 회사를 경영하면 얼마든지 성장시킬 수 있다는 것을 직접 증명했다.

젊은이들이여, 이런 회사를 피하라

학교를 졸업하고 사회에 나가는 20대 초중반의 젊은이들에게 평생을 좌우할지도 모르는 직장의 선택만큼 중요한 것은 없다. 어떤 직장을 선택해야 할 것인가? 안정적인 공무원이나 공기업, 월급이 많은 대기업, 자신의 꿈을 펼칠 수 있는 자유롭고 창조적인 집단, 혹은 혼자서 창업을 하려는 젊은이도 있을 것이다. 쑹원저우는 일본의 젊은이들에게 다음과 같은 회사를 조심하라고 조언한다.

1. 조직, 애사심 같은 말을 강조하는 회사(사원의 희생을 강요하는 미사여구다).

2. 경영자가 출근하지 않는 회사(무책임한 경영자).

3. 면접관이 거만한 태도를 보이는 회사(실제 입사하면 훨씬 권위적인 모습을 보게 될 것이다).

4. 쓸데없이 보고서나 기획서, 발표 자료에 외래어를 많이 쓰는 회사(효율을 생각하지 않고 무조건 남의 흉내만 내고, 남의 눈을 의식하는 행태).

5. 인사를 제대로 하지 않는 회사(인사는 가장 기본적인 예의이자 커뮤니케이션의 출발점).

쑹원저우는 어느 날 대기업의 간부들을 위한 강연을 요청받았다. 어떤 주제의 강연을 해야 할까 고민하다가 "어떤 내용이 좋겠습니까"라고 주최 측에 물었다. 그러자 강연회를 의뢰한 고위 간부가 말했다.

"어……그러니까 우리 회사의 올해 키워드가 이노베이션innovation, 체인지change, 컴피턴시competency거든요?"

그때 쑹원저우는 용기를 내서 상대방에게 물었다.

"컴피턴시가 어떤 뜻인지는 알고 계십니까?"

상대방은 대답하지 못하고 허둥댈 뿐이었다. 중급 이상의 영어 실력을 갖추었다고 자부하는 그가 보기에도 일본 기업들의 외국어 남용은 업무의 목표를 불명확하게 하는 저해 요소로만 보였다. 그는 다른 회사가 한다고 무조건 따라하거나, 정확한 의미를 파악하지 못한 채 유행처럼 외국어를 섞어 쓰는 일본의 경영자들에게 다음과 같이 말한다. "모르는 내용을 모르는 외래어로 바꿔서 적당히 쓰는 경향이 일본 사회에 있다.

리더는 결단을 내려야 할 때가 있는데, 경영자가 단어의 내용을 정확히 파악하지 못한 채 결단을 내리는 것은 결단이 아니라 도박이다."

사람 잡는 업무 일지

어느 날 쑹원저우가 컨설팅 의뢰를 받고 한 패밀리 레스토랑 체인점을 방문했을 때였다. 그곳의 책임자는 창고에 산더미처럼 쌓아놓은 서류뭉치를 자랑스럽게 보여주며 이것이 오랜 기간 축적해온 매출 기록이자, 그동안의 모든 일이 상세히 적혀 있는 업무 일지라고 소개했다. 그때 쑹원저우는 그 책임자에게 물었다.

"저 서류들을 다시 꺼내본 적이 있습니까?"

책임자는 아무런 대답도 하지 못했다. 쑹원저우는 다시 볼 일 없이 그저 출근부 도장 찍듯 습관적으로 작성하는 업무 일지는 공간만 차지하는 쓰레기이자 노동력의 낭비라고 주장한다. 더군다나 외근 나간 사원이 퇴근 시간이 다 되었는데도 집으로 돌아가지 못하고, 업무 일지 한 장을 쓰기 위해 회사로 다시 돌아오는 것은 이중, 삼중의 낭비라는 것이다. 휴대전화로 입력이 가능한 간단한 업무 일지 폼을 만들어 보고할 내용만 간단히 회사 서버에 전송할 수 있도록 한다면, 외근을 나가서도 회사가 필요한 정보만 쉽게 보고할 수 있어 직접 오고 갈 필요도 없다. 충분히 바꿀 수 있는데도 개선하려는 시도 없이 예전부터 해오던 방식만 고집하는 일본의 기업 문화를 바꿔야 한다는 것이다.

모바일을 활용해서 업무의 효율을 높인다

그는 핸드폰을 이용한 영업 지원 툴인 '이-세일즈 매니저e-sales manager'를 컨설팅을 의뢰한 기업들에 적용시켰다. 이것은 시간과 인력 낭비를 줄이고 정보의 공유와 전달을 가능하게 함으로써 비용을 절감시키고 생산성을 높인 획기적인 툴이었다. 놀라운 것은 이런 시스템을 스마트폰이 나오기 10여 년 전인 2000년 즈음에 구축하고 이미 상용화했다는 것이다.

이 시스템의 핵심은 '정보의 수치화'다. 과거에는 고객의 반응을 보고할 때 업무 일지를 통해 서술형으로 표현한 것을, 객관식 문항과 짧은 입력 폼을 통해서 간단히 선택 입력하게 한 것이다. 예를 들면 음식에 대한 평가와 맛을 다른 사람에게 전달하거나 표현할 때 '입에서 살살 녹는 감칠맛', '젊은이들이 좋아하는 담백하고 서구적인 맛'처럼 표현하면 대략의 평가는 파악할 수 있지만, 그 음식에 대한 구체적인 정보는 전혀 알 수가 없다. 그러나 당도, 염도, 재료, 조리 시간, 조리 방법, 향, 고객의 성별, 연령 등의 몇 단계로 분류해서 선택하게 한다면 훨씬 빠르고 정확하게 정보를 전달할 수 있다. 그는 이런 식으로 영업 활동에 필요한 보고 양식을 수치화하고 그 정보를 공유시켜 상품 판매는 물론 고객 관리, 클레임 대응 등에 적용시켜서, 그들의 시간과 비용을 절약시켜줌으로써 고객의 만족도를 높였다.

현재 쑹원저우가 고안해서 발전시킨 소프트브레인의 영업 지원 시스템을 사용하는 기업은 유명 호텔 체인인 프린스호텔, 자동차 판매 회사인 닛산자동차판매, 도시가스 공급 회사인 오사카가스와 홋카이도가스, 전기전자 메이커 후지쓰, 편의점 체인 스리에프, 일본 농협 등 사업 분야에 구분 없이 1,700개 회사에 이르며, 중국 시장에도 진출해 많은 중국 기업들이 속속 소프트브레인의 현대식 시스템을 채용하고 있다.

그의 참신하고도 기발한 발상은 일본의 많은 경영자를 자극했다. 보수적인 기업 문화를 가진 회사의 보스들은 그렇지 않았지만, 개방적이면서도 새로운 아이디어와 혁신을 중시하는 기업들은 쑹원저우의 '일본 기업 비판'과 '일본식 영업 비판'에 크게 주목했다. 그중 한 명이 세계적인 자동차 메이커인 도요타의 회장 조 후지오張富士夫였다. 후지오 회장은 쑹원저우의 대표적인 저서 『역시 이상한 일본식 영업やっぱり變だよ日本の營業』을 읽은 후 업무의 효율화와 합리화를 위해 사원들에게 그의 책을 읽도록 권했다. 일본에서도 손꼽히는 기업 총수가 칭찬했다는 소문이 퍼지자, 그의 책은 날개 돋친 듯 팔려나갔고, 이후 기업, 공공단체, 방송 등에서 강연과 출연 의뢰가 쇄도하면서 쑹원저우는 일본 사회의 확고한 멘토로 자리를 잡는다.

쑹원저우는 『역시 이상한 일본식 영업』을 비롯해, 일본 기업 사회의 의표를 찌르는 다수의 저작을 발표해서 일본인들에게 큰 반향을 얻는다.

무라카미 펀드와의 관계

•

2000년대 일본에서 거대 펀드를 운영한 무라카미 요시아키村上世彰라는 사람이 있다. 2006년 기준 약 4,000억 엔, 한국 돈 4조 원이 넘는 막대한 자금을 굴리고, M&A 컨설팅과 주식 운용으로 펀드 투자자들에게 이익을 환원해 '신의 손'이라 불리던 투자가다. 이런 무라카미의 성격을 잘 알려주는 별명이 바로 '할 말은 하는 주주株主'라는 것이었다.

모집한 자금으로 펀드를 운용하면서 기업의 주식을 사고팔아 투자가들에게 이익을 환원하는 것이 그의 주된 역할이었는데, 무라카미는 철저하게 자본주의의 룰에 따라 이익을 추구하는 동시에 주주총회에 참가해서 적극적으로 회사의 경영에 대해 요구와 비판을 하는 식으로 주주의 권한을 철저히 행사했다. 일본의 투자 펀드나 소액 투자가들은 주식 거래를 통해 이익만 추구할 뿐 회사의 경영에 대해서는 특별한 주문을 하지 않고, 이사 선임, 회계장부 열람 등의 권한을 행사하지 않는 경우가 대부분이었는데, 주주가 곧 회사의 주인이라고 생각한 무라카미는 주주총회에 적극적으로 참가해서 주주의 권리를 당당하게 행사했다.

그는 자신이 펀드나 주식을 대량 보유한 회사의 주주총회에 나가 자신을 이사로 선임하라고 주문하는가 하면, 실적을 내지 못해 주주들에게 이익을 가져다주지 못하는 회사 경영진에 대해서는 '경영 능력이 부족하다'고 면전에서 비판을 하고, '주식 배당금이 회사 이익에 비해 너무 적다. 더 배당하라'고 요구하는 등 기존의 일본 주주총회에서는 볼 수 없던 돌발 발언으로 매번 화제를 뿌리고 다녔다. 무라카미는 상대방의 체면을 존중하고 조화를 중시하는 기존의 일본식 사고방식과는 다른 좌충우돌형의 인간이었다.

쑹원저우는 2006년 4월, '유능한 투자가' 와 '돈만 아는 투기꾼' 이라는 평가가 엇갈리던 무라카미를 사외 이사로 전격 영입한다. 사회적으로 비판적인 의견이 적지 않았던 무라카미를 영입하는 것은 기업 이미지를 생각하면 그다지 좋은 방법은 아니었으나, 쑹원저우는 어디까지나 무라카미의 능력만을 평가했다.

하지만 불과 2개월 후인 2006년 6월 무라카미가 내부 정보를 주식거래에 이용한 것으로 기소되어 사회적으로 큰 파문을 일으킨다. 바로 '라이브도어 사건' 이다. 이 사건은 신흥 IT기업 라이브도어와 무라카미가 공모해 라디오 방송국인 니폰방송日本放送의 주식을 대량 취득한 사건이었는데, 이때 무라카미는 이익만을 추구한 비도덕적인 인간이라며 엄청난 비판을 받는다. 무라카미의 의혹이 언론에 보도되고, 그가 곧 구속될 것이라는 소문이 돌자 그를 사외 이사로 영입했던 소프트브레인의 주가는 곤두박질치고, 쑹원저우에게 취재 요청이 밀려든다. 평소 무라카미와 친분이 있던 사람들이 무라카미가 사회적으로 지탄을 받자 모두 취재를 거부했기 때문이었다. 무라카미가 잘 나가던 시절에는 그와의 친분을 과시하고 자랑하던 사람들이 모두 꼬리를 감추고 숨어버린 상황에서, 쑹원저우는 그와 그렇게 친한 사이는 아니었으나 책임감을 느끼고 언론의 취재에 응한다.

결국 무라카미가 체포되기 직전 소프트브레인에 사표를 내는 것으로 양자의 연결 고리는 완전히 끊겼고, 전날까지 하한가를 기록했던 주가는 다시 상한가를 기록하며 진정 기미로 들어섰다. 위기를 넘기긴 했으나 "왜 그런 사람을 영입했느냐"라는 비판이 나오는 것은 당연했는데, 그렇다면 그는 왜 무라카미를 영입했을까? 그것은 그가 경영진에게 자극을 주는 주주였기 때문이다. 쑹원저우는 철저하게 주주의 입장에서 경영을 비판하고, 주주들의 이익을 대변해주며, 경영진을 감시하는 역할을 그에게 기대한 것이다.

결과적으로 이 일은 사외 이사 영입 2개월 만에 무라카미가 사직하는 해프닝으로 끝났지만, 쑹원저우는 '친한 사람을 사외 이사로 영입하는 것은 좋지 않다'는 지론을 끝까지 버리지 않았다.

도쿄 증시 1부 시장 입성과 너무 빠른 은퇴

•

소프트브레인은 2004년 도쿄 증시 2부 상장에 이어, 2005년 일본 내 우량 기업들의 집합이라고 할 수 있는 도쿄 증시 1부에 입성한다. 22세의 나이로 홋카이도에 왔던 중국인 유학생이 창업 13년 만에 경제 대국 일본의 최고 기업들과 어깨를 나란히 하는 회사를 키워낸 것이다. 그리고 2006년, 쑹원저우는 소프트브레인의 회장을 사임함으로써 경영자의 자리에서 물러난다. 아직 사업가로서 한창인 43세의 나이였다. 그는 예전부터 40대에 은퇴하겠다는 생각을 해왔고, 회사를 2세에게 물려주는 행위는 바람직하지 않다고 봤다. 특히 상장한 회사는 개인의 것이 아니라 '사회적 공유물'이라고 보았기 때문이다. 그는 회사를 그만두면서 다음과 같이 말한다.

"아직 체력도 있고, 의욕도 있습니다. 하지만 앞으로 10년만 더 하면 나는 이 회사 안에서 신과 같은 존재가 될 것입니다. 그렇게 되면 내가 잘못된 것을 말해도 아무도 반대하지 않을 겁니다. 잘못된 결정을 해도 그대로 진행이 되겠지요. 그리고 내가 보고 싶어 하지 않는 데이터는 감출 것입니다. 그렇기 때문에 지금 그만둬야 하는 것입니다."

이처럼 정곡을 찌르는 말도 없다. 강한 카리스마의 경영자나 지도자가 오래 집권하면 어떤 조직이든 부작용이 나타난다. 보스가 좋아하는 말만 하게 되고, 언짢아하는 내용은 감추게 되고, 그러다 보면 당연히 상황 파악을 하지 못하게 되고, 결국 경쟁 상대에게 보이지 않는 사이에 조금씩 뒤쳐진다.

당연한 말처럼 들리지만 쑹원저우처럼 이를 그대로 실천하는 사람은 과연 몇이나 될까. 어쩌면 그것은 상장 기업을 키워내는 것보다 훨씬 어려운 일일지도 모른다. 기업을 상장하는 데 성공한 자수성가형 기업인은 많아도 기업을 정상의 자리에 올려놓고 자신의 의지로 물러나는 사람은 찾아보기가 힘들기 때문이다. 한국의 대기업 총수들이나 중소기업 사장들만 봐도 오너 자리가 바뀌는 것은 대부분 사망이나 상속에 의한 것이지, 적정한 나이에 스스로 은퇴해 자리가 바뀌는 경우는 거의 없다. 그런 것을 생각하면 쑹원저우의 결단이 얼마나 대단한지를 알 수 있다.

일본 사회의 중요한 멘토

•

그는 40대 은퇴를 목표로 삼았고 실제로 그렇게 했다. 현재는 경영 일선에서 완전히 물러나 방송 출연과 강연회를 통해 자신의 생각을 많은 사람에게 알리고, 저술 활동을 하는 칼럼니스트로 활약 중이다. 특히 날카롭고 직설적인 그의 강연은 매우 인기가 높다. 또한, 일본 최고 권위의 경제지 『니혼케이자이신문』이 펴내는 잡지 『닛케이 비지니스』의 칼럼니스트로 활동하며 일본 사회의 주요 쟁점에 대해 거침없는 쓴소리를 하는 일본 사회의 멘토 역할을 하고 있기도 하다.

일본에는 사회의 멘토 역할을 하는 외국인들이 적지 않다. 중국 출신의 쑹원저우를 비롯해서 대만 출신의 여성 평론가 진메이링金美齡, 미국 출신의 빌 토튼Bill Totten, 헝가리 출신의 피터 프랭클Peter Frankl 등이 그런 사람들이다. 이들은 외부인으로서 일본인들이 놓치는 부분을 지적해서 일본이 우물 속에만 머무르지 않도록 자극하는 역할을 하고 있다.

일본에 '오카메하치모쿠傍目八目'라는 속담이 있다. 바둑을 두는 당사자보다 옆에서 구경하는 사람이 더 판세를 잘 읽고 앞을 잘 내다본다는 말이다. 이 말은 어떤 집단에 소속된 사람보다는 주변인 혹은 외부에 있는 사람이 그 집단과 조직의 문제점을 더 잘 볼 수 있다는 말로, 일본인들은 인식하지 못하는 일본 사회의 문제를 날카롭게 해부한 쑹원저우의 저서 제목이기도 하다.

쑹원저우는 일본의 경제뿐만 아니라 정치나 외교에 대해서도 쓴소리를 아끼지 않고 블로그, 트위터, 뉴스레터 등을 통해 일본 사회에 대한 의견을 소신껏 피력해왔다. 그중에는 일본인들의 심기를 불편하게 하는 발언도 있어서 그를 비난하는 일본인들도 있다. "중국인 주제에 일본에 대해 왈가왈부하지 마라", "중국인이 일본인의 마음을 어떻게 알겠느냐"라며 반발하는 것이다.

하지만 그는 인생의 절반 이상을 일본에서 보냈고, 누구보다 일본에 애정이 있는 사람이다. 다만, 일본인들의 눈에는 보이지 않고, 일본인들은 느끼지 못하는 일본 사회의 문제점을 볼 수 있는 사람이기에 그런 조언들을 하는 것이다.

그는 일본의 한 정책 토론회에 참석해서 원전 수주 경쟁에서 일본이 한국에 졌던 사건을 이야기했다. 그러자 일본의 한 원로 경제인이 언짢다는 듯한 반응을 보이며 한마디를 내던졌다.

"한국 같은 나라 두려워할 필요가 없다."

그 말을 들은 쑹원저우는 참지 못하고 반박했다.

"그런 소리를 하니까 지는 겁니다."

쑹원저우는 말한다. 일본인이든 미국인이든 한국인이든 상관없이 라이벌에게 경의를 표하지 않는 사람은 언젠가는 큰 희생을 치르게 된다고. 그것은 중국에서 중국 기업에 비해 시장 점유율이 뒤지는 일본 기업들의 공통된 특징이기도 했다. 중국에 진출한 많은 일본 기업은 중국 기업의 제품에 대해 '싸구려', '품질이 떨어진다', '일본 것의 흉내에 지나지 않는다'라며 우습게 보고 평가절하하는 경우가 많다. 분명 일본 제품에 비해 중국 제품의 성능이 못 미치는 경우가 많은 것은 사실이다. 하지만 언제까지나 그렇게 우습게 보고 자만에 빠져 있다가는 큰 코 다치게 된다는 것이다.

실제로 중국은 중국 국내뿐만 아니라 세계에서도 일본의 텃밭이었던 전자, 가전 시장의 점유율을 높여가고 있고, 유럽, 미국, 일본의 전통 있는 기업들이 중국 기업들에 팔리는 실정이다. 어느 나라 기업이든 실적과 성과를 내고 있다면 존중을 하고 겸허한 모습을 보여야 하는데 일본 기업 중에는 그런 모습이 부족한 곳이 적지 않다는 지적이다.

쑹원저우는 일본만 비판하는 것은 아니다. 중국의 시장과 거리, 뉴스를 보면서 중국이 여전히 후진국에서 벗어나지 못했다고 말한다. 그리고 그 책임은 중국 정부에만 있는 것이 아니고, 눈앞의 이익을 추구하는 데만 급급한 습성, 소비자의 권리를 무시하는 마인드, 준법정신의 결여, 도덕심의 저하 등의 문제가 있는 중국 국민 자신에게 있다고 한다. 그렇다고 그는 중국 정부나 정치가를 두둔하지도 않는다. 다만, 모든 것을 '정부 탓'으로 돌리기만 하는 국민이 되어서는 안 된다는 말이다.

그는 현재도 중국과 일본을 오가며 바쁜 시간을 보내고 있다. 쑹원저우가 저팬 드림을 거머쥔 벤처 기업가에서 일본 사회의 당당한 멘토로 우뚝 설 수 있었던 것은 일본의 전통과 장점을 존중하면서도, 이방인만이 발견할 수 있는 일본 사회의 문제점과 모순을 극복하려는 도전 정신이 있었기에 가능했을 것이다. 그리고 쑹원저우의 존재는 일본식 경영에 빠져 모순을 극복하지 못했던 일본 사회에 큰 자극을 주었고, 새로운 경영 방식을 제시했다. 그가 일본 사회에 큰 도움이 된 것이다. 이제 한국에서도 한국 사회의 문제점을 날카롭게 지적하고, 쓴소리를 해줄 '이방인 멘토'가 나타날 날을 기대해본다.

요괴들과 함께한 신기한 인생

미즈키 시게루

소년, 요괴를 만나다

•

일본 만화가 한국에 미친 영향은 굉장히 크다. 많은 수의 30~40대가 어려서부터 『캔디캔디』, 『닥터 슬럼프』, 『드래곤볼』, 『북두의 권』, 『슬램덩크』 등의 만화를 보고 자랐고, 일본 만화의 영향을 받은 한국의 만화 작가들이 일본 만화를 '벤치마킹' 하기도 했다. 또 어린이들은 그 만화 속의 세계를 이야기하고 꿈꾸며 성장했다. 오랫동안 해적판 등을 통해 한국에 소개된 일본 만화는 21세기에 들어와 일본 문화 개방이라는 전기를 맞으면서 그 영향력이 더욱 커졌고, 현재는 한국의 언어생활과 습관에까지 영향을 주기에 이르렀다.

일본 만화에 대한 관심이 늘면서 일본 만화사나 과거 작품에 대한 재조명도 활발한데, 그중 가장 눈에 띄는 존재는 일본 만화사를 말할 때 빼놓을 수 없는 데즈카 오사무手塚治蟲일 것이다. 한국에도 상당히 많은 팬이 있는 데즈카 오사무는 SF 만화의 선구자격인 『철완 아톰』, 후일 디즈니가 만든 〈라이온 킹〉의 원형이 되기도 한 『정글의 대제 레오』, 무면허 천재 의사의 이야기를 다룬 『블랙잭』 같은 사회성 짙은 작품까지 수많은 히트작을 양산했다.

이런 데즈카와 동시대를 살면서 일본 만화계를 화려하게 장식한 만화가가 있으니 일본 요괴 만화의 거장 미즈키 시게루水木しげる가 그 주인공이다. 〈아톰〉이나 〈레오〉 같은 애니메이션이 오래전부터 한국 TV에 소개되었기 때문에 데즈카의 인지도는 높은 데 비해, 시게루는 일본 사회에 미친 영향에 비해 한국에서 인지도가 지극히 낮다. 하지만 그는 일본에서 모르는 사람이 없을 정도로 유명한 『게게게의 기타로ゲゲゲの鬼太郎』라는 만화를 창조해냈으며, 어린이들의 전유물이던 만화를 어른도 즐기는 문화로 끌어올리는 데 큰 공헌을 했다.

미즈키 시게루는 1922년 오사카에서 삼형제 중 둘째로 태어났다. 본명은 무라 시게루武良茂. 태어난 지 불과 한 달 뒤 돗토리 현으로 이주하는데 그곳에서 조부가 해운 관련 사업을 했기 때문이다. 어린 시절을 보낸 돗토리는 이때부터 그의 고향이 된다.

시게루는 보통 아이들과는 어딘가 다른 아이였다. 3세가 될 때까지는 말을 하지 못했고, 언제나 엉뚱한 상상을 즐기며, 먹성을 타고난 아이였다. 무엇이든지 먹어보려고 하고 무엇이든 먹을 수 있다고 생각하던 아이는 한번은 금칠을 한 깃봉을 먹으려고 시도한 적이 있는데, 너무 단

단했기 때문에 금칠한 표면에 흠집만 내고 쓰러진 적도 있었다.

시게루가 살던 집에는 주기적으로 집안일을 도와주러오던 할머니가 있었다. 시게루의 형제는 그 할머니를 '논논바'(논논 할머니)라 부르며 따르곤 했는데, 이 할머니와의 만남은 시게루의 인생을 결정짓는 중요한 계기가 된다. 논논 할머니는 시게루에게 무서운 이야기를 자주 해주었다. 그것은 예부터 전해 내려오는 요괴와 귀신에 대한 민담이었다. 할머니는 그를 여기저기 데리고 다니며 죽음과 요괴, 그리고 기이한 현상에 대한 이야기를 해주었고, 이는 상상력이 풍부한 그를 자극시켜 소년 시게루는 요괴에 대한 공상에 빠져 살았다. 이것이 그가 요괴를 주제로 한 만화를 그리는 시발점이 되는데, 미즈키 시게루 본인도 후일 이 논논 할머니와의 만남이 자신의 인생을 바꾸어 놓았다고 이야기를 했다.

어려서부터 시게루는 별난 구석이 있었다. 공상을 무척 좋아해서, 논논 할머니의 말을 듣고 요괴들이 산다는 숲속이나 묘지를 혼자서 돌아다니는 엉뚱한 아이였다. 무덤이나 묘지를 산책하는 일은 보통 아이들에게 두려운 일이지만, 전설 속에 등장하는 요괴들을 만날 수 있을지도 모른다는 기대에 부푼 시게루에게는 즐거운 취미였다. 그러다가 시게루는 초자연적인 현상을 경험하기도 한다. 산책 도중에 갑자기 다리 힘이 빠지고 허기가 져서 주저앉은 것이다. 마치 무엇인가가 몸을 짓누르는 것처럼 30분 정도 엎어진 채로 꼼짝달싹 못하다가 눈앞에 떨어진 벼 이삭을 주워 먹자 거짓말처럼 고통이 사라지고 일어설 수 있게 되는데, 나중에 그것이 인간에게 들러붙어 고통스럽게 한다는 배고파 죽은 귀신의 한 종류라는 이야기를 듣는다. 미신 따위는 믿지 않는 소년이었지만 이런 몇 번의 신기한 현상을 경험하면서 시게루는 인간의 세계와는 다른 또 하나의 신비한 세계, 즉 요괴의 세계가 있다고 믿게 된다. 사람들은 눈에 보이지 않는 것을 인정하지 않지만, 눈에 보이지 않더라도 우리 주변에는 신기한 존재들이 넘쳐난다고 시게루는 생각했다.[1]

공부와 담을 쌓은 천재 소년

•

1929년 미국의 주식 대폭락으로 시발된 경제 대공황이 일어나자 1930년에는 일본도 치명적인 타격을 입는다. 넉넉한 생활을 하던 시게루의 할아버지도 재산을 정리하고 일거리를 찾아 인도네시아로 떠나야 했으며, 아버지는 보험 외판원을 해야 했다. 그래도 생계를 유지하는 것은 어려웠고 식사도 제대로 하기 힘들었다.

이때 시게루는 배고픔의 고통을 절감하는데, 배고픔은 그저 육체적인 고통으로만 끝나는 것이 아니었다. 언제 굶주림에서 해방될지 예측할 수 없는 '미래에 대한 불안'이야말로 인간의 희망과 꿈을 빼앗아가는 치명적인 위협이었다. 그런 비참한 생활이 언제 끝날지 모른다는 절망은 일본 내에서 수많은 자살자를 양산했다. 시게루가 살던 바닷가 마을에 떠오르는 자살자의 시체가 이전보다 부쩍 늘어났고, 일가가 집단 자살을 하는 예도 있었다.

자살이라는 극단적 선택을 하지 않는 사람에게도 비극은 찾아왔다. 시게루의 이웃집에 살던 유타카라는 친구는 고깃배의 조수가 되었다. 아버지가 돈을 받고 아들을 어선에 넘겼기 때문이다. 어부들이 일을 하면 조수는 밥을 준비하거나 잔심부름을 했는데, 이들은 대부분 가난한 집안의 어린이들이었다. 극심한 불황에 자식을 파는 부모들도 적지 않았는데, 언제나 가장 먼저 팔리는 것은 여자아이들이었고 그녀들은 창부나 게이샤, 식모가 되었다.

어느 날 어부들과 함께 바다에 나간 유타카는 폭풍우를 만나 목숨을 잃는다. 동갑내기 친구가 가난 때문에 어린 나이에 목숨을 잃는 비극을 시게루는 가장 가까이서 목격한다.

시게루는 늘 학교에 지각했다. 원체 잠이 많은 데다가 깨워도 아침에 일어나지를 못해서 학교에는 1교시 수업이 끝난 후에나 가는 일이 많았다. 아버지를 닮아 시게루 역시 안절부절못하기보다는 '어떻게든 되겠지' 하고 생각하는 낙천가였기에 학교 공부나 지각 같은 것을 걱정하지는 않았다. 성적은 언제나 나빴고 특히 산수는 매번 0점에 가까웠다. 언제나 넘어지고 부딪히고 잊어버리고 잃어버리는 실수투성이 학생이었지만, 굼벵이도 구르는 재주가 있듯 그림에는 남다른 소질을 보였다.

그의 나이 13세 때 시게루의 그림을 우연히 본 학교 교감이 "이게 어린 학생의 그림이란 말인가"라며 감탄하고, 교감의 추천으로 개인전을 열어서 화제가 된다. 지방신문에 '천재 소년 등장'이라고 보도가 될 정도였다. 그래도 성적은 여전히 바닥으로 50명 모집에 51명이 지원한 입학시험에서도 떨어지는 등 그야말로 꼴찌는 그의 전매특허였다. 자식을 위해 그의 아버지가 일자리를 알아보기도 했지만, 잠이 많은 시게루는 매일 졸거나 일을 제대로 하지 못해 툭하면 해고당했다. 삼형제 중에서 형과 동생은 학교생활과 사회생활을 무난히 잘 해나갔지만, 공부에도 소질이 없고 신문 배달 같은 간단한 일도 오래 하지 못하는 시게루를 부모는 크게 걱정했다.

어떻게든 학교에 가기 위해, 비교적 들어가기 쉬운 오사카의 야간학교에 입학했는데, 거기서도 시게루는 지진아 취급을 받는다. 당시 일본은 전쟁의 광풍에 휩싸여 있어서 군국주의 교육을 했는데 늘 '어떻게든 되겠지' 라는 생각으로 느긋하게 생활하는 그는 교사들의 질책을 받기 일쑤였다.

남쪽이냐, 북쪽이냐

집에서 빈둥거리는 생활을 하다가 1943년 스물을 갓 넘긴 시게루는 입영 통지서를 받는다. 정부가 전장 상황을 사실대로 발표하지 않았지만 전쟁이 가장 치열하던 시기였기에 시게루는 입대는 곧 죽음이라는 것을 알고 있었다. 사지로 떠나는 것임에도 동네 사람들이 '반자이萬歲!' 라고 목청 높여 환송하는 그 당혹스런 상황을 그는 훗날 "마녀재판에서 마녀로 지목 받은 듯한 기분"[2]이라고 표현하기도 했다. 눈이 나쁜 시게루는 여분의 안경 두 개를 새로 맞춰 돗토리 연대의 입영 열차에 오른다.

학교에서도 일터에서도 굼뜨고 빠릿빠릿하지 못한 사람이 입대했다고 변할 리는 없었다. 그는 군대에서 그야말로 '고문관' 이었다. 화장실에서 용변을 보다가 칼 같이 지켜야 하는 집합에 늦어 탈영병 취급을 받거나, 교관이 꾸중을 하는데도 분위기를 모르고 엉뚱한 대답을 해 구타를 당하기도 했다. 군대에서 편하게 지내기 위해서는 약삭빠른 면도 어느 정도 있어야 하는데, 우직하고 솔직하기만 한 그는 고생을 할 수밖에 없었다. 당시 일본군 내에서는 뺨을 때리는 구타가 흔했는데, 그의 뺨은 성할 날이 없어 '따귀 왕' 이라 불릴 정도였다.

그는 부대에서 나팔수 보직을 받는다. 나팔수는 집합을 알리거나 부대 전체에 신호를 보내는 안내원 역할이었다. 하지만 동기생들에 비해 나팔을 제대로 불지 못했고 실력도 전혀 늘지 않아 나팔수 역할을 못하겠다고 생각한 시게루는 중대의 인사를 관리하는 하사관에게 나팔수에서 자신을 제외시켜달라고 청한다. 처음에는 들어주지 않다가 시게루가 자꾸만 부탁하자, 하사관은 이상한 질문을 한다.

"넌 북쪽이 좋냐? 남쪽이 좋냐?"

언뜻 이 말이 혹시 다른 곳으로 배치시켜준다는 건 아닐까 생각한 시게루는 추운 게 너무 싫어서 "남쪽이 좋습니다!" 라고 대답한다. 그는 막연하게 남쪽이라면 일본 서남부의 따뜻한 지역인 규슈일 거라고 여겼다. 하지만 늘 억세게 운 없던 그가 고른 '남쪽' 은 돌이킬 수 없는 최악의 선택이었다.

그가 가게 된 곳은 제2차 세계대전 최대의 격전지인 남태평양 파푸아뉴기니의 라바울이었다. 라바울은 일본군의 항공 부대가 자리 잡은 주요 거점으로 9만 명이나 되는 일본군이 주둔하고 있었다. 일본군이 강력한 요새를 구축했기 때문에 이 섬에 상륙해 지상전을 벌이면 피해가 클 거라고 본 연합군은 해상봉쇄를 해서 일본군을 고립시키는 작전을 펴고 있었다. 미군 함정과 전투기들이 라바울로 가는 수송선을 집중 공격했기 때문에, 본토에서 출발해서 라바울에 무사히 도착하는 일본군

선박은 절반도 되지 않았다.

사경을 헤매다 원주민을 만나다

•

미군 전투기의 공격을 받으면서도 운 좋게 라바울까지 무사히 도착한 시게루는 진지 구축 작업에 투입된다. 미군 상륙을 두려워한 일본군은 방공호와 진지를 구축하고 섬 전체를 요새화하는 작업을 하고 있었기에 그는 항상 무더위 속에서 중노동에 시달려야 했다. 물자가 제대로 수송되지 않아 늘 배가 고팠고 의약품 공급, 환자 후송도 제대로 되지 않았다. 그러던 어느 날 시게루는 동료 몇몇과 함께 불려나가 담배와 과자를 지급받는다. 물자가 부족한 라바울에서 담배나 과자는 엄청난 귀중품이었다. 그러나 갑자기 찾아온 행운은 진짜 행운이 아니었다. 호명된 10명의 병사는 진지 공사에서 제외되어 최전선으로 가는 '결사대'에 뽑힌 운 나쁜 사람들로, 과자와 담배는 사지로 가는 병사들에게 베풀어진 마지막 사치품이었다.

시게루는 무더위 속에서 100킬로미터를 행군해 동료들과 함께 미군의 동태를 살피는 임무를 맡는다. 밤낮 구분 없이 교대로 적의 내습을 감시하는 역할이었다. 미군은 상륙하지 않았지만 미군 전투기의 급작스러운 공격은 공포의 대상이었는데, 시게루 일행도 적 전투기의 공격을 받아 뿔뿔이 흩어진다. 시게루는 바다에 뛰어들어 홀로 화를 면하고, 이후 정글을 헤매다가 다른 부대를 만나 겨우 목숨을 건진다. 이후 자대에 복귀한 그는 본인만 살아남았다는 사실을 알게 되고, 이 때문에 상관에게 심한 질책을 받는다. "모두가 죽었는데 왜 너만 혼자 살아 돌아왔느냐!"는 말을 들은 그는 살아서 돌아온 것에 격려가 아닌 비판을 받아야 하는 현실에 회의에 빠진다.

엎친 데 덮친 격으로, 이번에는 말라리아에 걸린다. 40도가 넘는 고열에 시달렸지만 의약품도 식량도 충분치 못했다. 게다가 미군의 공습으로 부상을 입기까지 했다. 폭탄 파편이 왼팔에 박혀 큰 부상을 입은 것이다. 군의관은 시게루에게 팔을 절단해야 한다고 했고, 결국 왼쪽 어깨와 팔꿈치 사이를 절단한다. 마취도 없이 하는 절단 수술의 극심한 고통에 시게루는 기절했는데, 담당 군의관은 외과가 아닌 안과 의사였다.

다음 날 정신을 차린 시게루는 격심한 통증에 시달린다. 마취약도, 제대로 된 수술 도구도 없는 상태에서 한 수술이었기에 절단 부분이 엄청나게 부어올랐고 상처는 좀체 아물지 않았다. 영양실조에 시달려서 머리털이 다 빠지고 피부병에 걸리고, 절단한 팔에 구더기까지 생겼다. 그야말로 죽음을 넘나드는 하루하루였다.

상처가 어느 정도 아물어서 혼자 돌아다닐 정도가 되자 시게루는 섬을 구석구석 탐색하기 시작한다. 다른 사람보다 훨씬 먹성이 좋은 그에게는 부족한 식량 배급이 무엇보다 큰 고통이었는데, 현지 원주민에게 담배를 주면 음식을 얻을 수 있다는 이야기를 병원에 있을 때 들었기 때문이다. 일본군은 허가 없이 현지 주민과 접촉하거나 교류하는 일을 엄히 금지했지만, 군법도 먹성 좋은 시게루의 배고픔을 막지 못했다.

정글을 헤매고 다니던 시게루는 한 원주민 소년과 만난다. 소년은 시게루를 자신이 사는 곳으로 데려갔고, 원주민들이 식사를 내오자 굶주린 시게루는 게 눈 감추듯 밥을 먹어치운다. 이후로 틈만 나면 그는 원주민들을 찾아가서 밥을 얻어먹었고, 그 덕분인지 점차 체력도 되찾고 상처도 빠르게 회복한다. 원주민들과 급속하게 친해진 시게루는 상관 몰래 군용 담요를 원주민들에게 가져다주곤 했는데, 물자가 부족한 때인 만큼 군용품 유용은 중범죄에 해당했다. 하지만 시게루는 전혀 개의치 않았고 원주민들과의 우정은 점점 돈독해졌다.

원주민들은 시게루에게 자기들과 함께 살자며 시게루를 위해 밭을 만들어주고 그에게 '바울'이란 이름도 붙여주었다. 일본에서는 학교생활에도, 사회생활에도 제대로 적응하지 못했고, 군대에서는 고문관 취급을 받던 시게루였지만, 낙천적이고 느긋한 생활을 하는 파푸아뉴기니에서 그는 평범한 인간이었다. 어쩌면 시게루는 도시 생활이나 조직의 톱니바퀴처럼 살아가야 하는 현대사회보다는 유유자적한 남국의 생활이 더 어울리는 사람이었을지도 모른다. 원주민들과 함께 보낸 시간은 그에게 천국처럼 느껴졌다.

일본으로 귀환하다

1945년 전쟁이 끝났다. 라바울에도 일본이 포츠담선언을 수락(사실상의 무조건 항복)하기로 했다는 발표가 전해지면서 부대별로 귀국 준비를 한다. 라바울에는 주둔 병력이 많았기 때문에 부대가 전부 귀국하는 데 1년 이상이 소요되었다. 이때 시게루는 심각한 고민에 빠진다. 원주민들과의 생활이 자기와 너무 잘 맞았고, 스스로도 만족스러웠기 때문이다. 원주민들도 친형제처럼 지내던 시게루에게 집을 만들어줄 테니 돌아가지 말고 같이 살자고 매달린다. 시게루는 고민 끝에 상관에게 "일본에 돌아가지 않고, 여기 남겠다. 여기서 제대시켜달라"고 탄원하지만, 팔 절단은 응급수술이라 일단 일본에 돌아가 제대로 된 병원에서 재수술을 받아야 한다는 군의관의 말에 결국 귀국을 결심한다. 일본으로 돌아가기 직전 시게루가 원주민들을 찾아가 귀국 사실을 전하자 원주민들은 눈물을 흘리며 슬퍼했다. 그리고 귀중히 여기던 개를 잡아서 그에게 만찬을 베풀었다.

시게루가 일본으로 돌아온 것은 1947년이 되어서였다. 그는 한쪽 팔을 잃었지만 살아서 돌아온 것만도 다행이라고 생각했고, 좋아하는 그림을 그릴 수 있는 오른팔이 멀쩡하다는 것을 위안으로 삼았다. 하지만 귀환하지 못한 상당수 유족들의 슬픔을 보고 다시 한 번 전쟁의 비참을 절실히 느낀다.

봉합 수술을 받은 시게루는 병원에서 무사시노 미술학교武藏野美術學校(1929년 창립된 미술학교로, 현 무사시노 미술대학의 전신이며 일본에서도 손꼽히는 미술 교육기관이다)의 입학생 모집 광고를 보고 지원을 결심한다. 경쟁률 1 대 1.02의 시험에도 불합격한 적이 있는 시게루에게 명문 미술학교 무사시노는 난관으로 여겨졌지만, 환자복을 입고 응시한 것이 심사 위원들의 마음을 움직였는지, 본인의 표현처럼 기적적으로 시험에 합격한다. 한동안 그는 병원에서 통학을 할 정도로 열심이었지만 시게루의 학생 생활은 길게 가지 못했고, 결국 중도에 학업을 포기한다.

그는 돈을 벌기 위해 생선 장사, 하숙집 경영에 손을 댔고 심지어 구

과거 일본 서민의 오락거리였던 그림연극. 고베의 하숙집에서 만난 그림연극 화가는 미즈키 시게루의 인생을 바꾼다.

걸도 했지만 성공한 것은 하나도 없었다. 그러다가 그가 경영하던 고베의 하숙집에서 만난 '그림연극紙芝居' 화가가 시게루의 인생을 바꾸어 놓는다. 그림연극이란 여러 장의 그림을 차례로 넘기면서 하나의 이야기를 해주는 것으로, 영화나 만화가 없던 1930년대 일본에서 인기를 끈 서민의 오락거리였다. 그림연극은 그림을 설명하는 이야기꾼이 따로, 그림을 그리는 사람이 따로 있었는데, 그중 그림 그리는 사람이 시게루의 하숙집에 들어온 것이다. 잘나가는 그림연극 화가는 돈도 많이 번다는 말에 시게루는 10장에 200엔을 받기로 하고 그림연극용 그림을 그린다. 그리고 이때부터 당시 그가 살던 미즈키 거리水木通り에서 이름을 따 '미즈키 시게루'라는 필명을 쓰기 시작한다.

그러나 당시에는 만화가 급속하게 성장하고 있었고 이미 그림연극은 사양길이었다. 쇠퇴하는 분야의 막차를 탄 시게루는 제대로 돈도 받지도 못해 생활이 점점 힘들어졌고, 빚을 내서 인수한 하숙집을 되팔아야 했다.

만화가로 전직하다

•

그림연극 화가로 6년간 생활했지만 도저히 생계를 이어갈 수 없어 고민하던 차에 시게루는 도쿄의 많은 그림연극 화가들이 만화가로 전향하고 있다는 소문을 듣는다. 도쿄로 간다고 뾰족한 수가 있는 것은 아니지만, 계속 제자리에 머물러 있다가는 아무것도 되지 않겠다는 생각에 시게루는 가족들과 헤어져 혼자 도쿄로 향한다. 당시 일본의 만화 유통 시스템에서 빠질 수 없는 것이 '가시혼야貸本屋'라 불리는 만화 대본소였다. 적은 돈을 내고 만화를 빌려볼 수 있는 곳이다.

이때부터 시게루는 대본소용 전문 만화 작가 일을 시작하는데 120페이지를 그리고 2만 7,000엔을 받는 조건이었다. 이때 살던 단칸방의 하숙비가 하루 두 끼를 포함해 월 7,000엔이었으므로 이 급여는 겨우 생계를 이어나갈 수 있는 수준이었다. 문제는 만화 한 권을 그리는 데 시간이 오래 걸렸다는 것이다. 첫 작품을 완성하는 데 무려 2개월 이상이 걸렸다. 그동안의 생활비가 없어서 가지고 있던 옷과 구두를 들고 전당포를 들락거려야 했고, 구두가 없어서 나막신인 게다를 신고 다녔다. 결국 그 구두를 되찾는 데 2년 이상, 양복을 되찾기까지는 10년 이상이 걸릴 정도로 가난한 생활을 했다.

데뷔작 『로켓맨ロケットマン』을 시작으로 10권 정도를 그렸지만 시게루의 생활은 개선되지 않았고, 원고료가 들어오기 며칠 전부터는 생활비가 떨어져 아무것도 먹지 못하는 보릿고개가 매달 이어졌다. 가난이 계속되는 이유가 비싼 월세 때문이라고 생각한 그는 도쿄 외곽에 있는 헐값의 집을 사기로 한다. 물론 구입 자금은 전부 빚이었다.

그의 집 마련 소식을 들은 부모는 한 여성의 사진을 들고 아들을 찾아온다. 서른일곱이 된 시게루에게 맞선을 보라는 것이었다. 맞선은 만화가로 좀더 자리를 잡은 다음에 하겠다고 그는 거절했으나 그러다가는 평생 장가를 못 간다는 부모의 강권에 고향으로 내려가 맞선을 본다.

맞선 상대가 마음에 든 시게루는 만난 지 불과 5일 후에 결혼식을 올린다. 당시는 연애결혼도 적었고 시골에서는 맞선만 보고 결혼하는 일도 드물지는 않았지만 그렇다고는 해도 그야말로 눈 깜짝할 사이에 해치운 결혼이었다. 시게루를 따라 도쿄로 올라온 신부는 조그만 집에서 극빈자처럼 생활하는 그의 모습을 보고 깜짝 놀란다. "그럭저럭 산다"는 이야기를 들었지만, 그 정도로 가난하게 살 것이라고는 생각지도 못했기 때문이다. 전쟁에서 팔을 다쳐서 정부에서 생활 지원금이 지급되긴 했지만, 형이 B급 전범으로 스가모 감옥에서 9년이나 징역을 살았고, 형의 가족과 부모님의 뒷바라지까지 해야 했기 때문에 생활고는 더욱 심각했다.

신혼인 두 사람은 상당히 힘든 시간을 보냈다. 출판사들은 약속한 원고료도 제대로 주지 않는 경우가 많았고, 한 달 걸려 그린 만화를 들고 가면 면전에서 이런 만화는 안 팔린다며 무안을 주기 일쑤였다. 하지만 그래도 먹고살려면 모든 것을 참아 넘기고 만화를 계속 그려야 했다. 전기료를 내지 못해 전기가 끊기기도 하고, 갈변한 바나나를 헐값에 사와서 끼니를 때우기도 했다. 한번은 세무서에서 소득 신고가 적다며 혹시 소득을 속이는 게 아니냐고 그를 찾아왔다. 시게루가 아무리 아니라고 해도 "이 돈으로 생활한다는 것은 말도 안 된다"고 하며 믿어주지 않자, 시게루는 "너희들이 우리 형편이 어떤지나 아느냐!"고 버럭 화를 내며 상자에서 종이 뭉치를 꺼내 던진다. 3센티미터 정도로 두껍게 쌓인 종이는 전당포에 물건을 맡기고 받은 보관증이었다. 그것을 본 세무서 직원은 아무 말도 못 하고 그 길로 돌아갔다.[3]

그를 구원한 만화 주간지 전성시대

•

결혼을 하고 딸도 태어났지만 시게루의 생활은 크게 달라지지 않았다. 계약한 출판사가 도산하거나 원고료가 깎이는 등 사정은 좀처럼 나아질 기미가 보이지 않았고, 장시간 노동에 시달리는 대본소용 만화 작가로 고달픈 생활을 계속했다. 그러던 그에게 드디어 변화가 찾아온다. 일본에 만화 잡지 붐이 일어서 만화 잡지가 대본소용 만화를 능가하는 큰 시장으로 성장한 것이다.

시게루도 『가로ガロ』라는 만화 잡지에 『기타로 야화鬼太郎夜話』 등의 괴담 만화를 게재하며 조금씩 지명도를 높인다. 잡지에 고정적으로 만화를 게재하고 받는 원고료는 괜찮은 편이어서 조금씩 희망이 보이긴 했

지만, 그래도 여유와는 거리가 먼 생활이었다.

그러던 어느 날 외출했다가 집으로 돌아오던 시게루는 '가네다마金靈' 라는 요괴를 목격한다. 가네다마란 동전 모양을 한 전설 속의 요괴로 이 요괴가 집 안으로 들어가는 것을 보면 재물운이 생긴다는 미신이 있었다. 혹시 무슨 좋은 일이 생길지도 모른다는 생각을 하며 돌아온 집에는 손님이 와 있었다. 일본을 대표하는 대형 출판사 고단 사에서 그에게 원고를 의뢰하러 온 것이었다. 고단 사의 만화 잡지 『소년 매거진』에 만화를 연재한다는 것은 일류 작가라는 뜻이자, 경제적으로도 훨씬 나은 생활을 의미했다. 그러나 우주를 소재로 한 SF 만화를 그려달라는 요청에 시게루는 "난 우주 이야기는 잘 못 그린다"며 거절한다. 잘 그릴 자신도 없으면서 눈앞의 이익만을 좇다 보면 제대로 된 작품을 그릴 수 없다고 생각했기 때문이다. 다행히 고단 사에서 그렇다면 그리고 싶은 것을 그려달라고 재요청을 했고 TV 속 세상과 인간의 세상을 넘나드는 소년의 이야기를 그린 단편 만화 『테레비군テレビくん』으로 1965년 시게루는 메이저 잡지에 데뷔를 한다. 가네다마 덕분인지, 그 이후로 『테레비군』이 제6회 고단 사 만화상을 수상하며 그는 일약 유명 작가의 반열에 오른다. 평생을 따라다니던 가난이라는 지긋지긋한 '요괴'와도 안녕을 고하는 시기가 찾아온 것이다.

수상 이후로 원고 의뢰가 엄청나게 늘면서 시게루는 행복한 비명을 지른다. 이 시기에 그의 대표적인 주인공 기타로가 잡지 『소년 매거진』에 등장한다. 대본소용 만화에서부터 등장하던 주인공이었으나, 한쪽 눈만 있는 요괴 소년 기타로가 큰 인기를 얻은 것은 1968년에 애니메이션으로 제작되면서부터다. 만화의 첫 제목은 『묘지의 기타로』였는데, 묘지라는 말의 어감이 좋지 않다는 의견이 많아 애니메이션으로 만들어질 때는 〈게게게의 기타로〉로 제목이 정해진다. 여기서 '게게게'는 요괴 이야기를 자주 해주던 논논 할머니가 시게루를 부를 때 쓴 이름으로, 시게루의 어릴 적 별명이기도 하다.

기타로와 일본의 요괴 문화

기타로는 묘지에서 태어난 요괴다. 소년의 모습이지만, 실제 나이는 350세이며 앞으로 내린 머리카락 사이로 오른쪽 눈만 내놓은 게 기타로의 특징이다. 또 그는 요괴지만 인간의 친구이기도 하다. 요괴의 세계는 인간의 세계와 분리되어 있는데, 그 영역을 넘나들며 인간 세계에 해를 끼치는 요괴도 등장한다. 그런 요괴들을 퇴치하는 것이 바로 기타로라는 '착한 요괴'다. 시게루가 묘사하는 요괴 세상에는 지내온 인생의 경험과 고뇌가 그대로 스며들어 있다. 어려서부터 논논 할머니에게 들은 요괴 이야기, 그 이야기를 듣고 상상한 요괴들이 사는 미지의 세계, 몇 번이나 느낀 초자연적인 힘, 전쟁터에서 보고 겪은 생과 사의 세계 등이 버무려져 '요괴의 세계'가 탄생한 것이다.

원래 초기의 기타로는 인간의 친구만은 아니었다. 그는 인간에게 두려움의 대상이기도 했고, 그가 인간을 미워하기도 했다. 이는 전쟁터에서 겪은, 서로 죽고 죽이는 인간들에 대한 작가의 원망과 낙담의 표현일지도 모른다. 하지만 기타로는 인간을 도와 질서를 어지럽히는 요괴를 퇴치하

〈게게게의 기타로〉의 주인공 '기타로'. 350세로 머리카락 사이로 오른쪽 눈만 내놓은 모습이 특징이다.

는 정의의 주인공으로 점차 바뀌어갔고, 그러면서 자연스럽게 많은 인기를 얻는다. 현재 기타로는 일본을 대표하는 만화 캐릭터 중 하나로, 지금까지 애니메이션으로 다섯 차례, 실사 영화로 두 차례나 만들어지는 등 엄청난 사랑을 받고 있다.

그뿐만 아니라, 시게루는 일본 각지의 전설과 괴담을 채집해서 요괴 사전을 만들어 독자에게 소개하는 등의 활동으로 요괴에 대한 인식과 관심을 높이는 데 큰 공헌을 했다. 요괴란 말을 대중화한 것도 그의 만화였고, 시게루가 만들어놓은 요괴 사전과 관련 정보는 이후 만화나 그림뿐만 아니라 민속학에도 커다란 영향을 끼쳤다. 혹자는 그를 일본 요괴 문화의 계승자이자 창조자로 평가할 정도다.[4] 요괴에 대한 그의 호기심과 탐구욕은 유별나서 중국, 인도, 남태평양, 미국을 직접 찾아가서 괴담과 전설을 수집하는 수고도 아끼지 않았다.

한창 인기 작가로 명성을 얻으며 바쁜 생활에 쫓기던 시게루는 1970년에 결국 과로로 쓰러진다. 그때 그에게 오랫동안 잊고 있던 남태평양 라바울의 향수가 되살아난다. 그동안 일에 쫓기며 정신없이 살아왔지만 그의 마음속에는 늘 라바울 원주민들과의 기억이 남아 있었다. 아름다운 자연과 마음씨 좋은 친구들, 현대 도시 사회에서는 느낄 수 없는 평화로움. 인기 작가가 되어 스케줄에 치이는 생활이 계속 되자 한때 그의 마음을 사로잡았던 남태평양의 섬에 대한 향수가 생긴 것이다. 결국 시게루는 전우 2명과 함께 25년 만에 라바울을 찾아갔는데 그는 거기서도 신기한 경험을 한다. 만리타향에서 목숨을 잃은 전우들의 혼을 달래기 위해 가져간 술을 정글에 뿌리자 갑자기 수백, 수천 마리의 나비 떼가 나타난 것이다. 그것을 본 세 사람은 분명 그것이 전우들의 영혼이라고 생각했고, 그날 밤 셋은 같은 꿈을 꾼다. 해골들이 "우리 삶은 스물 무렵에 끝났다고……"라고 외치는 꿈이었다.[5]

다음 날 예전의 원주민 친구들을 찾아나선 시게루는 우여곡절 끝에 그들과 감격의 상봉을 한다. 라바울을 잊지 못한 그는 도쿄로 돌아와서도 그곳이 생각이 나, 라바울에 가서 살자고 가족들을 설득하지만 결국 그렇게 되지는 못했다. 그렇지만 그 이후로도 수십 번씩 라바울을 찾을 정도로 남태평양의 섬과 원주민에 대한 그의 애정은 깊었다.

데즈카 오사무 vs 미즈키 시게루

시게루가 만화 잡지 연재로 겨우 이름을 알리던 시절, 데즈카 오사무는 이미 만화계의 슈퍼스타였다. 하지만 일본에서 가장 성공한 데즈카 앞에서도 시게루는 결코 주눅 들거나 하지 않았다. 기본적으로는 존경의 태도를 보였지만, 그에게 데즈카는 라이벌이자 넘어야 할 산과 같은 존재였다. 그는 데즈카 오사무의 만화를 '장난감 만화'라고 했고, 자신의 만화를 '그림으로 보는 소설'이라고 칭했다.[6] 어린아이들은 장난감이 없으면 심심해하고 따분해한다. 장난감을 주면 장난감에 정신이 팔려 집중하긴 하지만, 그것은 오래 가지 않고 어른이 되면 오히려 장난감을 가지고 노는 것을 부끄러워한다. 시게루는 데즈카의 만화를 그런 장난감으로 본 것이다. 그가 데즈카의 만화를 비하했다기보다는 데즈카 만화의 성향과 역할이 본인의 만화와는 다름을 강조했다고 할 수 있다.

시게루는 그림으로 보는 소설과 같은 만화를 추구했다. 1970년대까지만 해도 어른이 만화를 보는 것은 창피한 행동이었고, 만화는 청소년기에 졸업해야 하는 문화였다. 하지만 시게루는 만화에 단순한 코미디, 액션, 공상을 넘어서는 사회성을 담은 스토리를 담아, 만화를 어른이 되어서도 찾을 수 있는 문화로 만들려 했다. 예를 들어 그의 대표작 중 하나인 『코믹 쇼와사コミック昭和史』에는 그림뿐만 아니라 역사에 대한 설명과 기술이 빼곡하다. 나이가 어린 학생들은 글씨가 많은 만화를 싫어하기도 하지만, 이 책은 작가의 진솔한 역사 체험과 당시 시대상에 대한 자세한 설명이 어우러져 훌륭한 역사 교재 역할도 하고 있다. 어른이 읽기에 부끄러운 책이 아니라, 오히려 어른이기 때문에 더 감동받는 만화인 것이다. 그런 점이 더욱 높게 평가받아 1989년, 시게루는 다시 한 번 고단 사 만화상을 수상하는 영광을 누린다.

1991년, 미즈키 시게루는 그간의 공로와 업적을 인정받아 천황에게 훈장을 받는다. 이는 오랜 시간 역경을 이겨온 그에게 더할 나위 없는 영광이었다. 또한 1993년에는 고향인 돗토리 현의 사카이미나토 시에 미즈키 시게루 로드Road가 조성되어, 그의 만화에 등장하는 주인공들의 조각과 그림으로 그곳이 가득 채워진다. 이곳은 현재까지 돗토리 주민과 관광객들에게 많은 사랑을 받고 있다.

2003년에는 사카이미나토 시에 미즈키 시게루 기념관이 들어섰다. 마찬가지로 미즈키 시게루는 그해에 제7회 데즈카 오사무상을 받았고, 정부는 그에게 두 번째 훈장을 수여했다. 또한 2010년에는 돗토리의 요나고 공항의 애칭을 공식적으로 '요나고 기타로 공항'으로 정하는가 하면, 시게루의 부인이 집필해 베스트셀러가 된 『게게게의 부인ゲゲゲの女房』이 TV 드라마로 만들어져 방영되기도 했다.

ⓒ Aimaimyi

미즈키 시게루의 고향인 돗토리 현 사카이미나토 시에 조성된 미즈키 시게루 로드. 이곳은 1993년에 조성되어 지금까지 현지 주민과 관광객에게 사랑을 받고 있다.

그를 구원한 구세주, '만화'

•

만화 왕국인 일본이니만큼 유명한 만화가나 성공한 만화가는 무척 많다. 하지만 미즈키 시게루가 일본 사회에서 가지는 의미는 조금 특별하다. 독자들을 사로잡은 기발한 내용과 줄거리나 요괴라는 소재를 집대성하고 보급했다는 점도 그렇지만, 무엇보다도 모든 집단에서 놀림당하고 구박을 받으면서도 자기가 하고 싶은 일을 위해 노력을 아끼지 않았다는 점이 그렇다.

어쩌면 만화는 그를 구원한 구세주일지도 모른다. 만약 그가 인쇄소

ⓒ 연합뉴스

'평생 현역' 미즈키 시게루. 어려서부터 가난에 시달렸고 전쟁에서 한쪽 팔을 잃는 시련을 겪으면서도, 그는 단 한 번도 타고난 낙천성을 잃지 않았다. 그런 그의 품성에 가장 잘 어울리는 표현 수단이 바로 만화였고, 만화는 결국 그를 구원했다.

일이나 신문 배달을 계속했다면 여전히 실수를 연발하는 골칫덩이였을 테고, 미술학교에서 미술을 계속했다면 화가가 될 수는 있었겠지만 스토리를 만들어내는 작가적 상상력은 써먹지 못했을지도 모른다. 또한 그림연극 화가로 남았다고 한들 빈곤에 허덕이며 요괴에 대한 열정을 풀 길이 없었을 것이다. 그에게는 만화야말로 그림의 재능과 작가적 상상력, 요괴에 대한 지식과 열정을 모두 활용할 수 있는 장르였다.

평생 현역을 고집하며 90세가 넘은 지금도 활동 중인 그는 이미 자신이 들어갈 묘지를 만들어놓았다. 그 묘석에는 작품의 주요 등장인물인 '기타로'와 '쥐 사나이'를 필두로 14마리의 요괴가 돌에 조각되어 있다. 어려서부터 묘지에서 놀고 그곳을 돌아다니는 것을 좋아한 시게루가 가족들이 놀러 가서도 즐길 수 있는 무덤을 원했기 때문이다. 그에게 무덤이란 슬픔과 이별, 아쉬움의 장소가 아니라 호기심과 즐거움, 기대의 장소인 것이다.

일본 TV 토론의 권력자

다하라 소이치로

전쟁이 남긴 상처, 혼란과 불신

•

한때 한국의 대표적인 토론 프로그램이라면 MBC의 〈100분 토론〉과 KBS의 〈생방송 심야토론〉을 꼽을 수 있었다. 두 프로그램 모두 여러 명의 사회자가 거쳐갔으나 그중에서도 높은 평가와 더불어 사회적 영향력을 보여준 〈100분 토론〉의 손석희, 〈심야토론〉의 정관용을 빼놓을 수 없다. 토론 문화가 약하다는 지적을 받는 한국 사회에서 두 사람이 진행하는 토론 프로그램은 수많은 이슈를 만들어내며 사회문제에 대한 시청자들의 관심을 높이는 등 한국 사회에 많은 영향을 끼쳤다. 그동안 다룬 정치, 경제, 문화, 역사 문제는 큰 화제를 불러일으키기도 했고, 프로그램에서 나온 발언이나 발표가 사회적 화두로 떠오른 적도 적지 않았다.

그렇다면 이웃 나라 일본을 대표하는 토론 프로그램은 어떤 것일까? 일본을 대표하는 토론 프로그램은 TV아사히テレビ朝日의 〈아침까지 생방송朝まで生テレビ〉이다. 매주 토요일 새벽 1시 25분부터 새벽 4시 25분까지 세 시간 동안 방송되는 프로그램으로 일본 사회의 정치, 경제, 문화, 외교, 스포츠, 과학 등 거의 모든 분야의 소재를 다룬다. 금기가 없는 방송을 지향하다 보니 일반 방송이나 신문이 다루지 못하는 민감한 부분을 건드릴 때가 많은데, 이 방송의 주도권을 쥐고 새벽 시간의 일본 열도를 뜨겁게 만드는 사람이 바로 다하라 소이치로田原總一朗다. 다하라는 일본 방송계에서 카리스마적인 존재로 그 위상과 영향력은 상당히 크다. 왕성하게 활동하는 현역 언론인 중에, TV에서 다하라 정도의 영향력을 보여주는 저널리스트는 일본에 없다고 해도 과언이 아니다.

1934년 시가 현의 중산층 가정에서 태어난 다하라는 소년기에 전쟁을 경험한다. 전시 체제하에서 교육받은 당시의 많은 소년이 그랬듯 그 역시 장래에 군인이 되겠다는 꿈을 품었으나 1945년 전쟁이 끝나서 그 꿈은 이루지 못했다.

전쟁이 끝나자 민족주의적이며 군국주의적이던 학교 교육은 하루아침에 GHQ의 감시와 검열 아래 이루어지는 교육으로 180도 변했다. 어제까지는 국가와 천황에 대한 충성과 헌신을 미화하고, 미국과 영국을 악의 제국이라고 가르치던 교사들이, 연합군이 일본에 진주하자 별안간 미국과 영국의 민주주의를 찬양하고 일본의 군국주의를 비판하는 모습으로 바뀐 것이다. 당시 학생 중에는 기성세대의 이런 급격한 변화에 큰 혼란을 일으킨 사람이 적지 않았다. 손바닥 뒤집듯 세상에 대한 정의定義

가 바뀌는 것을 보고 기성세대에 대한 불신과 허무를 맛보았다. 사실 교사들은 단순한 '사상의 전달자'에 지나지 않았다. 전시 중에는 일본 군부가 원하는 내용을 가르칠 수밖에 없었고, 전쟁이 끝나자 이번에는 연합군이 강요하는 내용만을 가르쳐야 했다. 다하라 역시 사회의 이런 급격한 변화를 겪으면서 교사와 학교를 불신하게 되었고, '내 눈으로 직접 확인하지 않으면 믿을 수 없다'는 강한 신념이 생기는데, 이것이 그를 저널리스트로 만든 시발점이었다고도 할 수 있다.

고교 졸업 후 도쿄로 상경해 취업한 다하라는 와세다대학 야간부에 입학해서 주경야독하는 생활을 하다가 한 가지에만 전념하기로 하고, 회사를 그만두고 대학도 주간 과정으로 재입학해서 본격적으로 학생 생활을 한다.

1960년, 대학 졸업을 앞둔 다하라는 취업 활동에 나선다. 다른 학생들보다 훨씬 오래 학교를 다닌 탓에 스물여섯에 졸업을 했고, 연령 제한 때문에 일할 수 있는 곳이 별로 없었다. 8번을 떨어진 끝에 9번째에 도전한 곳이 다큐멘터리 영화나 회사의 홍보용 영화를 만드는 이와나미 영화 제작소岩波映畵製作所였다. 면접을 보러 간 이와나미 영화제작소에는 30여 명이나 되는 지원자가 있었고, 아침 9시에 시작된 면접은 점심때가 다 되도록 차례가 돌아오지 않았다. 이때 다하라는 대기하던 지원자들을 대상으로 작은 선동을 시작한다.

"회사에 점심을 제공해달라고 요구하자!"

좌충우돌하며 할 말은 하는 다하라의 성격이 잘 드러나는 행동이었다. 칼자루를 쥔 회사와 면접관 앞에서 면접자는 약자가 되는 것이 일반적인데, 과감히 권리를 주장하고 나선 것이다. 하지만 다른 지원자들은 회사 측에 밉보이는 것을 주저했는지 감히 나서지 못했고, 단 1명만이 "그거 당연합니다. 요구합시다"라고 동조했다. 유일한 동조자는 후일 극작가로 활약하는 시미즈 구니오였는데, 두 사람은 결국 라면을 얻어먹는다. 이때 보여준 배짱이 좋은 평가를 받았는지 두 사람 모두 입사에 성공한다.[1]

이와나미 영화제작소에 입사해 카메라와 처음 연을 맺은 다하라는 3년간 과학 교양 영화를 연출하면서 실력을 쌓은 뒤, 1963년 11월 개국을 눈앞에 둔 도쿄의 TV 방송국 '도쿄12채널'에 입사해 PD로 활동하며 사회문제에 관심을 기울이게 되었다.

당시 일본 사회의 젊은 세대와 지식층이 그랬듯 그도 마르크스주의와 소련, 사회주의에 관심이 많았고, 당시 학생들처럼 일본의 자민당 정권과 미국에 불신을 품고 있었다. 일본 내 사회문제는 자본주의 사회가 지닌 근본적인 모순 때문이며 사회주의 국가인 소련은 부조리와 착취가 없는 평등한 국가라는 막연한 믿음이 있었던 것이다. 하지만 그런 환상이 깨지는 데에는 시간이 얼마 걸리지 않았다. 1965년 세계 다큐멘터리 회의에 참가하기 위해 소련을 방문한 다하라는 소련이 생각과는 달리 비효율적이고 언론의 자유가 없는 숨막히는 사회라는 것을 직접 체험했다. 이 방문은 언론이나 소문 등을 통해 접하는 정보의 부정확성을 깨닫고, 사회주의에 대한 환상에서 깨어나게 되는 중요한 계기가 되었다.

일본에서 가장 과격한 다큐멘터리 연출가

•

다하라는 이후로 TV 디렉터로 활동하며 두각을 나타내게 되는데, 그가 세상의 주목을 끌기 위해 사용한 방법은 센세이셔널한 '깜짝쇼' 였다. 그는 도쿄12채널에서 주로 다큐멘터리 프로를 담당했는데, 충격적이고 과격한 내용을 그대로 여과 없이 취재하고 방송함으로써 일약 유명 디렉터로 이름을 떨치게 되었다.

그가 취재한 내용은 어떤 것이었을까. 예를 들면 말기 암에 걸린 영화배우의 현재부터 죽음까지의 전 과정을 추적한 작품에서는 주인공인 환자가 여자를 성추행하려고 하는 장면이나 국회의사당을 향해 총을 쏘는 장면이 나오고, 그가 사망 후 관에 들어가 있는 모습까지 전파로 내보냈다. 한편, 포르노 여배우를 노인 복지시설에 데리고 간 뒤 80대 노인과 포옹과 애무를 나누게 해서 '30년 만의 발기' 를 성공시키는 내용이 있는가 하면, 히피들의 나체 결혼식을 취재하기 위해 취재 스태프들이 전부 나체가 되기도 했다. 이 과정에서 프리섹스주의자였던 신부와 실제 성교를 하는 등 1960년대 일본에서는 상상도 하지 못할 파격적인 프로를 연달아 만들어냈다. 이 방송은 시청자의 폭발적인 반응을 불러일으켰고, 일약 화제의 연출가로 이름을 널리 알렸다.

다큐멘터리 방송에서 가장 중요한 것은 사실성이지만, 그는 일부 연출을 가미하는 등 덧칠을 하기도 했다. 그에게 최우선 과제는 사실의 전달이라는 다큐멘터리 본래의 역할보다는 시청률이었기 때문이었다. 다하라는 TV에서 살아남기 위한 세 가지 방법을 말한 적이 있다. 그중 첫 번째가 시청률, 두 번째가 시청자들에게 좋은 평가를 받는 것, 세 번째는 광고주가 붙어 있게 하는 것이다. 일본 TV는 방송 프로그램마다 스폰서라 불리는 대기업 광고주들이 있는데, 기업을 비판하는 내용이거나 시청률이 낮을 경우 기업들이 광고에서 손을 떼는 것이 보통이다. 이것은 방송국으로서는 돈줄이 막히는 것을 의미한다. 그렇다고 기업의 비위만 맞추다가는 시청자들의 불만이 쌓여서 시청률이 떨어진다. 하지만 과격하면서도 언제나 화제를 부르는 다큐멘터리는 시청자와 스폰서 양쪽을 만족시켰다. 어쩌면 이 시기부터 그는 사람들이 어떤 것에 주목을 하고, 어떤 것에 일희일비하며, 어떤 것에 박수를 치고, 어떤 것에 분노하는지를 꿰뚫어보고 시청자라는 군중의 본성을 정확히 파악하고 있었는지도 모른다.

프리랜서를 선언하고 저술가로 활약하다

방송계에서 10년 이상 경력을 쌓은 다하라는 1976년 도쿄12채널을 떠나 프리랜서 저널리스트로 변신, 여러 방송국에 출연하는 한편 평론가로서 왕성한 활동을 펼친다. 『주오고론中央公論』이나 『분게이슌주文藝春秋』 같은 정평 있는 잡지에 기고를 하거나, 저서를 내면서 방송 연출가에서 점차 비평가, 저널리스트로 영역을 넓혀갔다. 방송국 시절 '사람들의 호기심과 관심을 끄는 소재'를 발견하는 능력을 터득한 그는 펜으로 승부하는 분야에서도 많은 주목을 받았는데, 그를 유명하게 만든 글 중 하나가 바로 한국 경제에 관한 기고문이었다.

1970년대 일본에서 가장 이미지가 나쁜 국가는 한국이었다. 사회주의와 마르크스주의를 신봉하며 미국에 반감을 품은 좌파 계열 언론인이 많은 일본에서, 언론이 한국을 부정적으로 보도했기 때문이었다. 일본 언론이 박정희의 쿠데타와 장기 집권, 김대중 납치 사건 등을 부각시켜 독재와 횡포의 이미지를 강조하는 형태로 보도했기 때문에 일본인은 한국에 대해 공포의 독재 국가, 반민주 국가라는 인상을 받았다. 반면, 북한은 한국과는 정반대 이미지여서 김일성의 지도 아래 조국 재건의 활기에 넘치는 국가로 비쳐지고 있었다. 이것은 언론뿐만 아니라 당시 많은 일본 지식인들이 가진 인식이기도 했다. 실제 당시 일본 지식인 중에 북한에 다녀와서 칭찬 일색의 기행문을 남기거나 한국을 미군의 지배를 받는 괴뢰 국가처럼 묘사하는 사람들도 있었다.

어느 날 다하라는 금융 문제에 대한 글을 쓰기 위해 취재를 하다가 관계자들에게 의외의 이야기를 듣게 되었다. 미국이나 유럽의 경제 잡지들이 눈부시게 발전한 한국 경제에 대한 특집 기사를 연달아 싣고 있다는 이야기였다. 당시 일본 사회에 퍼져 있던 일반 상식으로는 말도 안 되는 소리였다. 독재에 신음하는 한국이 엄청난 경제 성장을 보이고 있다니? 소문의 진위를 직접 확인하기 위해 다하라는 한국으로 건너와 경제기획원, 현대조선소, 포항제철을 둘러보고 많은 사람을 인터뷰하며 금융과 경제 관계자들의 말대로 한국이 비약적으로 발전하고 있다는 것을 확인한다. 그리고 한 가지 결론을 내린다.

'정치적으로는 문제가 많이 남아 있지만, 경제가 비약할 만한 성장을 거둔 것은 사실'[2]이라는 것이었다. 21세기의 상식으로는 누구나 다 아는 뻔한 사실이지만, 1970년대의 일본에서는 상식이 아니었다. 다하라는 한국의 경제 발전에 대한 내용이 담긴 리포트를 1977년 월간 『분게이슌주』에 발표했다. 그러자 놀랍게도 엄청난 비난과 항의와 규탄이 빗발쳤다. 한국 군사 정부의 프로파간다 선전만 조사하고 온 것 아니냐는 비난부터 기생 접대라도 받고 한국 정부가 불러주는 대로 쓴 것 아니냐, 또 다하라가 한국 중앙정보부에 매수된 것 아니냐는 등 한마디로 '못 믿겠다'는 반응이었다. 한국에 와본 적이 없는 학생이나 지식인과 일반인이 볼 때 다하라의 리포트는 거짓말이었다.

당시 일본 사회는 공산당, 사회당 등 좌파 정당뿐만 아니라 지식인층에서도 반한 친북 분위기가 강했고, 그들은 언론을 통해 한국의 정확한 현실보다는 부정적인 내용을 전달했다. 이후 다른 언론사와 작가들의 후속 기사나 검증 기사를 통해 그의 리포트가 사실이라는 것이 증명되긴 했으나, 다하라는 몇 달간 제대로 글을 쓰지도 못할 정도로 비난에 시달렸다.

TV토론의 새로운 변신 〈아침까지 생방송〉

그가 일본 사회를 대표하는 평론가로 확고하게 자리매김하게 되는 데는 역시 TV의 역할이 컸다. 1986년 TV아사히 편성국장에게 전화가 한 통 걸려온다. 새벽 시간대 프로그램에 대한 조언을 구하는 전화였다. 당시 일본에서 새벽 1시부터 6시까지는 시청률이 낮은 시간대였기 때문에 옛날 외화를 재탕하거나 무명 여성들의 노출로 볼거리를 만들어 시간을 때우는 경우가 많았다. 하지만 그 역시 시청률과는 거리가 멀어서 그야말로 버려진 시간대였다.

편성국장은 지금까지 수많은 파격적인 기획을 만들어온 다하라에게 조언을 구한 것이다. 편당 제작비는 1,000만 엔. 심야 시간대라고는 하지만 조명, 촬영, 음향 스태프 등의 인건비를 생각하면 몸값이 비싼 유명 연예인을 부를 수도 없고, 그렇다고 다큐멘터리 프로를 만들 수 있는 금액도 아니었다. 다하라가 고민 끝에 내놓은 아이디어는 한 가지 문제에 대해서 새벽까지 철저하게 의견을 교환하고 문제의 원인을 규명하는 집단 토론 프로였다. 이름하여 〈아침까지 생방송〉. 편성국장의 적극적인 찬성 하에 다하라가 진행을 맡고 정치, 경제, 천황제, 부락민 차별 문제 등 일본 사회의 가장 위험하고 민감한 문제를 다루었다. 애초에 시청률 1퍼센트만 나와도 잘 나올 것이라는 예상을 깨고 무려 시청률 4퍼센트를 기록하는 인기 방송이 되었다. 새벽 시간인데도 시청자들의 의견 전화가 1,000통 넘게 걸려올 때도 있었다.

1987년부터 다하라가 사회를 맡은 심야 토론 프로 〈아침까지 생방송〉과 1989년부터 맡게 된 일요일 오전의 보도 프로그램 〈선데이 프로젝트Sunday Project〉는 민감한 사회문제에 대한 날카로운 질문과 때로는 독선적으로 보이는 진행이 화제가 되며 큰 인기를 끌었다. 초대 손님은 전·현직 수상, 장관, 저명한 지식인들이었고 다른 방송국이나 프로에서는 다루기 힘든 무거운 주제들이 주를 이루었다.

토론과 보도 프로그램의 진행자는 상대방을 존중하고 사회자로서 중립성을 가져야 한다. 다하라의 스타일은 그런 이상적인 모습과는 거리가 멀었다. 말을 중간에서 끊는가 하면, 그 자리에서 출연자에게 윽박을 지르거나 무안을 주기 일쑤였다.

한번은 패널로 참석한 출연자에게 "당신, 쇼토쿠태자聖德太子는 알고 있는가"라는 말을 해서 상대방을 격노하게 만든 적도 있다. 쇼토쿠태자는 일본 고대국가의 기틀을 닦은, 일본에서 유명한 역사 인물 중 한 사람으로 초등학생도 아는 사람이다. 다하라의 말은 상대방을 모욕하고 바보로 취급하는 발언으로 들릴 수 있었다. 한국으로 치면 "당신, 세종대왕은 알고 있나" 정도의 표현이었기 때문이었다. 이 발언에 상대방이 벌컥 화를 내자 이번에는 상대를 '인격 파탄자'라고 해서 더 흥분시키기도 했다. 갑자기 흥분해서 생방송 중에 소리를 지른 출연자도 분명 책임이 있지만, 중립을 지켜야 할 사회자가 출연자를 자극한 책임이 더 컸다. 하지만 이것이 다하라의 스타일이었다.

다하라는 대중의 생리를 일찍이 꿰뚫고 방송 중에 해프닝을 적절하게 활용해서 자신의 프로그램을 한 편의 드라마로 만들었다.

토론 프로그램 진행자가 방송 중에 자신의 의견을 강하게 주장하거나 반대 의견에 대해 호통치는 것은 분명 경솔한 행동이지만, 생방송 중에 생기는 해프닝, 싸움, 호통은 시청자들을 자극해서 시청률을 올릴 수 있다. 사실 점잖고 잔잔하게만 흘러가는 토론 프로그램은 그다지 인기가 없다. 누군가 말실수를 하거나, 상대를 망신 주거나, 웃음을 자아내거나, 토론 도중 감정을 자제하지 못하고 버럭 화를 내는 해프닝이 있어야 시청자들이 TV 앞으로 몰려든다. 다시 말해서 '바른생활 사나이' 만 출연해서는 재미와 시청률을 얻을 수 없다. 마초 같은 가부장적 남성, 권리만 주장해서 이기적으로 비치는 페미니스트, 버릇없는 젊은이, 나이로 권위를 주장하는 고집쟁이 노인, 웃음거리가 되는 사람, 웃음거리를 만드는 사람 등 다양한 캐릭터가 섞여 냉정보다는 열정을 드러내야 시청자들이 즐거워한다.

방송국은 그런 점을 적절히 고려해서 출연자들을 섭외하기도 하는데, 다하라는 직접 방송 안에서 총지휘를 해서 토론 프로그램을 한 편의 드라마틱한 작품으로 만들었다. 그는 자칫 지루하기 쉬운 토론 프로그램에 어떤 것이 필요한지를 본능적으로 정확히 알고 있었다. 그가 말실수나 부적절한 진행을 한 적도 적지 않지만, 일주일 후의 방송에서 짤막하게 사과하는 것으로 끝내는 경우가 많았다. 하지만 사과는 순간이고 시청률은 남았다.

깡마른 체구에 날카로운 눈빛을 지닌 백발의 사회자가 주는 위압감은 상당해서 달변이거나 성깔 있는 것으로 알려진 사람들도 그의 프로그램에 나오면 굴욕을 당하기 일쑤였다. 그런 다하라의 캐릭터는 자신이 진행하는 프로뿐 아니라, 다른 사람의 프로에 게스트로 출연했을 때도 마찬가지였다. 마치 두려울 것 없는 천상천하 유아독존의 자세였다.

일본 정치를 흔드는 TV 토론의 위력

1990년대 이후 TV를 통해 확실한 스타 진행자가 되면서 정치권에 대한 다하라의 영향력은 더욱 커졌다. 그는 2007년 경제 주간지 『주간 다이아몬드週刊ダイヤモンド』와의 인터뷰에서 다음과 같이 말한 바 있다.

"나는 지금까지 3명의 수상을 사퇴하게 만들었다. 예를 들면 (방송 중) 하시모토 전 총리는 3분간 혼쭐이 났다. 얼굴은 창백해지고, 진땀을 뻘뻘 흘렸다."

다하라는 방송을 하면서 상대방을 당황하게 만들거나, 흥분해서 본심이 흘러나오도록 자주 도발한다. 1996년부터 1998년까지 총리대신을 지낸 하시모토 류타로가 혼쭐이 난 것은 무엇 때문이었을까. 방송 중 세금 문제에 대해 다하라가 난처한 질문을 계속하자, 수상 하시모토가 적절히 대답을 못해 허둥댔고, 방송을 본 사람들 사이에서는 그런 수상의 모습에 실망과 비판의 목소리가 터져나왔다. 이후 여론이 급변해 당초 우세로 점쳐지던 참의원 선거에서 하시모토가 이끄는 자민당이 패배했고, 그는 책임을 지고 총리직을 사임했다. 이것을 두고 다하라는 자신이 일본 수상을 사퇴하게 만들었다고 하는 것이다.

그의 프로그램에 출연하거나 다라하가 한 취재나 인터뷰를 통해서 총리들의 인기가 내려가거나 문제가 더욱 확대된 적이 있다는 사실은 부정할 수 없다. 하지만 그와 동시에 저널리스트로서 다하라의 권력이 커지면서 자신감과 오만 역시 비판을 받았다. 또한 금기와 성역에 도전하는 것을 입버릇처럼 말하면서 정작 권력자에 대한 비판에는 인색하다는 지적도 있다. 이시하라 신타로 전 도쿄 도지사, 오부치 게이조 전 총리, 고이즈미 준이치로 전 총리, 아베 신조 현 총리에게는 굉장히 우호적인 면을 보기 때문이다. 특히 고이즈미 정권에 대해서는 그의 개혁 정책과 총리의 야스쿠니 신사 참배에 대한 신념을 높이 평가하는 등[3] 상당히 우호적이었다.

사타카 마코토는 사회, 경제 문제에 정평이 있는 일본의 저명 저널리스트로 다하라가 진행을 맡은 프로그램에도 여러 번 패널로 출연한 바 있다. 그런 두 사람이 고이즈미 준이치로 총리의 정책을 둘러싸고 격론을 벌인 적이 있다. 사타카는 개혁을 가장한 고이즈미의 기만적인 정책을 준엄하게 비판했는데, 다하라는 고이즈미를 높이 평가하며 옹호하는 입장이었다. 사타카의 불만은 다하라가 친하거나 지지하는 사람에 대해서는 솜방망이식 비판을 하며, 핵심은 피해간다는 것이었다. 그리고 자민당 수뇌부와 필요 이상의 밀착 관계를 맺는 것이 과연 저널리스트에게 합당한가 하는 비판이었다. 또한 다하라가 하는 행동은 결국 고이즈미 정권의 나팔수 같은 것이라며, 고이즈미의 실정과 책임에 대한 비판에 인색한 것을 추궁했다.

다하라는 자신이 특정 상대를 옹호하거나 편파성을 보이지 않는다고 강변했다. 하지만 자신의 출판기념회에 고이즈미에 이어 총리에 오른 아베 신조를 초대하고, 야스쿠니 신사에 참배를 하는 것을 '일본의 아이덴티티'라고 긍정적으로 평가하는 등 정권 지향적인 처신에 대한 명쾌한 해답은 되지 못했다.

일본 미디어를 지배하는 덴쓰와의 친분

•

2011년 11월 20일 일본 사회의 거물 한 명이 세상을 떠난다. 그 이름은 나리타 유타카成田豊. 1929년 대한민국의 충남 천안에서 태어나 일본 최대의 광고 회사 덴쓰電通의 회장을 지낸 대표적 친한파였다. 그를 설명하기 위해서는 먼저 일본 미디어를 장악한 덴쓰라는 기업을 이해해야 한다. 간단하게 설명하면 덴쓰는 일본의 TV, 신문 등의 매체와 대기업 광고주를 연결해주는 회사이며, 매체의 수입에 막대한 영향력을 가지고 있다. 매체 입장에서는 경찰이나 정부보다 눈치를 봐야 하는 곳이 바로 덴쓰다. 그뿐만 아니라 올림픽, 엑스포 같은 국제 이벤트나 정부의 해외 홍보 기획에도 참여하는 등의 활동으로 일본에서 매우 큰 힘을 가지고 있는 기업이다.

덴쓰는 한국과도 알게 모르게 관련이 많다. 2002년 월드컵을 유치할 때 단독 개최를 준비하던 일본 축구협회의 분위기를 '한일 공동 개최'로 이끈 것이 바로 나리타 회장이기 때문이다. 이후 그는 한일 교류 행사에서 여러 번 위원장을 맡는 등 '한류 확대'에 큰 역할을 한 공로로 2009년 한국 정부가 외국인에게 주는 최고 훈장인 수교훈장 광화장을 받기도 했다. "그는 88올림픽이나 1993년 대전 엑스포 때 협찬사 모집에 앞장섰고, 2002년 한일 월드컵 공동 개최 실현을 물밑에서 도왔다."(『중앙일보』, 2011년 11월 22일).

2004년 다하라의 부인이 사망했는데, 이때 장례위원장을 맡은 것이 바로 나리타 유타카였다. 일본에서 장례위원장은 장례를 처음부터 끝까

일본 미디어 시장의 최강자인 광고 회사 덴쓰. 도쿄 미나토 구에 본사가 있다. 덴쓰와 다하라의 친분은 그의 저널리스트로서의 공정성에 의문을 품게 한다.

지 책임지고 총지휘하는 역할로 대기업의 오너나 야쿠자 총수가 사망했을 때는 2인자나 후계자가 맡는 것이 보통이며, 개인의 경우 유족이 아닌 사람 중 가장 절친한 사람이 맡는 것이 일반적이다. 일본에서 가장 유명한 시사 토론 프로그램의 사회자이며 저널리스트이자, 1981년 『덴쓰』라는 책을 저술해 덴쓰의 본질을 파헤친 적도 있는 다하라가 일본 미디어를 지배하는 회사의 보스와 절친한 사이라는 것은 놀라울 만한 사건이었다. 덴쓰는 역대 자민당 정권과도 유착 관계에 있었을 뿐만 아니라 고이즈미 정권의 정치 선전과 선거 전략을 담당한 것으로도 알려져 있다.[4] 다하라 스스로도 "언론이 비판할 수 없는 집단", "괴수怪獸"라고까지 표현한[5] 덴쓰와 이렇게 각별한 사이를 유지한다는 것은 저널리스트로서의 객관성에 대해 의문을 품게 할 수밖에 없다. 덴쓰를 비판할 수 없다면 일본 사회에서 비판할 수 없는 것이 너무나 많아지기 때문이다.

우익 앞에서 보인 의외의 모습

•

2002년 8월 18일 다하라가 진행을 맡은 〈선데이 프로젝트〉에 자민당의 여성 의원 다카이치 사나에가 출연했다. 다카이치는 정치인의 야스쿠니 신사 참배에 찬성하는 사람으로, 2007년 8월 15일 내각 관료 신분으로 직접 야스쿠니 신사에 참배를 하기도 했다. 방송 중 문제가 된 것은 일본 관동군이 만주에서 전쟁을 일으킨 '만주사변'에 대한 견해였다. 만주사변에 대해서 다카이치 의원이 "침략 전쟁이 아닌 자위적인 전쟁이었다"라고 발언하자 방송 중에 다하라는 분노하며 소리를 질렀다.

"장난하는 거요? 만주사변은 관동군이 저지른 거라고요, 다 조작해서. 그건 분명 침략입니다. 중국이 왜 중일전쟁을 하지 않으면 안 된단 말입니까? 그게 어떻게 일본의 자위를 위한 전쟁이요?"

그는 흥분을 가라앉히지 못해 책상을 쳤고, 호통은 이어졌다.

"당신이 자위적인 것이었다고 하는 건, 당신이 무지해서 그런 거요. 당신 같은 사람이 국회의원을 하고 있는 게 이상하오."[6]

사회자가 과연 저렇게까지 '교통정리'를 해야 하는지는 의문이지만,

그것이 다하라의 스타일이었다. 아니라고 생각하는 것은 일단 반박하고 야단치고 언성을 높이는 것이 그의 전매특허였기 때문이다. 이에 대해 시청자들의 항의가 들어오자 다하라는 일주일 후에 사과를 해야 했다. 문제는 거기서 끝나지 않았다. 다하라가 방송 중에 말한 "일본에서 수준 낮은 사람, 추한 얼굴을 하고 있는 사람들이 야스쿠니 신사에 모인다"라는 발언에 일본의 우익 단체와 민족주의 단체들이 연합해서 공식적인 비난 활동을 펼쳤기 때문이다.

우익 단체들은 버스에 대형 스피커를 장착한 선전 차량을 동원해 〈선데이 프로젝트〉를 방송하는 TV아사히 방송국 주변을 1개월 가까이 돌아다니며 다하라의 퇴진과 방송 중지를 요구하는 시위를 벌였다. 일본 우익들의 스피커 공격은 예전부터 유명한 '괴롭히기' 작전의 하나로 수상을 지낸 다케시타 노보루도 스피커 공격에 두 손 두 발 다 들고 막후의 실력자에게 중재를 요청한 적이 있을 정도였다(1987년 일본의 전 수상 다케시타가 금전 문제로 스캔들에 휘말리자 일본 우익들은 선전 차량으로 도쿄 시내를 돌아다니며 비방 방송을 해서 선거를 앞둔 다케시타에게 치명적인 타격을 입혔고, 골머리를 썩던 다케시타는 정계 실력자 가네마루 신金丸信과 야쿠자를 통해 중재를 요청해 소동을 진정시킨 바 있다).

방송국 주위를 돌며 항의가 계속되자 다하라는 승부수를 던진다. 항의하는 우익 단체에 직접 찾아가서 해명하겠다고 제의한 것이다. 우익 단체는 흔쾌히 그 제의를 받아들였고, 일본에서 가장 까칠한 저널리스트가 일본에서 가장 보수적인 우익 단체의 모임에 가서 해명하는 진풍경이 펼쳐진다. 2002년 10월 28일, 다하라의 발언에 분노한 정치결사와 우익 단체 회원들 70여 명이 집결한 가운데 출석한 다하라는 뜻밖의 변론을 펼쳐 참석자들을 깜짝 놀라게 했다. 야스쿠니 신사 참배와 전쟁을 비판하던 모습과는 180도 다른 모습이었기 때문이다. 다하라는 다음과 같이 말한다.

> 9개국 조약Nine-Power Treaty(1922년 워싱턴 회의에 참석한 미국, 영국, 프랑스, 일본, 중국, 네덜란드, 포르투갈, 벨기에, 이탈리아 간에 맺은 조약으로 일본의 중국 진출 억제와 중국의 권익 보호를 골자로 한다)을 볼 때 만주사변은 분명한 조약 위반이었습니다.……하지만 나는 전략적인 면에서는 성공했다고 생각합니다. 만약 만주국 건국까지만 하고 그만두었다면 어쩌면 지금쯤 여권 없이도 만주에 왕래하고 있었을지도 모릅니다.……나는 일본이 평화를 유지하고 있는 것은 전쟁에서 목숨을 잃은 병사들의 덕이라고 생각하고, 그런 의미에서 지금의 평화를 있게 한 사람들을 위로하는 신사이니 (야스쿠니 신사는) 매우 성스러운 장소라고 생각합니다. 제 사촌도 3명이나 전쟁에서 목숨을 잃었기 때문에, 저도 몇 번이나 야스쿠니 신사를 참배한 적이 있습니다.[7]

의외의 모습이었다. TV에서 비친 이미지와 다른 정도가 아니라 일본의 우익 집회에서나 나올 법한 수준의 발언이었기 때문이다. 물론 소동을 수습하고 화해를 위해 찾아간 자리이므로 어느 정도의 타협이 필요했지만, 상상외의 저자세로 나오는 모습은 참가자들에게는 의외의 광경이었다. 참가자들은 'TV에서 보던 다하라의 모습과 너무 다르다. 지금 했던 말을 TV에서 해줬으면 좋겠다. 우리의 의견을 대표하는 것 같다'

며 놀라움을 감추지 못했고, 다하라는 '원래 나는 이런 생각을 가진 사람'이라며 맞아 죽을 각오로 찾아간 우익 단체의 모임에서 박수를 받는 황당한 광경이 펼쳐졌다. TV에서 보여주던 강경함과는 거리가 먼 모습이었다. 나아가 2011년 5월 6일 방송된 프로그램에서는 일본이 일으킨 전쟁이 침략 전쟁이 아니라는 입장을 재표명했는데, 그전에는 사회적인 비판이 두려워 (침략 전쟁이 아니라고) 말할 수 없었다고 솔직히 시인했다. 침략 전쟁을 부인했다가는 전쟁 예찬론자, 극우 세력 같은 비판을 받을까 봐 말을 못했다는 것이다.

그는 일본 사회에 대해 거칠 것 없는 비판을 해왔지만, 그의 정치적 편향성을 지적하는 사람도 적지 않다. 다하라는 어떤 정치적 성향을 가지고 있는가? 평론가 사토 마사루는 다하라를 가리켜, 권력당원權力黨員이라고 신랄하게 비판한다. 권력당원이란 자민당이든 민주당이든 상관없이 항상 권력 내부에서 사실상 국가의 의견 형성에 관여하는 사람을 말하는데, 이 권력당원은 권력의 하수인이 아니라, 권력에 대한 비판을 하는 듯한 '퍼포먼스'를 펼침으로써 더 큰 영향력을 가진다는 것이다.[8]

사실 다하라는 장기간 집권해온 자민당, 2009년 정권 교체를 이룩한 민주당에 대해서도 가리지 않고 비판해왔다. 하지만 지원 역시 당을 가리지 않았다. 이시하라 신타로 전 도쿄 도지사의 아들이자 자민당 중진 의원인 이시하라 노부테루에게 10만 엔의 정치헌금을 하면서도, 2009년 집권한 민주당의 실세 센고쿠 요시토와 에다노 유키오에게도 각각 10만 엔씩 정치헌금을 한 것을 봐도 알 수 있다.

저널리스트나 언론인이 특정 정치인에게 헌금을 하거나 사례금을 받는 것은 과연 어디까지 허용될 수 있는 것일까? 사토의 지적처럼 다하라는 정치에 대해서 강한 주관을 가진 사람이니만큼 정권의 자문 위원 같은 직책을 맡을 법도 했지만, 특정 정파에 참여하기보다는 비판자라는 입장을 고수하며 여론 조성에 큰 역할을 하는 언론 권력을 손에서 놓지 않았다. 어쩌면 수명이 짧은 정권의 권력보다 TV라는 매체를 조종하는 언론 권력이 얼마나 더 남는 장사인지를 알고 있었기 때문일지도 모른다.

무소불위의 검찰에 대한 혹독한 비판

•

덴쓰와의 친분, 전쟁에 대한 태도 변화, 독선적인 토론 진행, 편향적인 면 등 다하라에 대한 비판은 적지 않지만 평가하지 않을 수 없는 그의 공적은 바로 검찰에 대한 혹독한 비판과 책임 추궁이다. 그는 견제할 수 없는 무소불위의 권력을 지닌 검찰에 대해 혹독한 비판을 해왔다. 다하라는 검찰 중에서도 특수부나 공안 검찰 등이 편파적인 수사로 일본 현대사에 악영향을 끼쳤다고 본다. 그중에서도 미국의 항공기 제작 회사 록히드에서 다나카 가쿠에이 전 수상이 뇌물을 받았다가 구속된 '록히드 사건'(1976), 미공개 주식을 상장 전에 정치가들에게 대량으로 양도(사실상의 뇌물)했다가 발각되어 큰 사회문제가 된 '리쿠르트 사건'(1988)은 국가 권력에 의한 사실상의 '꼬투리 잡기'라고 단언한다. 특히 대기업이나 중요 정치인의 사건을 담당하는 도쿄지검 특수부와 오사카지검 특수부가 '일본 전체가 깜짝 놀랄 만한 엄청난 사건'을 밝혀내겠다는 경쟁 의식 때문에 수많은 엉뚱한 피해자를 만들어왔다는 것이다.

1972년부터 1974년까지 일본의 총리를 역임한 다나카 가쿠에이(왼쪽)와 당시 미합중국의 대통령이었던 리처드 닉슨. 다나카는 닉슨 재임기에 불거진 록히드 사건으로 총리에서 물러났고, 닉슨 역시 부정부패 사건인 워터게이트 사건으로 대통령을 사임했다.

하지만 검찰에 대한 비판을 특기로 삼아온 다하라도 역풍을 맞는다. 2010년, 다하라는 10년 넘게 사회를 맡은 일요일 아침의 인기 토론 프로그램 〈선데이 프로젝트〉에서 갑자기 물러난다. 사실상의 강판이었다. 전직 검찰을 패널로 초청해 검찰을 비판하는 프로그램을 만들려 했는데, 그 소식을 미리 접한 검찰이 '그런 방송을 하면 당신네 기자를 검찰에 출입시키지 않겠다'며 방송국에 압력을 가했기 때문이다. 국가 주요 기관인 검찰에 출입을 거부당하는 것은 언론사로서는 심각한 타격을 받는 조치로, 결국 방송국은 검찰의 강력한 반발에 굴복했고 다하라를 방송에서 강판시키는 고육책을 취한 것이다.

그렇게 물러나긴 했어도 다하라는 여전히 일본 방송계에서 대체하기 힘든 독보적인 존재다. 그의 탁월함은 TV라는 매체가 가진 파괴적인 힘을 누구보다 잘 알고 그것을 가장 효과적으로 이용했다는 것이다. 신문이나 서적과는 달리 TV는 단순히 콘텐츠만으로는 성공하기 힘들다. 더군다나 따분한 분위기가 되기 쉬운 토론 프로그램이 성공하려면 다른 방송국의 프로그램과 구별되는 차별성이 있어야 하고, 인간의 호기심을 자극하는 해프닝과 카타르시스를 줄 수 있어야 한다. 그것을 가장 잘 안 것이 바로 다하라 소이치로라는 저널리스트다.

그에 대한 상반된 평가와는 별개로, 아직은 다하라를 견제할 수 있을 정도의 저널리스트나 TV 토론 사회자가 없고, 그만큼의 영향력을 가진 사람도 없다. 따라서 아직 다하라의 시대가 끝났다고는 볼 수 없을 것이다. 다만 그것이 일본 사회 전체에 긍정적으로 작용할지 어떨지는 앞으로 더 지켜볼 문제다.

4부

현대 일본을 만든 거인들의 명과 암

재계의 정점에 선 난세의 군인

세지마 류조

천황의 격려를 받다

•

1979년, 도쿄 아카사카의 영빈관. 쇼와 천황의 외손녀 히가시쿠니 유코의 결혼식을 축하하기 위해 각계각층의 하객들이 모여들었다. 황족은 물론 정치가, 외국 사절 등 VIP로 연회장이 가득 찬 가운데, 신랑이 다니는 회사인 일본의 유명 종합상사 이토추伊藤忠의 회장 세지마 류조瀨島龍三도 모습을 드러냈다. 많은 하객이 북적이는 연회장에서 그는 조용히 별실로 불려들어갔다. 그를 부른 것은 다름 아닌 쇼와 천황이었다. 천황은 그에게 이렇게 말했다.

전쟁 전후로 세지마는 고생이 많았다. 앞으로도 건강에 주의하여 국가와 사회를 위해 일하도록 하라. 그리고 이번에 결혼하는 유코는 내 손녀다. 어려서 어머니를 잃은 아주 가엾은 아이이다. 내 위치가 위치인 만큼 충분히 뒷바라지를 해주지 못해 마음에 걸렸다. 이번에 훌륭히 결혼을 하게 되어 나도 황후도 아주 기뻐하고 있다. 아무쪼록 잘 부탁한다.[1]

이 격려의 한마디에 세지마는 감격한다. 대기업 총수에게 어떤 과거가 있기에 천황에게 직접 부름을 받았을까? 그리고 천황이 언급한 '고생'이란 어떤 것일까?

세지마 류조는 일본 현대사에서 중요한 역할을 한 사람 가운데 한 명으로, 그의 존재를 빼놓고서는 한일 관계사를 논할 수 없을 정도로 한국과 밀접한 관련이 있다. 드라마틱한 그의 인생은 야마사키 도요코山崎豊子(일본을 대표하는 문인으로 한국에서도 크게 히트한 드라마의 원작 소설 『하얀거탑白い巨塔』을 비롯, 『지지 않는 태양沈まぬ太陽』 등 역사적 사실과 사회문제를 결합시킨 작품으로 크게 이름을 떨쳤다)가 장편소설 『불모지대不毛地帯』에서 잘 그려놓았는데 이 소설을 바탕으로 만들어진 영화와 드라마를 통해 일본에서 그의 전설이 널리 알려졌다. 한국에서는 세지마의 친구이자 협력자였던 삼성의 이병철 회장이 사원들에게 이 소설을 권해서 화제가 되기도 했다. 하지만 그의 인생은 소설이나 영화로 다 그려내지 못할 정도로 파란만장했다.

엘리트 군인의 길

•

1911년 도야마 현의 시골 농가에서 태어난 세지마는 시골 마을에서 평범한 장난꾸러기 소년으로 성장했다. 성적은 늘 상위권으로 소학교 6년간 늘 반에서 일등이었다. 1924년 현립 도나미중학교에 입학한 그는 잊을 수 없는 광경을 보았다. 고향에서 가까운 도나미 평야에서 천황 감독하에 거행된 대규모 공개 군사 훈련이었다. 단체 견학을 간 훈련장에서 군대의 질서정연한 훈련 모습과 나팔 소리, 대포 소리가 만들어내는 웅장한 모습에 어린 세지마는 군인이라는 직업을 동경하게 되었다.

그는 집으로 돌아와서 아버지에게 상담을 했고 청일전쟁과 러일전쟁에 참전한 경험이 있는 아버지의 지지로 중학교 1학년 재학 도중 13세의 나이에 육군유년학교에 지원해 합격했다. 당시 일본의 육군유년학교는 도쿄, 히로시마, 구마모토 세 군데에 있었으며 모집 인원은 학교당 50명으로 전국에서 150명만 뽑는 소수 정예 학교였다. 3,000명 정도가 지원한 가운데 세지마는 20 대 1 이상의 엄청난 경쟁률을 뚫긴 했지만 턱걸이로 겨우 합격한 정도였다.

새로 입학한 유년학교에서 세지마는 문화적 충격과 더불어 콤플렉스를 느낀다. 수도 도쿄와 고향의 경제적 격차 그리고 유년학교 학생들과 자신의 신분의 차를 느꼈기 때문이었다. 아버지와 함께 상경해 유년학교에 간 세지마는 생전 처음 본 수세식 변기에 크게 놀란다. 그것은 도쿄와 지방 농촌의 격차를 단적으로 보여주는 물건이었다. 그리고 대부분의 학생들이 구두를 신은 것도 고무신을 신고 간 시골 소년에게는 충격이었다. 입학생의 상당수는 귀족학교라 할 수 있는 가쿠슈인과 명문 중학교인 도쿄부립 제1중학교 출신으로 세지마와는 전혀 다른 세계의 사람들이었다. 중학교 2학년을 마치고 입학한 대부분의 학생들과 달리 1학년을 마치고 입학한 세지마는 체력도 약하고 키도 가장 작았기 때문에 '보호 학생'이라 놀림을 받으며 학교에서 지정하는 대로 남보다 많은 양의 우유를 먹어야 했다. 허약한 학생의 건강을 고려한 조치였지만, 반대로 수치스러운 일이기도 했다. 그럼에도 한창 성장기에 있던 세지마는 잘 자라 졸업 시에는 누구에게도 뒤지지 않는 체력과 성적으로 두각을 나타내는 학생이 되었다.

유년학교를 졸업한 그는 육군사관학교를 거쳐 1932년 소위로 임관한다. 성적이 우수했던 그는 사관학교를 2등으로 졸업해서 천황의 은시계를 받았고, 육군대학 졸업 시에는 수석을 차지해서 천황에게 군도軍刀를 하사받는다. 이것은 육군에서 엘리트 중의 엘리트라는 증거로 세지마는 이후 군 내부에서 출세 코스를 달리게 된다. 대학을 거친 세지마는 일본군의 핵심 부서인 대본영 참모본부 작전과에 배속되는데, 핫토리 다쿠시로와 핫토리가 데려온 두뇌파 참모, 일명 '작전의 신' 쓰지 마사노부 등과 함께 근무했다.[2]

이 세 사람은 육군대학 시절부터 탁월한 두뇌와 뛰어난 성적으로 유명했는데, 이들이 계획하고 진두지휘한 노몬한 사건(1939), 과달카날 전투(1942), 임팔 작전(1944) 등은 일본군에 처참한 패배를 안긴 최악의 사건들로 현재도 전쟁사에서 '어리석은 작전'의 대명사로 꼽힌다. 원인은 세지마를 비롯한 육군의 엘리트 장교들이 우월감에 사로잡혀 상관의 명령을 무시하고 독단적인 행동을 하는가 하면, 타 부서의 정보나 조언을 무시하고, 대본영 참모부에서 정보를 독점한 뒤 불리한 정보는 묵살하는 행태를 반복했기 때문이다. 지휘 체계를 무시하고 자신들만의 주장

쇼와 천황과 대본영의 회의 모습. 육군 최고의 엘리트들이 모인 대본영이었지만, 그들의 오만은 후에 일본군에게 처절한 패배를 안긴다.

을 관철하려다 수많은 장병이 목숨을 잃은 것에 대해서 후일 쇼와 천황은 다음과 같은 말을 하며 분노하기도 했다.

> 지난 전쟁(태평양전쟁)에서 나의 명령 때문에, 전선의 일선에서 싸운 장병들을 비난할 수는 없다. 하지만 용서할 수 없는 것은 이 전쟁을 계획하고 개전을 부추기고, 실행하고, 전쟁이 끝난 다음에도 계속해서 일본의 국가권력에 머무르면서 지도적 역할을 하고, 전쟁의 책임을 회피하는 자들이다. 세지마 같은 자가 바로 그런 부류다.[3]

육군 최고의 엘리트로 많은 장교에게 선망의 대상이던 세지마지만, 그가 참여했던 임팔 작전과 과달카날 작전의 참패가 이어지자 군 내부에서 그에 대한 평가는 떨어지고, 비판이 거세진다. 결국 패색이 짙어가던 1945년 7월에 세지마는 대본영에서 배제되고, 만주 관동군 참모부로 배속된다.

패전과 귀국

1945년 미국에 의한 원폭 투하(8월 6일)로 일본의 항복이 초읽기에 들어간 8월 8일. 소련은 일방적으로 일본과의 정전협정을 깨고 세계대전 말기 동아시아의 지배권을 확보하기 위해 만주 지역으로 물밀듯이 밀고 내려왔다. 힘의 논리와 이익이 우선시되는 국제사회에서 일본과 맺은 불가침협정은 헌신짝처럼 버려진 것이다. 만주 지역에 있던 일본의 관동군은 60여 만 명. 이 일본군들은 소련군의 포로가 되었고 장기간의 학대와 강제 노동, 시베리아의 혹독한 추위, 열악한 식사와 주거지 때문에 전체의 10분의 1에 이르는 6만여 명이 목숨을 잃는다. 전쟁을 일으킨 국가의 군인이며 가해자이긴 했지만, 항복한 포로에 대한 국제법과 조약을 완전히 무시한 소련의 무자비한 국가 폭력은 국제적인 비난을 받아 후일 옐친 러시아 대통령이 일본을 방문했을 때 사과를 할 정도였다.

그 60만여 명에 세지마가 포함되어 있었다. 전쟁 직후의 포로수용소에서는 전시 일본의 위계질서와 군국주의가 그대로 유지되고 있었다. 소련군의 묵인 아래 영관급, 위관급 장교들은 작업 감독을 하는 등 비교적 덜 힘든 역할을 맡았으며 일반 병사들은 열악한 환경에서 혹독한 노동을 했다.[4] 또한, 일본 쪽을 향해 천황에 대한 경례를 하는 등 과거의 냄새가 남아 있었다. 하지만 포로수용소에서 적화 교육을 지속한 소련군의 영향으로 1947년경부터 일본군 장교들은 하루아침에 비참한 상황에 직면했다. 포로들을 공산주의자로 개조하기 위해 소련은 정신교육을 강화했고, 평등을 강요하여 계급 체계를 무시하도록 했다.

소련의 정신교육에 감화된 일반 사병과 하사관 중에서 장교를 공개 비판하거나, 어제까지 하늘처럼 모신 상관에게 반말을 하고 모욕을 주는 사람이 생겨난 것이다. 포로수용소에서 한 그릇의 밥이라도 더 얻고 조금이라도 쉬기 위해서는 소련군에게 잘 보이는 수밖에 없었고, 소련군의 의도대로 극한의 상황에 있던 많은 사람은 일본군 시절의 체계를 무너뜨렸다. 많은 고급장교가 인간적인 수모를 당했고, 패전에 따른 자괴감을 느낄 수밖에 없었다. 세지마는 이때의 경험으로 일본에 귀환한 후에도 소련의 잔인함과 불법적인 포로 취급에 분노를 표시하며 전몰자 위령 행사에 참가하는 등 활발한 활동을 했다. 반면 세지마의 시베리아 포로수용소 생활에 대해서 다음과 같은 증언도 있다.

> **수용소에서 특별 대우를 받으며 노동에 동원되는 병사들을 보고만 있던 세지마 씨가 병사들의 죽음을 진심으로 추모했다고는 생각할 수 없었다.[5]**

사실 세지마는 귀국 후에도 시베리아에서 소련군에 협력한 대가로 편하게 생활했다거나 변절해서 소련에 충성을 맹세한 스파이라는 비판을 많이 받았다. 심지어 세지마가 "천황제 타도! 일본 공산당 만세!"라고 외쳤다고 증언하는 사람도 있었다.

1956년 45세의 중년이 된 세지마는 지옥 같은 시베리아 억류에서 풀려나 11년 만에 귀국한다. 돌아온 일본은 너무나 변해 있었다. 잿더미에서 일어나 고도의 경제성장기를 거쳐 눈부시게 발전하는 일본 사회에서 전쟁의 냄새는 맡을 수 없었다. 전쟁 없는 생활과는 무관하던 그의 인생은 이때부터 전환기를 맞는다. 일본군 출신 중에서도 방위성에 들어가 공무원 생활을 했던 사람들은 있었으나, 나라를 망쳤다고 비판받던 대본영의 핵심 참모였으며 시베리아에서 오랜 시간 억류 생활을 했던 그에게 군인의 길은 열려 있지 않았다. 그가 선택한 것은 '비즈니스'의 세계였다.

일본에 귀국한 세지마는 한동안 집에서 지내며 부인이 벌어오는 돈으로 생활했다. 나는 새도 떨어뜨릴 정도의 권력이 있던 엘리트 군인도 패전 후의 평화로운 일본 사회에서는 범부凡夫에 불과했다. 그는 '잃어버린 11년'을 되찾기 위해 도서관에 매일처럼 드나들어 지난 10년간의 신문을 읽으며 사회에 적응하기 위해 노력했다.

어느 정도 사회 적응이 되고 나서 그가 뛰어든 것은 무기 납품 사업이었다. 중견 상사였던 이토추에 입사한 후 방위성의 무기 구입과 입찰 사업에 참여한 것이다. 방위성에는 군 시절의 선후배들이 포진하고 있었는데, 대본영의 엘리트 참모였던 세지마는 그들에게 하늘 같은 선배이자 전설과도 같은 사람이었다. 세지마는 방위성의 인맥을 이용해서 대규모 무기 납품 사업을 차례차례 성공시키며 화려하게 제2의 전성기를 누린다.

인도네시아 전후 배상금의 뒷거래

•

네덜란드의 식민지 지배를 받고 있던 인도네시아는 1942년 일본의 침공으로 네덜란드 세력이 물러나면서 변혁이 일어났다. 혹독한 식민 지배에 반감이 있다는 것을 안 일본군은 유화정책으로 인도네시아의 협력을 얻으려 했다. 독립운동을 하다가 구금된 수카르노 등 인도네시아의 지도자들을 석방하고 교육 시설을 정비하는 등 지배자가 아닌 협력자의 모습으로 다가선 것이다. 외국 세력의 지배라는 점은 다름이 없었으나 '같은 아시아인'을 강조하며, 네덜란드보다 훨씬 우호적으로 접근한 일본에 인도네시아인들은 협력한다.

하지만 제2차 세계대전이 끝나자 네덜란드 세력이 다시 인도네시아를 지배하려 했고, 인도네시아인들은 네덜란드를 상대로 격렬하게 독립운동을 펼쳐 결국 독립을 쟁취한다. 인도네시아가 독립하자 일본은 인도네시아에 전쟁 배상 명목으로 803억 엔을 지불하기로 합의한다. 배상은 12년 동안 매년 2,000만 달러에 해당하는 현물로 인도네시아에 필요한 산업시설, 인프라, 기계 등을 일본 기업이 지원하고 그 비용을 일본 정부가 지급하는 방식이었다. 일본 정부로서는 전후의 배상 처리도 하면서 자국의 경기 부양도 하는 일거양득이었고, 일본 기업으로서는 정부가 지급을 보증하는 만큼 확실하고도 장기적인 수익을 얻을 수 있는 알짜 사업이었다.

이 사업을 두고 대기업들이 치열한 쟁탈전을 벌였다. 전통 있는 대형 종합상사인 미쓰비시, 미쓰이, 마루베니 등에 비해 이토추는 체급이 한

참 아래였다. 다른 상사들의 인맥, 정보망, 재력에서 밀려 이토추가 고전을 면치 못하고 있을 때 세지마가 뛰어들었다. 세지마는 관동군의 선배였으며 패전 후 국회의원으로 변신한 쓰지 마사노부에게 "인도네시아 정권과 사업을 하려면 도니치東日 무역을 통해야 한다"라는 귀띔을 받는다. 이 회사는 도쿄에 있는 자그마한 무역회사였으나 그 주주들은 자민당의 유명 정치인이나 고다마 요시오 같은 우익 거물이었다.

사장인 구보 마사오는 인도네시아 대통령인 수카르노와 절친한 사이였는데, 구보가 수카르노에게 소개한 긴자의 일본인 호스티스(본명 네모토 나오코. 현재 일본에서 활동하는 연예인 데비 부인デヴィ夫人이 바로 인도네시아의 영부인이던 데비 수카르노다)가 수카르노의 영부인이 될 정도였다. 세지마는 구보와 담판을 짓고, 구보에게 13퍼센트라는 거액의 커미션을 떼어주는 대신 인도네시아에서 일감을 받기로 한다. 13퍼센트 중에서 10퍼센트는 인도네시아의 수카르노, 3퍼센트는 구보의 몫이었다.

구보의 소개로 결국 군용 지프 1,000대의 계약 협상자는 이토추가 되었는데 계약을 위해 일본에 파견된 인도네시아 관료는 자신에게도 1퍼센트의 커미션을 달라고 요구했다. 독립한 인도네시아의 복구와 지원에 쓰여야 할 돈이 부패한 지배자와 관리의 주머니로 물 흐르듯 새나간 것이다. 이토추는 자신들이 취해야 할 수익을 커미션으로 줘버렸기 때문에 다른 방식으로 원가를 절감해야 해서 물류와 수송비를 실제보다 과다 책정했다. 비정상적인 계약의 피해자는 결국 인도네시아였던 것이다. 이런 부패와 비리로 얼룩진 지배 권력의 '배상금 빼돌리기'는 그 이후 일본과 한국의 교섭에서도 그대로 재현된다.

고다마를 업고 한국으로

•

1961년 5·16쿠데타에 성공한 김종필은 육사 동기 최영택을 일본으로 파견하여 한일 국교 정상화와 전쟁 배상금을 논의하려 했다. 하지만 이것은 인맥 없이는 힘든 일이었다. 육군 소장 박정희가 쿠데타로 집권했다고는 하나 그 브레인인 김종필 등은 아직 새파란 30대였다. 노련한 일본 정치가들을 만나고 설득하기에는 연륜의 차이가 너무 컸다. 이렇다 할 성과를 얻지 못하던 최영택은 많은 사람에게 "고다마에게 부탁하라"는 말을 들었다. 고다마는 유년을 한국에서 보낸 우익 거물로 전시에는 '고다마기관'이라는 특무기관에서 군을 위해 일한 사람이다. 종전 후 중국에서 막대한 재물과 마약을 가져왔고 엄청난 자금을 정치권에 지원한 걸로 알려져 있는데, 그가 정치권에 행사하는 파워는 막강했다. 최영택이 찾아가 협력을 부탁하자 고다마는 흔쾌히 승낙하는데 이때 소개받은 이가 바로 세지마였다. 고다마와 세지마는 이때부터 이미 한국과 국교 정상화가 되면 전후 배상 작업이 이루어질 것이고, 그 사업의 소개와 수주가 큰 이권이 된다는 것을 알고 적극적으로 나선 것이다.

세지마는 고다마와 같이 한국을 오가며 한일 협상에는 물론이고, 한국이 일본에서 들여오는 기계, 인프라, 기술 등을 도입하는 비즈니스의 많은 부분을 이토추가 따내는 데 결정적인 역할을 한다. 하지만 이 과정에서 한국의 부패한 정치인들이 커미션을 요구하며 산업 시설과 국민에 돌아가야 할 지원금으로 자기 배를 불린다. 대표적으로 거론되는 인물은 공화당 재정위원장 김성곤, 중앙정보부장 김형욱, 이후락이다. 당시 중앙정보부장으로 무소불위의 권력을 휘두르던 김형욱은 귀국하려는 세지마를 공항에서 막아세우고 "내게도 3퍼센트의 커미션을 내놓으라"[6]며 협박하기도 했고, 이후락은 홍콩, 미국의 계좌로 송금을 요구하기도 했다. 이토추는 사업권을 따내기 위해 울며 겨자 먹기식으로 김형욱이나 이후락 같은 실력자의 요구를 들어줄 수밖에 없었다.

이토추는 박정희 정권의 '금고'라 할 수 있는, 공화당의 김성곤이 지정한 샌프란시스코의 뱅크오브아메리카에 4퍼센트의 커미션을 송금하고, 김형욱에게는 이토추 홍콩 지점을 통해 그의 부하에게 돈을 전달하는가 하면, 이후락에게는 세지마가 직접 사무실로 찾아가 용무를 해결했다. 1978년 11월 미 하원 프레이저 위원회의 박정희 정권 비자금에 대한 보고서에서 이후락을 통한 비자금은 대통령과 이후락의 자금으로 쓰이거나 박정희의 스위스 은행 계좌에 은닉되었다고 나온 것도 이런 가로채기와 무관하다고 보기는 힘들 것이다.

해외로 망명하던 김형욱이 거액의 달러를 가지고 들어가다가 외국 공항에서 적발되거나, 미국에 이후락의 자녀 이름으로 되어 있는 부동산이 여러 개 존재한다는 뉴스 등을 보면 그런 의혹은 더 커진다. 재미 저널리스트 안치용이 밝힌 바에 따르면 이후락 일가는 뉴저지의 부촌인 알파인에 호화 주택, 뉴욕 맨해튼에 대형 빌딩, 퀸스에 대형 빌딩, 뉴저지 에지워터에 대지와 주택 등 최소 3,000만 달러에서 많게는 5,000만 달러에 이르는 재산을 가지고 있는 것으로 알려졌다.[7] 인도네시아나 한국에 대한 배상금이 국민과 국가를 위해 쓰이지 않고, 이렇게 정권 핵심부의 배를 채우기 위해 쓰이는 것을 세지마는 보아왔을 것이다. 그 역시

ⓒ Kakidai

일본의 거대 종합상사 이토추 도쿄 본사 모습. 세지마는 강력한 인맥과 시대를 읽는 판단력으로 승승장구한 끝에 이토추 회장 자리에 오른다.

비즈니스를 위해 커미션 제공이라는 편법을 사용했지만, 각국의 권력자들이 보여주는 이런 행태를 세지마는 얼마나 한심하게 생각했을까?

세지마와 관련된 한일 관계의 에피소드는 단지 세지마와 당시 정권에 대한 비판에 그치는 것이 아니다. 일본의 배상금은 물론, 고속철도, 원자력 발전소 건설, 무기 도입 등 천문학적인 비용이 오가는 사업에서 역대 정권의 핵심부에 얼마나 많은 돈이 흘러들어갔는지 한국 사회가 뒤돌아보는 계기가 되어야 할지도 모른다. 그리고 왜 한국 사회가 이런 문제에는 무덤덤한지도 곰곰이 생각해볼 필요가 있다.

세지마는 1960~1970년대 이토추에 있으면서 일본의 차기 전투기 도입 사업, 인도네시아와 한국의 전후 배상 사업에서 큰 역할을 하며 섬유 중심의 회사였던 이토추가 일류 종합상사로 급성장을 하는 데 큰 역할을 한다. 세지마의 주장대로 오일쇼크가 일어나기 전 미리 석유 사업에 진출한 것과 미국의 자동차 회사인 제너럴모터스GM와의 제휴 등도 그를 전설로 만들어주었다. 11년간의 시베리아 억류라는 공백이 있었고 영업이나 무역 등 비즈니스에 대해서는 아무것도 몰랐던 군인 세지마였지만 강력한 인맥과 시대를 읽는 판단력으로 성공에 성공을 거듭해 1978년 드디어 이토추 회장 자리에 오른다. 장사에 대해선 백지 상태나 다름없던 귀환 포로가 일본을 대표하는 종합상사의 최고직에 오르는 신화를 쓴 것이다.

한국의 청사진을 그리다

•

박정희가 죽고 전두환이 정권을 잡자 한국에 인맥이 필요한 일본 사람들은 신군부 쪽에서 연줄을 찾기 시작한다. 박정희 세대의 한국 인사들은 일본 인사들과 선후배나 동기 등으로 얽힌 경우도 많고, 일본어라는 공통분모가 있어 비교적 쉽게 접근이 가능했지만 전두환과 신군부는 그런 직접적인 관계가 공유되지 않는 세대였다. 이때 세지마를 신군부에 소개했다고 알려진 이는 박정희 시대부터 세지마와 절친한 관계를 유지하던 삼성의 총수 이병철이다.[8]

이병철은 세지마에게 "비밀리에 한 번 한국을 방문해서 군의 선배로서 전두환, 노태우 장군을 격려하고 조언을 해주었으면 좋겠다. 경제 관련 문제도 있을 것 같으니 도큐東急 그룹의 고토 노보루도 같이 오면 어떤가?"라고 연락한 뒤 권익현(당시 삼성물산 상무, 전두환의 육사 동기)을 통해 전두환, 노태우와 세지마를 연결해주었다고 세지마는 자서전에서 말하고 있다.

전두환은 세지마와 고토에게 많은 조언을 얻는다. 세지마는 국민을 통합시킬 아이디어, 경제 활성화를 위한 방법 등을 조언하고, 고토는 주로 경제에 관련된 조언을 했는데, 그 가운데 하나가 "엑스포나 올림픽 같은 국제 대회를 유치하라"는 것이었다. 경제는 성장하고 있지만 국제 사회에서 한국은 여전히 개발도상국의 위치이니, 국가적 단합을 위해 목표를 제시하고 세계적 지명도를 올리기 위해서는 그런 국제 이벤트가 필요하다고 역설한 것이다. 결국 한국은 올림픽 유치 경쟁에 뛰어들어 일본 나고야와 치열한 경쟁을 펼친다. 나고야는 1977년부터 올림픽 유치를 목표로 활발히 활동을 해서 한국보다 훨씬 유리한 고지에 있었고, 뒤늦게 뛰어든 한국은 올림픽 같은 국제 이벤트는 꿈꾸기 힘든 개발도상국이었다. 마치 다윗과 골리앗의 싸움 같은 형국이었다.

세지마와 함께 한국을 방문했던 도큐 그룹의 총수 고토 노보루는 사실 한국에 그런 조언을 해서는 안 되는 위치에 있었다. 나고야올림픽 유치 위원으로서 나고야의 올림픽 유치를 위해 발 벗고 나서야 할 고토가 한국에 올림픽 유치를 권한다는 것은 일본올림픽위원회에는 배신행위나 다름없었다. 더군다나 고토는 전두환을 만나고 돌아간 후 갑자기 서울올림픽을 간접적으로 지지하고 나선다. 나고야올림픽 유치 위원회가

한국의 올림픽 유치를 반대하지 않도록 물밑 작업을 하고 다닌 것이다.[10]

고토의 작업이 어느 정도 효과를 거두었는지는 모르지만, 나고야에 비해서 열세라는 평을 듣던 한국은 1988년 올림픽 유치에 극적으로 성공하며 국제무대에서 화려하게 존재를 알린다. 반면에 10여 년이나 공들여서 올림픽 유치를 준비해왔으며, 경쟁에서 절대적 우위에 있다가 막판에 한국과의 유치 경쟁에서 패배한 전 아이치 현 지사 나카야 요시아키는 서울올림픽이 끝난 1988년 11월 목을 매 자살한다.

첫 만남 이후 신군부와 세지마는 박정희 시대 못지않은 관계를 맺는다. 군부 정권답게 세지마의 한국 방문 때 군부대로 그를 안내하기도 했는데, 당시 군인들이 세지마를 모델로 한 소설 『불모지대』를 들고 책에 사인을 받기도 했다고 한다.

한국의 재계 인물 중에서는 삼성의 이병철이 세지마와 단연 절친한 사이였다. 처음 세지마를 만난 이병철은 "지금까지 만난 사람 중 사업 얘기를 안 하는 사람은 처음 봤다"라며 호감을 표시했는데, 한 살 차이인 두 사람은 이후로 사업 진행에서 긴밀한 유대를 이어나간다. 이병철은 『불모지대』를 사원들에게 권하기도 하고, 세지마의 오른팔이자 이토추의 서울 지점장이던 고바야시 유이치 등 3명의 이토추 간부를 삼성물산의 고문으로 맞아[11] 삼성물산이 한국 최초의 종합상사로 거듭나도록 박차를 가하는 등 친 이토추, 친 세지마의 자세를 보인다. 그뿐만 아니라 이건희가 삼성의 회장에 올랐을 때 도쿄에서 열린 축하연에 세지마가 참가하여 "전 회장 때부터 친분이 있던 관계로 나는 현 회장(이건희)의 후견인이다"[12]라고 말해 삼성 가문과의 2대에 걸친 관계를 과시하기도 했다.

일본 정권의 한국 밀사

•

1982년 수상이 된 나카소네 야스히로는 한국과 관련된 정책을 결정할 때 세지마에게 많은 조언을 들었다. 세지마는 나카소네의 부탁으로 전두환에게 친서를 전달하기도 하고, 일본의 외교관들을 대동하고 한국에 와서 차관 액수를 조정하는 등 외무장관 이상의 몫을 했다. 한일 관계 정상화, 차관 액수와 내용 등에서 양국 사이의 조정자 역할을 한 것이다.

그는 일본의 한국에 대한 과거사 언급의 수위에까지 관여했다. 1990년 노태우의 일본 방문을 앞두고, 세지마는 서울에서 노 대통령을 직접 만나 과거 헌법에서는 천황이 국가의 총책임자였으나, 신 헌법에서는 국가의 상징이기 때문에 국정에 대해 언급하는 것이 적절하지 않다는 것과 주체(일본), 객체(한국), 심정(마음이 아프다 혹은 가슴이 아프다는 표현)을 명확히 하는 것이 적절하며 그 이상의 요구는 힘들다고 설명한다. 그렇게 해서 탄생한 것이 '통석의 염痛惜の念' 이라는 말이다. 당시 한국에서 이 말은 '사과의 표현이 아니다', '뜻이 명확하지 않은 표현' 이라며 논란이 되기도 했다.

1978년 이토추 회장 취임 후 1981년에는 일선에서 한발 물러나 상담역을 맡았고, 1987년에는 특별고문을 하는 등 사실상 비즈니스의 세계에서 물러났다. 그 뒤로 정부 정책에 관여하는 임시행정조사회에 참여하며 나카소네 정권의 브레인으로 활동했다. 또한, 아세아대학 이사장, 태평양전쟁전몰자위령협회 회장, 일본전신전화NTT 고문, 니혼테레비NTV 방송망 감사, 이나모리 재단稲盛財團(교세라 창업주 기념 재단) 상담역, 고토기념문화재단 이사 등 수많은 재단법인과 대기업의 조언자를 맡으면서 일본 사회에 큰 영향을 끼쳤다. 2000년에 이토추 특별고문을 사퇴하면서 사실상 은퇴 생활에 들어간 그는 2007년 95세로 사망하면서 영화 같은 인생을 마감한다.

태평양전쟁, 한일 수교, 올림픽에 드리워진 그림자

•

시베리아 억류에서 풀려난 뒤로 그가 거둔 업적은 그야말로 눈부셨다. 대본영 참모의 기질을 발휘해 거대 프로젝트를 차례차례 성공시키고, 국가의 정책에 관련된 외교 협상도 매번 성공적으로 이끌었다. 그러나 그 과정이 늘 정정당당하지는 않았다. 그가 보여준 것은 방위성 인맥을 통해 무기 자료를 빼내거나, 방위성 간부를 스카우트한 뒤 이토추의 로비 담당으로 기용하는 등 철저한 장사꾼의 모습이었다. 그 과정에서 방위성 정보를 흘린 방위성 직원이 체포되기도 하고 자살하는 사람이 생기는 등 진흙탕 같은 모습이 있었지만 세지마는 그런 문제에 책임을 지지도 않았고, 그에게 책임을 묻는 사람도 없었다. 태평양전쟁에서 무리한 작전으로 수만에서 수십만의 목숨을 헛되이 잃게 만든 대본영 참모부가 그러했듯이 말이다.

일본 내에서도 그에 대해 좋은 평가만 있는 것은 아니다. 귀국 후 이토추에 있을 때부터 '소련의 스파이'라는 비난과 의혹이 늘 따라다녔고 실제 구소련 인사 중에 세지마가 소련의 특수 공작원이라고 증언하거나 소련 스파이와 밀접한 관계라고 밝힌 사람이 있어서 이 문제로 반대파에는 공격을 받았다. 하지만 그런 의혹과 공격에서 살아남은 세지마는 전후 일본은 물론, 한국의 경제가 성장하는 데 큰 역할을 한다. 한국 사회에서는 세지마를 태평양전쟁의 전범이자 전쟁의 원흉이라고 비판할지도 모르지만, 사실 한국의 올림픽 개최나 대기업의 성장에 세지마의 입김은 직간접적으로 작용했다. 패전 이후 한일 양국은 끊임없이 갈등하고 대립하는 것처럼 보이지만, 사실은 우리가 모르는 사이에 끊임없이 교류하고 발전해온 것이다.

한국이 올림픽을 개최하고, 많은 한국 기업이 세계적인 기업으로 성장한 것은 분명 우리의 저력으로 거둔 쾌거지만, 그 영광이 오로지 '우리의 힘' 만으로 이루어졌다고 말하기 힘든 것은 분명 안타까운 일이다. 하지만 일본의 영향이 있었다는 사실을 부정하기보다는, 모르고 지나쳤던

ⓒ 중앙일보

세지마 류조는 격동의 시대를 거스르기보다는 그 파고를 그대로 받아들이고 이용한 사람이었다. 그에게는 대본영 참모, 소련의 스파이, 거대 상사 이토추의 회장, 막후의 협상가와 같은 다양한 역할이 주어졌고, 이와 관련된 그의 행적에는 이견이 있을 수 있지만 확실한 것은 세지마가 그 역할을 여지없이 모두 잘해냈다는 것이다.

한일 현대사의 이면을 다시 한 번 생각해보고 반면교사로 삼는 것이 양국의 공존과 협력을 위해 바람직한 방향이 아닐까 한다.

일본의 미디어 제왕

와타나베 쓰네오

88세의 현역 언론인 와타나베 쓰네오

•

일본의 3대 신문사 가운데 하나로 세계 최대의 신문 발행 부수 1,100만 부를 자랑하는 『요미우리신문』, 민영 방송국 니혼테레비NTV, 일본 최고 인기 프로야구 구단 요미우리 자이언츠를 솔하에 둔 요미우리신문그룹의 회장이자 일명 '나베쓰네'라 불리는 와타나베 쓰네오渡邊恒雄는 일본 현대사의 산증인이자 권력의 참여자라 할 수 있는 인물이다.

와타나베는 1926년 도쿄에서 은행원인 아버지와 가정주부인 어머니 사이에서 태어났다. 당시 은행원은 대우가 좋아 집안은 유복한 편이었다. 그가 8세 때 아버지는 병으로 세상을 떠났지만 물려받은 열한 채나 되는 집의 임대 수입으로 그의 가족은 비교적 넉넉한 생활을 했다.

학창 시절 와타나베는 당시의 군국주의적인 교육과 분위기에 반감과 염증을 느꼈으며 시와 철학 책을 좋아했다. 군국주의적 사상을 가진 교사와 학생을 바보 같다고 생각했고, 명분도 희망도 없는 어리석은 전쟁에서 목숨을 잃게 될 자신의 운명을 비관했는데 그가 좋아했던 칸트 등의 철학 서적을 정신적 위안으로 삼았다.

1945년 4월 도쿄대학 철학과에 입학하고 얼마 되지 않아 그에게도 소집영장이 날아온다. 대학 생활을 제대로 누려보지도 못하고 7월에 도쿄 서남쪽 지가사키茅ヶ崎의 포병 부대에 배치되어 일본 본토에 상륙해올 미군을 저지하는 임무를 맡은 것이다. 애당초 군대라는 조직과 일본의 전쟁에 반감이 있던 그에게 군대는 고난의 연속이었다. 편지에 칸트의 글을 인용했다가 건방지다는 이유로 선임병에게 매일 같이 구타를 당했는데, 그는 점점 악화되는 전황에 더욱 좌절했다. 전쟁에 대한 희망도, 전의도 없던 그는 미군이 상륙해오면 투항해 포로가 될 생각만 하고 있었다. 그러기 위해 입대할 때 영어사전을 몰래 가지고 들어갔는데 이것은 영어와 영미 문화가 배척되고 적대시되던 당시 큰 위험을 각오한 행동이었다. 하지만 운 좋게도 입대한 지 두 달 만에 일본의 항복으로 전쟁이 끝났고, 그는 무사히 집으로 돌아가 대학에 복학한다.

공산당 입당, 순탄치 않은 학교 생활

•

1945년 종전 후 와타나베가 복학한 도쿄대학 캠퍼스는 혼란과 혼돈 그 자체였다. 기존의 천황 숭배와 국가주의가 하루아침에 사라지고 민주주의, 공산주의, 사회주의 등 수많은 정치사회적 이론과 주장이 일거에 들어왔기 때문이었다. 그런 분위기 속에서 일본을 비참한 상황에 빠뜨린 전쟁과 그 책임자인 천황에 반감을 가지고 있던 와타나베는 공산당에 입당한다. 당시 일본의 정당 가운데 천황제 철폐를 주장하는 곳은 공산당뿐이었기 때문이다.

삐라를 뿌리고 다니고 시위와 파괴공작 등에도 열성적으로 참가하던 와타나베는 뛰어난 문장력과 언변, 철학적 소양, 탁월한 판단력으로 당내에서 두각을 나타낸다. 하지만 내부의 독재적인 운영과 당 노선에 공감하지 못하고 당을 비판하던 그는 결국 반동분자라는 낙인이 찍혀 입당 1년여 만에 제명당한다. 일본인이라면 누구나 맹목적으로 추종했던 천황제조차 용납할 수 없던 젊은 와타나베는 폐쇄적이고 독재적인 일본 공산당의 분위기를 견딜 수 없었던 것이다.

짧은 기간의 외도를 끝내고 다시 학생 신분으로 돌아왔지만 학교생활도 순탄하지만은 않았다. 공산당 활동에 대부분의 시간을 소비했던 터라 학교 수업과 졸업 준비에 소홀했고, 졸업 때까지 제대로 된 논문 준비를 하지 못했기 때문이다. 어떻게 해서든 일단 졸업하기로 마음을 먹은 와타나베는 편법을 쓴다. 당시 일본에 출간되지 않았던 헤겔에 관한 책을 대학에서 발견하고는 한 권밖에 없던 원서를 몰래 가져가서 그대로 번역한 뒤 자신이 쓴 논문처럼 제출해서 가까스로 졸업장을 받는다. 대학원에서도 나머지 부분을 번역해 졸업 논문에 써먹으려고 하다가 그 책을 실수로 신주쿠의 재래식 화장실에 빠뜨리는 바람에 대학원 졸업을 포기, 철학 전문 잡지사에 입사하면서 사회에 첫발을 내딛는다.

와타나베는 잡지 『철학哲學』에서 기자 겸 편집자로 활동하다가 신문사 입사 시험을 보는데 『도쿄신문』과 『요미우리신문』 모두 합격한다. 이 가운데 요미우리를 선택하면서 그의 언론인 인생이 시작된다. 그는 당돌하면서도 저돌적인 성격이어서 입사 면접에서도 그런 모습이 드러났다. 입사 동기를 묻는 질문에 "철학자가 되기 위해서"라고 대답하고, 철학자와 기자는 상관이 없다는 면접관의 지적에 "헤겔도, 마르크스도 신문사 일을 했다"며 받아치는 등 주눅이 들기는커녕 두둑한 배짱을 보여 오히려 면접관들의 호감을 얻어냈다.

1950년 입사한 후 가장 인기 있는 부서인 사회부를 희망했으나 정치, 경제, 사회부 등은 경쟁이 치열해 본사가 아닌 지방으로 발령 날 가능성이 높았다. 일본의 중심인 도쿄에서 많은 사람들을 만나고 다양한 정보를 접하고 싶었던 그는 『요미우리신문』이 아닌 주간 타블로이드판 『요미우리위클리』에 지원해서 도쿄 주재라는 소기의 목적을 달성한다. 신문사 내에서 『요미우리위클리』는 『요미우리신문』보다 위상이 낮았고 취재나 특종 기회도 그만큼 적었지만 와타나베는 정치, 행정, 경제, 문화의 중심지인 도쿄에서 근무하는 것을 택한 것이다. 다독과 잡지 경력으로 다져진 그의 글 실력은 많은 사람에게 인정받으며 조금씩 주목을 끌었다. 그리고 요미우리 기자 생활을 하면서 만난 네 사람은 그를 평범한 기자에서 일본을 좌지우지하는 언론계의 보스로 만든다.

운명적 만남과 정권 핵심부 진출

•

『요미우리위클리』에서 기자 일을 배워가던 와타나베는 1952년 도쿄 서부의 산악 지대에서 댐 건설 반대 운동을 하며 무장투쟁을 하던 일본 공산당의 비밀 아지트에 잠입 취재를 하게 된다. 당시 일본 공산당의 과격 운동을 주도하던 야마무라 공작대山村工作隊가 그곳에 은거하고 있었는데 그들은 폭력적인 행동으로 악명 높은 급진주의자여서 자칫하면 목숨을 잃을 수도 있는 상황이었다. 와타나베는 위험을 무릅쓰고 깊은 산속에 들어가 10여 명의 공산당원이 기거하던 산장에 도착했지만 바로 사로잡히고 말았다. 경찰의 끄나풀이 아닌 취재 기자라고 해명했는데도 일부는 은신처 노출을 염려해 그를 죽이려고 했다. 그때 흥분한 당원들을 제지한 사람이 있었는데 그가 바로 리더 격인 재일 조선인 고사명高史明(1932년 일본의 야마구치 현에서 태어난 재일 조선인 2세로 본명은 김천삼金天三이다. 소학교 중퇴 후 일본 전국을 돌며 정치 운동을 하다가 후일 일본의 아동문학가, 평론가로 크게 이름을 떨쳤다. 와타나베와의 인터뷰 이후에도 도쿄에서 과격 시위 등에 참가하나 일본 공산당의 폭력 노선과 사상 논쟁에 염증을 느끼고 공산당을 탈당했다)이었다.

고사명은 동료들을 진정시키고 인터뷰에 짧게 응했다. 덕분에 산장에서 무사히 풀려난 와타나베는 마을로 내려가 인터뷰 내용을 송고할 수 있었다. 당시 세상의 주목을 끌던 야마무라 공작대에 대한 이 기사는 특종이 되었고 그는 높은 평가를 받아 『요미우리위클리』에서 『요미우리신문』 정치부로 발탁되었다. 이것은 위험을 무릅쓰고 직접 깊은 산속까지 찾아가 취재를 한 그의 근성과 노력의 결과였지만, 그가 정치권과

일본의 아동문학가이자 평론가로 크게 이름을 떨친 재일 조선인 고사명. 그와의 만남은 와타나베 쓰네오가 정치부로 발탁되는 계기가 되었다.

가까워진 계기이기도 했다.

사회부를 희망하던 와타나베가 정치부에 배치된 것은 어쩌면 그의 운명이었을지도 모른다. 정치부 활동을 계기로 그가 일본의 정치, 사회, 언론에 큰 영향을 끼치게 되기 때문이다. 특히 1954년 정계의 실력자이자 초대 자민당 부총재의 자리에까지 오르는 오노 반보쿠大野伴睦의 담당기자가 된 것은 와타나베의 일생에 큰 전환점이 된다. 오노는 와타나베를 아들처럼 아꼈고 와타나베는 오노를 아버지처럼 따랐는데, 이 친분을 발판 삼아 와타나베는 언론인의 위치를 뛰어넘어 정치, 경제, 외교의 세계에까지 큰 영향력을 행사하는 조정자가 된다.

오노가 처음부터 와타나베를 좋게 본 것은 아니었다. 오노가 오프 더 레코드 조건으로 기자들에게 이야기한 내용을 와타나베가 상사에게 보고했는데 상사가 이를 기사화해 오노의 분노를 산 적이 있었다. 오노는 불같이 화를 내며 취재를 위해 자신의 집에 출근하다시피 하던 와타나베를 쫓아냈다. 제 잘못이 아니었으나 와타나베는 전혀 변명하지 않았고 다음 날 오노를 찾아가 정중히 사과하고 물러난다. 훗날 오프 더 레코드를 깨뜨린 사람이 와타나베가 아니라 그의 상사였음을 오노가 알게 되면서 구차한 변명을 하지 않고 묵묵히 책임을 졌던 그는 신뢰를 얻는다.

1956년 12월에 열린 자민당 총재 선거에서 오노가 지지한 이시바시 단잔이 총재에 당선되는데, 이시바시의 변심으로 오노가 지지 대가로 약속받은 부총재 자리를 얻지 못하는 일이 생긴다. 결국 그의 입지가 예전보다 약해지자 매일 같이 드나들던 기자들이 갑자기 줄어들고, 들끓던 손님들도 없어 오노의 집이 한산해졌는데 와타나베는 변함없이 계속 '출근' 하며 그의 곁에 남았다. 이런 와타나베에게 감동 받은 오노는 그를 크게 신임해서 이후 국회에 갈 때 자신의 차에 와타나베를 태우고 함께 가거나 정치인들만의 모임에 그를 데리고 다니는 등 특별 대우를 했다. 덕분에 와타나베는 일본 정계의 중심인물들과 가까이 지내며 그 어떤 언론인도 누리지 못한 특혜를 볼 수 있었다.

와타나베는 정치가들에게 듣기 좋은 소리만 하는 '예스맨' 은 아니었다. 때로는 정치가나 그 비서관들과 충돌하기도 했고, 허락 없이 집으로 쳐들어가 언성을 높이며 싸우기도 했다. 하지만 오노의 신임을 받게 된 것은 단순히 그런 좌충우돌하는 성격 때문은 아니었다. 시류를 읽는 탁월한 능력, 상대를 압도하는 언변과 논리력은 분명 다른 기자들과 차원이 달랐다. 오노 등 거물 정치가들은 그런 와타나베를 높이 평가해서 그에게 조언을 구했다. 그러나 와타나베는 단순히 정계 실력자의 브레인 역할에 그치고자 하지 않았다.

1960년 자민당 정권은 정치적 위기를 맞는다. 안보투쟁이 격렬하던 당시 국회에 돌입하려던 전일본학생자치회총연합의 시위대와 경찰이 충돌해서, 시위대의 일원이던 도쿄대생 간바 미치코가 사망하는 사건이 일어났기 때문이다. 시위대와 일본의 좌파 언론이 일제히 경찰과 정부를 비판하며 이 문제는 사회적 논쟁으로 발전했는데, 중국의 마오쩌둥이 이 사건을 두고 "간바 미치코는 일본의 민족적 영웅"[1]이라는 코멘트까지 남길 정도였다.

자민당 내각은 어떻게 해서든 국민의 흥분을 가라앉히고 정국을 수습해야 했는데, 이때 국민을 설득하고 진정시키기 위한 정부의 성명문을 쓴 사람이 바로 와타나베다. 정치적으로 중립적이고 객관적인 입장을 견지해야 할 기자가 정부의 입장에 서서 성명문을 쓴다는 것은 모순된 일이지만, 와타나베가 그만큼 자민당 내부의 신뢰를 받고 있다는 뜻이기도 했다. 그는 당시의 관방장관 시나 에쓰사부로의 비서였던 후쿠모토 구니오의 의뢰로 성명문을 작성하게 되었고, 이를 계기로 그는 정권 수뇌부와 더욱 가까운 사이가 된다.

한일 수교에 관여하다

5·16 군사쿠데타가 일어난 지 1년 후인 1962년, 한일 국교 정상화를 위해 김종필이 파견한 특사 최영택이 일본에 도착했다. 빈곤 상태에서 벗어나지 못한 한국은 국가 재건을 위한 돈이 절실해서 어떻게 해서든 일본과 국교를 정상화해서 배상금을 손에 넣어야만 했다. 당시 수상이던 기시 노부스케와 그의 동생인 사토 에이사쿠는 수교에 적극적이었지만 자민당의 유력자였던 오노 반보쿠가 수교에 소극적이어서 난항을 겪고 있었다. 오노가 야당과 합심해 반대하면 한일 수교는 불가능했기 때문에 그를 설득하는 일이 최우선 과제였다. 오노는 종전 후 외국인 단속에 대한 법률을 제출한 데 불만을 품은 재일 조선인 청년에게 폭행당해 이 두 개가 부러진 적이 있는데, 그 사건 이후로 한국과 한국인에 대해 나쁜 감정을 가지고 있었기에 한국과의 수교에 부정적이었다.

오노의 설득에 도움을 줄 인맥을 찾으려고 전전긍긍하던 최영택은 관계자들의 조언에 따라 고다마 요시오兒玉譽士夫를 찾아갔다.[2] 한일 수교를 위해 도움을 청하는 최영택의 말을 흔쾌히 수락한 고다마는 최영택과 오노, 와타나베 등과 자주 모임을 가지며 한일 협상의 틀을 짰다. 오노가 주저하거나 소극적으로 나올 때마다 그를 설득한 것은 와타나베였는데 이것은 언론의 지원을 의미하는 것이기도 했다.

최영택이 일본 정치가들과 교섭하며 한일 수교의 기초 작업을 어느 정도 정리하자, 협상을 위해 한국 측 대표로 김종필이 일본에 도착했다. 와타나베는 특사 자격으로 일본을 방문한 김종필과 인터뷰를 하면서 그의 생각과 언행에 큰 호감을 가졌다. 김종필이 그릇이 큰 인물이라고 판단한 그는 부자지간처럼 친하게 지내던 오노를 찾아가 김종필에게 적극적으로 협력하라고 권하며 이렇게 말했다.

"지금 세상에는 서른여섯 먹은 큰 인물이 넷 있습니다. 첫 번째는 미국의 '로버트 케네디', 두 번째는 쿠바의 '피델 카스트로', 세 번째는 한국의 '김종필', 네 번째는 바로 저 '와타나베' 입니다. 앞의 세 명은 크게 출세했고 저는 아직 한낱 기자지만 말이죠."[3]

와타나베는 한일회담에 소극적이던 오노를 적극 설득해 김종필과의 만남을 주선하고 회담을 성사시켰고, 오노 역시 김종필을 높이 평가하고 한국 측에 적극적으로 협력했다. 이후 오노는 와타나베를 대동하고 한국을 방문해서 김종필, 정일권, 박정희 등 한국 수뇌부와 회담을 하며 국교 정상화와 배상 문제를 논의했고, 와타나베는 그 모든 과정을 정권의 수뇌부 곁에서 직접 목격했다. 이것은 정권의 수뇌부나 비서관 같은 핵심 인물만이 누릴 수 있던 특혜였는데, 와타나베는 자민당 부총재 오노의 비호 속에 이런 굵직한 정책에 깊이 관여하면서 많은 정보를 얻었을 뿐만 아니라, 자민당 정권의 생리와 이면을 관찰할 수 있었다. 또한 기자 신분으로 비밀리에 한국 측 요인들과 만난 것은 물론 한일회담과 관련해 가장 먼저 특종(김종필-오히라 메모 관련 보도)을 터뜨렸다.

오노 덕분에 권력을 누린 와타나베였지만 1964년 오노의 사망과 사토 에이사쿠 내각의 출범, 그리고 고다마 요시오와 함께 구즈류九頭龍 댐 공사 로비에 개입했다는 의혹이 불거지자 정치권 안팎에서 비판을 받는다. 게다가 너무 비대해진 그의 힘과 권한을 견제하는 요미우리 내부의 파워 게임에서 반대파의 '와타나베 때리기'가 거세지자 1968년 워싱턴 지국장으로 발령 받아 승진 형식을 띤 일시적 외유를 떠난다.

우익 거물 고다마와의 공생 관계

A급 전범이자 전시부터 전후까지 일본 사회에서 우익의 거두로 막강한 영향력을 행사한 고다마 요시오는 언론인 입장에서 보면 두려우면서도 매력적인 존재였다. 고다마는 야쿠자들과의 친분이 두터워 함부로 할 수 없기도 했고, 일본의 정치, 경제, 사회 문제의 이면에 관한 수많은 정보를 가지고 있었기 때문이다. 고다마는 한일 국교 정상화 때도 막후에서 양측 대표의 만남을 주선하고 한국과의 수교에 협력하도록 자민당 수뇌부에 압력을 가하기도 했다.

이미 자민당의 실력자 오노의 신임을 얻고 있던 와타나베는 그에게 놀랄 만한 이야기를 듣는다. 당시 수상이던 기시 노부스케, 자민당 부총재 오노 반보쿠, 전 총무회장 고노 이치로, 기시의 동생 사토 에이사쿠가 모여, 국정 운영에 힘을 전혀 쓰지 못하고 있던 기시 수상을 오노가 돕는다는 조건하에 기시가 오노에게 차기 수상 자리를 넘겨주며, 그 뒤로는 고노, 사토가 차례로 수상직을 잇는다는 내용을 서약한 비밀 서약서가 존재한다는 것이다. 그리고 그 비밀 서약서를 작성하는 자리에는 홋카이도 탄광기선北海道炭鑛汽船의 사장 하기와라 기치타로와 고다마 요시오가 증인으로 입회했으며 그 서약서는 고다마가 보관하고 있다는 충격적인 이야기였다.

그 이야기를 들은 와타나베는 오노의 소개로 1959년 처음 고다마의 집을 찾아간다. 그는 고다마의 막강한 권력과 영향력을 누구보다 잘 알고 있었다. 수천억 엔이 왔다 갔다 하는 방위성의 차기 주력 전투기FX 사업에서 확정 일보 직전까지 갔던 기종(그루먼사社의 F11)을 백지화하고 손바닥 뒤집듯 고다마가 지지하는 기종(록히드사의 F104)으로 바뀐 전례가 있기 때문이었다(후일 고다마가 록히드사의 로비스트 역할을 했다는 것이 밝혀지면서 문제가 되었고, 이 일은 일본을 뒤흔든 '록히드 사건'으로 발전해서 고다마는 결국 국회에 소환된다). 고다마는 불쑥 찾아온 와타나베에게 순순히 문제의 서약서를 보여줬고, 와타나베는 당장 기사화하지는 못할 문제지만 언젠가 필요할지도 모른다는 생각에 사진을 찍어 증거를 확보한다.

이 서약은 당사자들의 내분과 오노와 고노가 병으로 일찍 사망하는 바람에 지켜지지 못했지만, 고다마의 영향력을 확인한 계기였다. 이후로 와타나베와 고다마는 친분을 유지하며 언론의 힘이 필요할 때는 와타나베가, 정보와 암흑가의 힘이 필요할 때는 고다마가 협력하는 식으로 공생 관계를 이어간다. 그들이 만들어낸 작품 중 표면으로 드러난 가장 큰 업적은 한일 수교라고 할 수 있는데,[4] 한국과의 국교 체결이 일본의 우익 거물과 일개 기자의 입김과 압력에 좌우되었다는 것은 한국 정치사에서 부끄러운 일이면서 어떻게 보면 허망한 일이다.

나카소네 야스히로의 '킹메이커'가 되다

1956년 자민당 총재 선거로 분주하던 때 『요미우리신문』의 사주이자 중의원 의원이던 쇼리키 마쓰타로는 와타나베에게 당시 주목받던 젊은 의원 나카소네 야스히로와 매일 만나면서 정보를 수집하라고 지시했다. 와타나베는 의외로 검소하고 소탈한 나카소네의 성품에 호감을 느끼고 '장래의 총리감' 인 그의 평생 지원자가 되었다. 1959년 41세의 젊은 나이로 6선 의원이던 나카소네는 총리의 필수 코스인 장관 자리를 탐내고 있었지만 그가 기시 내각에서 장관직을 얻는 것은 기대하기 힘들었다. 나카소네가 속한 파벌이 기시 수상과 경쟁 관계였고, 무엇보다 그 자신이 자민당 부총재인 오노 반보쿠와 사이가 좋지 않았기 때문이다.

나카소네는 자민당에 입당하기 전 야당인 개진당改進黨 시절 오노가 뇌물을 받았다고 비판한 적이 있는데 오노는 그때의 일로 나카소네에게 나쁜 감정을 가지고 있었다. 이때 와타나베는 두 사람의 화해를 주선한다. 자민당의 실력자와 전도유망한 젊은 정치인은 그의 중재로 화해하고 드디어 나카소네는 과학기술청 장관이라는 타이틀로 내각에 얼굴을 내밀게 된다.

의기투합한 나카소네와 와타나베는 매주 토요일 '사이언티픽 폴리틱스Scientific politics 연구회' 를 열었다. 이것은 지인끼리의 스터디 모임이었는데 이 모임을 통해 쌓은 인맥은 와타나베가 미국에서 가져와 선거 전략의 바이블로 삼은 『대통령 만들기 1960The Making of the President 1960』(시어도어 화이트Theodore H. White는 1960년의 케네디와 닉슨의 선거전을 분석한 이 책으로 퓰리처상 논픽션 부문을 수상했다. 와타나베는 미국 근무 시절 이 책에 감명받고 직접 번역해 일본에서 출판하기도 했고 지인들에게 선거 전략의 지침서로 소개했다. 나카소네는 이 책에서 미디어와 선거 전략에 대한 지식을 얻었다)과 더불어 후일 나카소네 정권 창출에 큰 역할을 했다. 이 모임에는 기자 출신의 거물 후쿠모토 구니오, 와타나베의 고교 후배이자 도쿄대학-일본 공산당-요미우리신문사라는 같은 길을 걸어온 우지이에 세이치로(후일 니혼테레비 사장) 등이 참가했고, 멤버들은 나카소네에게 미쓰이 선박 사장 신도 고지, 아사히가세이 사장 미야자키 가가야키 등 재계의 돈줄을 소개했다. 이 모임은 정계와 재계를 잇는 사조직 역할을 하면서 후일 나카소네에게 큰 자산이 되었다.

와타나베의 중재로 1959년 처음 내각에 참여한 나카소네는 이후로 운수성, 방위성, 통상성, 행정청 등의 장관직을 두루 거쳤고, 드디어 1982년 압도적인 표차로 경쟁자를 누르며 총리에 올랐다.

나카소네가 총리에 오르자 '킹메이커' 와타나베의 권력은 더욱 강해졌다. 자민당 내에서도 총리의 의중을 파악하기 위해 와타나베의 눈치를 살필 정도로, 그에게는 곳곳에서 청탁 의뢰가 쏟아졌다. 실제로 와타나베는 직접 나카소네에게 장관 인사나 정부 정책위원의 선임을 건의하거나, 정책의 시행과 중지를 부탁하기도 했다. 자신은 언론인의 역할을 벗어난 이런 행위를 국가를 위해 하는 행동이라고 생각했지만 이런 권한을 가진 언론인은 그 이전에도 이후에도 나타나지 않았다. 사실 일본의 정치부 기자들이 정치가들과 친밀한 사이가 되어 정치적인 행동을 하는 경우는 적지 않았다. 지금이야 상상도 할 수 없지만, 1970년대 이전에는 정치부 기자들이 정치인들의 선거에 '정치 평론가'라는 간판을 달고 지원 유세를 할 정도였기 때문이다. 그렇다 하더라도 와타나베처럼 장관 인선이나 정책에까지 힘을 발휘한 인물은 없었다.

ⓒ 연합뉴스

일본을 좌지우지하는 언론계 보스 와타나베 쓰네오(가운데). 권력의 핵심부에 다가가 스스로 권력이 된 와타나베와 같은 언론인은 이전에도 없었고 이후로도 보기 힘들 것이다.

자민당이 도쿄 도지사 선거에서 이기기 위해 신흥 종교 '창가학회創價學會'의 힘을 빌릴 때도 와타나베는 그 자리에 있었다. 1963년 도쿄 도지사 선거에 자민당 후보로 아즈마 료타로가 출마했는데 자민당이 승리를 낙관할 수 없는 위태로운 상황이었다. 이때 자민당은 도쿄에서 60만 표를 동원할 수 있는 창가학회에 도움을 청했다. 오노 반보쿠가 창가학회 회장인 이케다 다이사쿠를 도쿄의 호텔 뉴저팬에서 직접 만나 도움을 요청하자 이케다는 이것을 쾌히 승낙했고, 며칠 후 "창가학회 60만 표를 자민당에……"라는 친필 서한을 보내왔다.[5] 이때 이 친필 서한을 이케다에게서 받아 오노에게 전달한 사람이 다름 아닌 와타나베였다. 정권의 존망을 좌우할 수도 있는 극비 사항과 그것을 전달하는 메신저 역할을 맡으면서 이미 그는 정치부 기자가 아닌, 정치가들과 친분을 맺고 정치적으로 움직이는 정권의 동반자가 된 것이다. 결국 아즈마는 선거에서 승리했고, 와타나베는 창가학회라는 거대 조직의 보스 이케다와 우호적 관계를 지속할 기회를 얻었다.

성공한 언론인인가, 언론인의 가면을 쓴 권력자인가

•

1950~1960년대만 해도 『요미우리신문』은 중도 성향의 신문이었다. 청년 시절의 와타나베 역시 자민당 보수파 의원들과 친밀하긴 했지만 노골적으로 보수 성향을 드러내지는 않았고, 오히려 우익 성향과는 거리가 있었다. 천황제 폐지에서 천황제 유지로 생각이 바뀌기는 했으나 이시하라 신타로나 나카카와 이치로 같은 사람이 자민당 내 그룹인 세이란카이靑嵐會 모임에서 "천황폐하 만세"를 외치는 것을 보고 혹독한 비판 기사를 썼다가 나카카와와 대립하는 등 우익 성향에 비판적이었다.

와타나베가 일본의 우익 언론인처럼 소개되곤 하는데 이것은 정확하지 않은 설명이다. 와타나베는 우익이라기보다 보수파라고 하는 것이 더 정확하다. 태평양전쟁에 징집되어 군대의 불합리성과 구타를 직접 경험한 그는 학창 시절 기미가요 제창조차 거부할 정도로 군국주의에 거부감이 강했고, 기자가 된 후에도 군국주의와 가미카제에 대해 일관되게 비판적인 글을 써왔으며, 일본 총리의 야스쿠니 신사 참배를 누구보다 반대하고 비판하는 언론인이기 때문이다.

그러나 1970년대 후반에서 1980년대에 와타나베가 요미우리신문사의 실력자로 부상하면서 신문의 논조가 중도에서 보수 성향으로 바뀌게 된 건 사실이다. 또 평생의 동지인 나카소네가 장기 집권하면서 와타나베도 신문사에서 1983년 전무, 1987년 부사장에 올랐고, 요미우리의 독재자라 불리던 무타이 미쓰오가 1991년 사망하자 그를 이어서 요미우리 제국의 사장에 취임했다. 물론 그 이후로도 1996년 요미우리 자이언츠 구단주, 1999년 일본신문협회회장 등 일본 언론계의 맹주로서 최고의 자리를 지켰다.

젊은 시절 천황제를 비판하고 군국주의에 혐오감을 품은 그였지만 나카소네 정권 이후 언론계의 정점에 있으면서 차츰 보수적이고 독재적인 성향을 띤다. 와타나베의 독재자로서의 일면이 드러난 것은 야구 구단주로서 보여준 언행이었다. 그가 오너로 있는 최고 인기의 프로야구 구단 요미우리 자이언츠는 일본 내에서 막강한 힘을 가지고 있다. 그만큼 절대적인 인기를 누리고 있는 요미우리이기에 요미우리 그룹 계열 방송국인 니혼테레비뿐 아니라 대부분의 민영 방송국과 신문에서 방송 횟수, 뉴스에서 할애하는 시간과 지면 등 모든 면에서 다른 팀보다 우대받는다. 그렇게 자이언츠가 프로야구계에 미치는 영향이 크다 보니 자연히 구단주인 와타나베의 발언에도 막강한 힘이 실린다.

그런 맹점이 명확히 드러난 사건은 구단 인사권에 대한 전횡(와타나베는 독단적인 판단하에 감독의 임명과 해고를 반복했고 선수의 스카우트와 트레이드부터 타순에 이르기까지 간섭이 많은 구단주로, 팬들에게도 많은 비판을 받았다)과 프로야구선수협의회와의 대립이었다. 2004년 선수 대표가 구단주들과의 회

요미우리 자이언츠의 홈구장인 도쿄돔의 전경. 일본 프로야구계에서 인기 절정을 누리는 요미우리 자이언츠의 구단주인 와타나베의 독재를 신랄하게 비판할 수 있는 언론은 없다.

담을 제의하자 이에 대해 "분수를 알아야지. 감히 선수 주제에" 라고 폭언을 한 것이 그 예인데, 그 발언이 언론에 보도되자 야구 팬들에게서 비난이 빗발쳤고 요미우리 자이언츠의 경기 시청률이 내려가는 등 큰 반발을 사기도 했다. 하지만 야구 팬들의 그런 비난에도 불구하고 언론계와 프로야구계의 '천황' 이나 다름없는 그를 신랄하게 비판할 수 있는 언론은 거의 없었다.

돈과 권력의 정점을 지향한 불세출의 언론인

•

와타나베는 분명 날카로운 비판 의식과 글 실력을 가진 타고난 기자였다. 하지만 30대 때부터 이미 언론인과 조언자의 영역을 넘어 일본의 내외 정책에 깊숙이 관여하면서 점점 언론인에서 권력자로 그 역할이 변해갔고, 저널리스트의 색깔은 점점 퇴색했다. 권력의 중심과 가까웠던 그는 기사화되면 일본이 발칵 뒤집힐 만한 사건도 많이 알고 있었지만, 그것에 대해 침묵하는 대신 사건에 더욱 깊이 관여할 수 있는 특혜를 선택했다.

즉, 언론인의 사명은 제쳐둔 채 일본 사회의 권력자로서 정책 결정과 이권 개입에 참여한 것이다. 언론, 정치, 경제, 외교, 스포츠 다방면에 깊이 관여하면서 일본 사회의 이면을 보도하고, 강한 어조로 할 말은 하던 젊은 시절의 언론인 와타나베가 보여준 활약은 눈부셨다. 그러나 그가 점차 권력을 키워가며 언론계의 맹주로서 정책과 외교, 이권 문제에 참여하는 '막후의 조정자' 역할을 병행한 것은 일본 언론계에 좋지 않은 선례를 남겼다.

그가 일본 사회에 끼친 영향과 공과功過에 대해서는 찬반이 엇갈린다. 언론인이 막대한 권력을 가지는 것에 대한 비판이 있는 것도 사실이다. 그렇지만, 앞으로 일본 사회에서 그와 같은 권력을 가진 몬스터 언론인이 나올 가능성은 거의 없으므로 제2의 와타나베를 염려하는 사람은 없다. 그럼에도 여전히 그의 독선적인 경영 방식에 대한 지적이 끊임없이 나오는 이유는 그가 요미우리 그룹의 회장으로서 일본의 사회, 경제, 스포츠계에 막강한 영향력을 끼치는 현역(2010년 12월에는 여당인 민주당 세력과 과거 자민당 세력을 아우르는 연립 정권 구성과 차기 수상 결정에 대해, 정계 실력자들과 막후 작업을 한 것이 보도되어 화제를 낳았다)이기 때문이다.

반공 우익과 기부천사의 두 얼굴

사사카와 료이치

젊은 나이에 거둔 성공

•

전후 일본에서 큰 영향력을 발휘한 거물을 꼽으라면 절대 뺄 수 없는 사람이 있다. 한일 국교 정상화의 막후 협상자이자 야쿠자 보스들의 '선생' 역할을 한 고다마 요시오마저 그 앞에서는 부동자세를 취했다는 사사카와 료이치笹川良一 일본선박진흥회 회장이 그 주인공이다. 그는 우익에서 전범으로, 또 친미 반공으로, 그 후엔 자선사업가로 변신하면서 어떤 정치가나 재벌보다도 현대 일본 사회에서 큰 영향력을 발휘했다.

사사카와는 1899년 오사카의 미시마 지역에서 술을 제조하는 집안의 장남으로 태어났다. 아버지가 상당한 자산가여서 유복한 가정에서 자랐다. 어려서부터 보스 기질이 다분한 소년이었고 성적도 나쁘지 않았으며 집안도 좋았지만 그의 아버지는 그를 중학교에 진학시키지 않았다. 소학교 교장이 "이 아이는 더 학문을 배우면 사회주의자가 되어 국가에 반기를 들거나, 도시 생활에 물들어 타락한 인간이 될 것이다. 장래를 위해 가까운 곳에서 '덕德'을 쌓게 하는 편이 낫다"[1]는 조언을 했기 때문이다. 그 이야기에 아버지는 아들을 집에서 가까운 절에 보내 예절과 마음가짐을 배우게 했다.

소학교 시절 친구 중에는 후일 노벨 문학상을 수상한 소설가 가와바타 야스나리가 있었다. 사사카와는 도쿄대에 진학한 가와바타 대신 성묘를 해줄 정도로 친했고 집안끼리도 잘 아는 사이여서 출세한 뒤로 가와바타에게 경제적인 지원을 아끼지 않았다.

어릴 때부터 비행기를 동경하던 그는 일본군에 지원해 항공 부대에 들어갔다. 원하던 부대에 배속되어 모범 군인으로 인정받으며 복무하던 사사카와는 프로펠러를 돌리다가 어깨를 다쳐 어쩔 수 없이 제대한다(당시엔 사람의 힘으로 프로펠러를 돌려 시동을 걸어야 했다).

부상으로 제대한 사사카와는 23세의 나이에 고향으로 돌아온다. 돌아온 지 얼마 되지 않아 부친이 사망해서 술 제조업과 채권, 주식, 현금 등 거액의 재산을 물려받는데, 이때만 해도 그는 '많은 유산을 물려받은 부유한 젊은 상인'에 지나지 않아서, 부친이 물려준 술 제조업에만 힘을 쏟았다. 그러나 곧 시장 상황을 읽는 탁월한 감각으로 주식거래에서 크게 성공해 재산을 늘린다.

그러던 어느 날 사사카와는 유산의 관리와 운용을 부탁하던 오사카 선물시장의 이케다라는 상인에 주목한다. 이케다는 쌀 선물시장에서 잔

뻐가 굵은, 선물에 관해서는 사사카와의 스승 같은 존재였는데 프로답지 않게 손해를 보는 일이 많았다. 사사카와는 이케다와 반대로만 하면 성공할 수 있겠다고 확신하고 과감하게 쌀 선물거래에 뛰어든다. 그는 이케다에게 "매수했소? 매도했소?"라고 물어본 뒤 이케다가 매수하면 매도하고, 매도하면 매수하는 작전을 구사했는데, 이것이 대성공해서 엄청난 부를 거머쥔다.[2] 영화 같은 에피소드지만, 시장의 흐름을 읽는 탁월한 상인의 감각이 있었기에 가능했다.

사사카와는 벌어들인 자금을 바탕으로 광산업에 진출해 재산을 더욱 늘렸고, 일본에서 손꼽히는 재력가가 되었다. 1925년 지방자치단체 의원이 된 것을 계기로 정치에 입문한 사사카와는 연예 사업 등에도 손을 대고 주식으로도 크게 성공했다. '부'야말로 그를 대표하는 이미지였다. 그는 30대 초반이었던 1930년대부터 만주, 상하이, 동남아를 자가용 비행기로 돌며 군 위문 활동을 펼쳤는데, 군에 막대한 물자를 헌납한 게 큰 화제가 되어 '통 큰 남자', '스케일이 다른 호걸'이라는 이미지가 평생 따라붙었다.

막대한 재산을 쌓은 그는 장사에서 정치 쪽으로 점점 손을 뻗었다. 1931년, 호전적이면서 우익 성향인 국수대중당國粹大衆黨를 만들어 총재 자리에 오른 것이 시발점이었다. 그는 이기적인 자산가, 재벌, 정치가, 부패 관리를 비판하고 민중을 위한 정책과 행동을 강조했는데, 당 이름에 대중이 들어간 것도 그런 이유에서였다. 대중의 뜻에 따라 국정을 수행한다고 주장하며, '대중 우익'의 기치를 내걸었고, 이탈리아 파시스트당을 모방해 1만 5,000명에 이르는 당원에게 검은색 제복을 입혔다. 그는 돈만 아는 자산가나 권력자를 싫어하고 언제나 대의명분과 근면, 검소, 효도 등의 도덕관을 강조한 사람이었다. 적어도 표면적으로는 말이다.

국제적 스케일의 자기과시

1932년에는 만주국으로 비행기를 타고 날아가 '마지막 황제' 푸이와 회견을 해서 일본뿐만 아니라 해외에도 이름을 알리는가 하면, 1939년에는 자가용 비행기 야마토Yamato를 타고 직접 유럽까지 날아가 무솔리니와 대담을 해서 국제적으로도 화제가 되었다. 1937년 일본-독일-이탈리아의 방공 협정 체결로 히틀러와 무솔리니는 일본에서도 대단한 인기였으니, 그를 직접 만나서 선물까지 받아온 사사카와는 유명세를 얻을 수밖에 없었다.

유명인과의 회담, 기념사진, 간담회를 통해 지명도를 올리는 방법은 오늘날 정치인들도 많이 사용하는 수법인데, 사사카와는 그 활용법과 효과를 누구보다 잘 알았다. 그는 후일 국제 자선사업과 빈민 구제 사업 등에 대대적인 힘을 쏟는데 이런 그의 행적에 대해 순수한 의도보다는 단지 개인적 명예욕과 자기과시 때문이라는 비판적인 의견도 있다.

육군 항공 부대 출신으로 비행기에 대해 관심과 지식이 남다른 사사카와는 무료로 비행사 양성 교육을 실시하는 국수의용비행대를 1932년 창립하고, 1934년에는 오사카에 비행장을 건설해 10여 대의 비행기와 함께 육군에 기부하는 등 통 큰 거물의 모습을 보여줬다. 재벌도 아닌 일개 오사카 상인 출신의 우익정당 총재가 보여주는 엄청난 단위의 기부는 군국주의의 정점을 향해가는 일본 사회에서 애국자의 상징처럼 여겨졌고, 많은 신문이 앞다퉈 그를 치켜올렸다.

하지만 이런 기부 뒤에는 군과의 밀약이 있었다. 전후 극동 군사재판에서 일본군의 내부 비리나 행적에 대해 낱낱이 증언한 육군성 병무 국장 출신 다나카 류키치 소장少將은 재판정에서 사사카와에 대해 증언했다. 그에 따르면, 사사카와가 비행기와 비행장을 헌납하고 군부가 지지하는 후보의 당선을 도운 대가로 일본군 수뇌부가 거액의 비밀 자금을 사사카와에게 건넸다는 것이었다.[3] 군이 그에게 비밀 자금을 건넨 사실은 다나카뿐만 아니라 심복이나 다름없던 고다마 요시오의 증언에서도 확인된다. 겉으로는 애국주의 기부 천사로 보였지만, 보이지 않는 곳에서는 군부와의 이해관계가 얽혀 있던 것이다.

그가 이끄는 국수대중당이 1941년 대대적으로 추진하던 '남진南進' 운동이나, 전쟁으로 세를 몰아가기 위한 여론 형성은 군부가 벌인 정치 공작의 산물이라고도 볼 수 있다. 그러나 군부에서 받은 사례금이 사사카와를 움직이는 직접적인 이유로 작용했다고 단언하기는 힘들다. 그가 받았다고 밝혀진 10만 엔은 현재 가치로 치면 수억 엔에 이르는 거금이지만, 사사카와가 군과 정치 활동에 뿌리고 다닌 금액에 비교하면 적은 액수이기 때문이다. 비행기를 매개로 친분을 쌓은 군부 인사 중에는 후일 진주만 기습을 성공시킨 연합함대 사령관으로 일본에서 국민 영웅시된 야마모토 이소로쿠도 포함되어 있었다. 야마모토는 사사카와와 개인적인 편지를 주고받을 정도의 사이였으며, 사사카와가 무솔리니를 만나러 가는 계획에도 관여했다.[4]

하지만 태평양전쟁 중 비행기를 타고 전선을 순회하며 군 위문 활동을 펼쳐 애국자로서 명성이 높던 사사카와도 1945년 일본이 패전하자 인생의 전환을 맞는다.

인생의 '학교' 스가모 구치소

1945년 일본이 패전하자 사사카와는 A급 전범 용의자로 체포되어 도쿄의 전범 수용소로 유명한 스가모巢鴨 구치소에 수감된다. 제2차 세계대전 중 탄압받던 공산주의자, 사상범, 반전운동가 등이 투옥되었던 이곳에, 세상이 바뀌자 이번에는 그들을 탄압하던 도조 히데키를 비롯한 전범과, 군인들에게 많은 영향을 끼친 오카와 슈메이大川周明(일본의 사상가로 도쿄전범재판에 기소된 유일한 민간인. 재판 중 괴성을 지르거나 앞에 앉아 있는 도조 히데키의 머리를 때리는 등 특이한 행동을 보였고, 매독 감염에 의한 정신 질환이라는 판정을 받아 석방된다) 같은 우파 사상가가 수용된 것이다.

사사카와에 대해 잘못 알려진 몇 가지 사실 중 하나가 그가 'A급 전범' 이라는 것이다. 일본에도 그를 A급 전범으로 오해하는 사람이 많고, 한국 언론에서도 그를 A급 전범이라고 보도해왔다.[5] 하지만 그는 A급 전범이 아니고, 사실 그럴듯한 전쟁범죄를 저지른 사실도 없다. 그가 A급 전범 용의자로 수감된 것은 사실이나, 3년간 수감되었다가 불기소로 1948년 석방된다. 정확히 표현하자면 그는 'A급 전범 용의자' 다. 그가 전쟁 중에 펼친 활동은 비행장과 비행기를 군에 헌납하고 만주, 중국, 남방 전선을 비행기로 누비며 군 위문 활동을 한 정도가 전부였다. 하지만 무솔리니와 푸이를 직접 만나고, 자가용 비행기로 전장을 누비는 등 그가 그동안 보여준 화려한 행적은 이미 잘 알려져 있었고, 연합군으로서는 그런 그가 곱게 보일 리가 없었다.

감옥에서 사사카와는 전범으로 수감된 엘리트들의 나약함을 목격했다. 일류 대학인 도쿄대학을 나와 정부 관료로 잘나가던 문관이나, 육사와 육군대학을 거쳐 무소불위의 힘을 지니던 군의 고관도 수용소에서는 그저 '머리만 좋은 나약한 인간'이었다. 특히 군을 호령하던 고관들이 보여주는 모습은 연약함 그 자체였다. 자기가 살기 위해 "사실 나는 전쟁에 반대했다"라고 하는 사람이 있는가 하면, 그런 사람을 보고 '거짓말쟁이'라고 분노하는 사람, 군 내부 비밀을 남김없이 연합군에 누설하는 사람을 보고 '귀신이 되어 너를 죽이겠다'고 저주하는 사람 등 인간의 온갖 추한 모습을 목격한 것이다. 구치소에서의 일상을 기록한 「스가모 일기」에서 사사카와는 구치소 안의 모습을 다음과 같이 회고한다. "나이든 사람들, 특히 고급 군인들은 교활하다."

하지만 고등소학교만 나와서 일찌감치 사업과 정치 운동에 뛰어들어 성공한 그는 구치소에서 그들보다 훨씬 강한 모습을 보였다. 공포와 불안에 떠는 전직 고관들을 위로하기도 하고 열악한 환경에서 비인간적인 대우를 받으면서 어떤 불만도 말하지 못하는 그들을 대신해 강력히 항의하는 등 보스 기질을 유감없이 보여준 것이다. 어쩌면 자신에게 중형을 받을 만큼의 혐의가 없다는 것을 잘 알았기 때문에 대담해진 것인지도 모른다. 실제로 그의 수감은 체포라기보다는 자진 입소에 가까웠다. 그가 구치소에 입소하는 광경은 요즘 TV에서 볼 수 있는 한류 스타의 군 입대 중계를 방불케 했다. 긴자에 있던 자기 사무실에서 여러 대의 트럭에 군악대와 지지자들을 태우고, 군중을 향해 환송 인사와 일장 연설을 하고 나서 〈군함행진곡〉이라는 군가까지 울려가며 요란한 입소식을 벌였기 때문이다. 일본이나 군의 찬양을 금지하고 사상적 검열을 엄격하게 하던 승전국 미국을 자극하는 대담한 행동이었다. 이런 도발적인 퍼포먼스는 기가 죽어 있는 일본인들의 지지를 받아 다시금 그의 인기를 올려주는 계기가 되었다.

구치소에 수용된 많은 전범 중 도조 히데키를 비롯해 만주사변을 일으킨 이타가키 세이시로 등은 교수형, 조선 총독을 역임한 고이소 구니아키, 미나미 지로 등은 종신형이라는 중형을 선고받았다. 하지만 전범으로 기소되지 않고 석방된 사람들이 있는데 그들은 후일 정재계에 화려하게 복귀해서 일본을 좌지우지하는 거물이 되었다. 사사카와를 비롯해 『요미우리신문』과 프로야구 구단 요미우리 자이언츠의 오너가 된 쇼리키 마쓰타로, 사사카와의 하수인 역할을 한 고다마 요시오, 만주국 관료 출신으로 후에 수상이 된 기시 노부스케 등이 불기소로 풀려난 사람들이다. 그중 고다마와 기시는 사사카와와 같은 감방에 수감되기도 했다. 수감자들에게 절대적인 신뢰를 얻은 사사카와는 이때 맺은 인맥으로 전후 일본 사회에 엄청난 영향력을 행사했다.

복역 3년 만인 1948년에 풀려난 사사카와는 막대한 재산을 가지고 사회운동에 뛰어들었다. 먼저 수감된 전범들의 처우 개선, 전사자 유족에 대한 생활 지원, 전몰자 위령 사업 등에 힘을 써 많은 사람의 칭송을 얻었다. 자선사업이긴 했지만, 연합군의 눈치를 보는 데 급급하던 전후 일본에서 이 정도로 배짱 있는 사람은 별로 없었다. 전쟁으로 아버지나 아들을 잃고 배고픔과 가난에 허덕이던 유족들에게 경제적 지원을 해주는 사사카와는 구세주 같은 존재였다. 자기 과시욕이 강한 그는 일본의 상이군인, 전쟁미망인, 고아뿐만 아니라 대만이나 조선 출신의 전몰 군인에 대한 지원과 위령 사업에도 많은 힘을 쏟았다. 전시에는 전쟁에 긍정적이고 군부에 많은 협력을 했으나, 전쟁 후의 이런 행적이 일본 국민들의 눈에 미국을 두려워 않고 일본을 위해 힘쓰는 박애주의자로 비쳐진 것은 어쩌면 당연했다.

또 하나 그가 노력을 기울인 것은 반공 운동으로, 이는 젊은 시절부터의 일관된 소신이기도 했으며 미국의 이익과 일치하는 부분이기도 했다. 아시아에서 공산주의에 대한 방파제가 필요하던 미국으로서는 철저한 반공주의자인 사사카와를 견제할 필요도 없어서, 실제로 많은 부분에서 공생 관계였다.

경정 사업에 손을 뻗다

경정競艇이라는 레저스포츠가 있다. 사람이 소형 모터보트를 타고 레이스를 펼치는 오락으로 경마와 마찬가지로 돈을 걸 수 있어 사행성이 있다. 이 종목은 세계에서 일본과 한국에만 있는 스포츠이며, 한국은 일본 경정의 규칙을 대부분 그대로 들여와서 운영한다. 이 스포츠를 만든 게 바로 사사카와다. 사사카와가 구치소에 있을 때 미국 잡지 『라이프』에서 모터보트의 사진을 보고 착안해 만들었다. 경마, 경륜, 경정 같은 스포츠는 일단 정착만 되면, 그 이후로는 계속해서 수익을 낼 수 있는 사업이므로 누구나 탐내지만, 관련 법안이 국회를 통과하는 것은 상당히 힘들었다.

1951년 경정 사업 관련 법안이 중의원에 상정되어 가까스로 통과되었으나, 참의원에서 부결되어 사업이 좌초될 위기에 빠진다. 참의원에서 부결되어도 다시 중의원에 상정해 3분의 2 이상의 찬성을 얻으면 법률로 통과된다는 규칙이 있지만, 그렇게 통과된 예는 단 한 번도 없었다. 이때 사사카와는 심복과도 같던 국수대중당 출신 후지 요시오와 교섭의 귀재 야쓰기 가즈오八次一夫(1958년 종전 후 처음 한국을 공식 방문한 일본인으로 한일 협상뿐만 아니라 일본-대만 문제 등에서 일본 수상의 특사로 활약했다)를 동원해 절대 다수의 여당인 자유당을 장악한 정치가 히로카와 고젠을 설득해 법안을 통과시켰다.

또한 경정에서 얻은 수입의 3.3퍼센트를 '재단법인 일본선박진흥회'가 추진하는 공익사업으로 돌리는데, 이 재단은 공익사업이라는 명분하에 정부 관련 단체에 보조와 지원을 한다. 다시 말해서, 사행성 레저스포츠에서 얻은 돈을 합법적으로 정치가와 관료 조직에 지원하는 것으로, 사사카와가 정관계에 강력한 영향력을 행사할 수 있는 시스템이 완성된 것이다. 사업이 시작된 초기에는 적자를 면치 못했지만, 사사카와의 재정 지원에 힘입어, 그 자신도 "이렇게 성공할 줄은 몰랐다"라고 말할 정도로 경정은 황금 알을 낳는 거위가 되었다. 경정 사업의 성장은 일본 사회에서 사사카와의 영향력이 커짐을 의미했다.

통일교 그리고 한국과의 접점

반공이라는 사사카와의 성향은 통일교 총재 문선명과의 협력 관계를 이끌어냈다. 문선명이 1967년 7월 일본에 가서 세계반공연합을 창설할 때 고다마 요시오, 사사카와 료이치와 회담을 했다는 사실이 일본 참의원 회의록에 남아 있고,[6] 1968년 국제승공연합을 발족했을 때 발기인이 기시 노부스케와 고다마 요시오, 회장이 일본 통일교 회장 구보키 오사미, 명예 회장이 사사카와였던 것만 봐도 사사카와와 통일교 그리고 반공이라는 이념으로 이어진 한미일의 연결 고리를 엿볼 수 있다.

문선명은 반공과 재력을 무기로 일본의 우파 정치인, 한국의 역대 군사정권, 미국 정치인과도 친분을 유지했는데, 냉전 시대에 한미일 정권에서 지지를 받기 위해서 가장 잘 먹히는 것은 역시 반공이었다. 하지만 냉전 시대에는 반공을 전면에 내세워 세력을 키운 그가 소련 붕괴 후에는 김일성, 김정일과도 협력 관계에 있던 것을 보면 그의 반공은 신조라기보다는 처음부터 하나의 수단에 불과했는지도 모른다.

사사카와는 A급 전범, 우익이라는 이미지 때문에 한국에서 많은 비판을 받는 인물이다. 실제로 2005년 연세대 교수협의회는 "1995년 말에 당시 송자 총장이 사사카와가 세운 일본재단의 돈을 '한일협력 연구기금'이라는 이름 아래 교내로 끌어들이려고 하다가 학생들과 교수들, 그리고 교수평의회의 반대로 그 시도가 좌초되었다. 그리하여 일본재단의 자금은 결국 연세대학교의 울타리를 못 했는데……", "반민족적 친일의 역사가 우리 대학교에서 재생산되는 것을 더 이상 방치할 수 없다"[7]

도쿄 아카사카에 있는 일본 재단 본부. 사사카와가 세운 '일본경정협회'가 나중에 이름을 바꾼 것이다.

면서, 이름만 '아시아 연구기금'으로 바꾼 일본 극우파(사사카와)의 돈을 연세대로 끌어들인 당시 연세대 총장의 사과와 아시아 연구기금 관련 교수들을 보직에서 해임하라는 성명문을 발표했다.

하지만 이런 종류의 기부나 지원을 우익의 돈이라며 그것을 받는 사람을 죄인 취급하는 것이 과연 합리적인 반응일까. 사사카와가 설립한 재단은 1975년 한국의 나병 퇴치기금 설립, 나병 종합연구원 건립 등에 거금을 지원했고, 1976년 상이용사 지원 기금을 내놓는가 하면 1988년 고려대에 장학금 100만 달러 기부, 1994년 연세의료원에 5,000만 엔 기부 등 수많은 기부 활동을 펼쳐왔다. 심지어 중국 공산당이나 1995년 홍수로 수재민이 발생하고 전염병과 아사자가 속출한 북한도 사사카와가 세운 일본재단의 지원을 받았다.

1982년에 조계사에서 열린, 태평양전쟁 당시 사망한 조선인 추모 법회에서 사사카와가 한일불교친선협의회의 명예 회장 자격으로 "한국의 순국선열들은 의당 할 일을 했고, 자기 권리를 요구하다 희생되었으므로 그 숭고한 정신과 영혼 앞에 사죄하기 위해 자청해서 참석했다"[8]는 발언을 했을 때도, 1982년 원광대에서 그에게 명예 철학박사 학위를 수여할 때도 주지 말라거나 누구를 해임하라는 목소리는 거의 없었다. 20년 전에는 사사카와가 어떤 사람인지 몰랐기 때문일까?

마지막 '통 큰 사업' 보물선 인양 계획

전후에 사사카와는 자선사업과 의료복지 사업, 사회정화 운동에 누구보다 힘을 기울였다. UN평화상(1982), 헬렌 켈러 국제상(1983), 마틴 루서 킹 인권상(1986), 마하트마 간디 세계평화상(1987), 프랑스 예술문화훈장(1993) 등 그가 한국을 포함한 세계 여러 나라와 국제기구 등에서 받은 표창과 직함은 일일이 거론하기 힘들 정도다. 한마디로 노벨 평화상 이외의 주요 상은 다 받았다고 해도 과언이 아니다. 특히 나병 환자 치료에는 누구보다 힘을 기울였는데, 나병 퇴치를 위해 엄청난 돈을 지원했고 나병 백신이 개발되었을 때 실험 대상을 자진하기까지 했다. 이런 공적이 세계보건기구WHO에서 인정받아 표창을 받은 것은 물론 1979년에는 세계보건기구 본부에 그의 흉상이 세워졌을 정도다.

말년에 그는 러일전쟁 때 수조 원에 달하는 금괴를 실은 채 일본 해역에서 침몰했다고 알려진 러시아의 순양함 '나히모프' 에서 금괴를 인양하는 작업에 엄청난 돈을 투자했다. 일본 국회 기록을 보면 일본 정부도 나히모프에 약 8조 원에 달하는 금괴가 있다고 추정할 정도였다. 이 사업은 이전에도 시도된 적은 있지만, 자금난과 기술적 문제로 실패를 거듭해 온 사업이었다.

1980년 사사카와는 이 보물찾기에 뛰어드는데, 이것은 돈벌이 때문은 아니었다. 러일전쟁 이후로 침몰된 배에 아무 태도도 취하지 않던 소

러일전쟁 때 수조 원에 달하는 금괴를 실은 채 침몰한 러시아의 순양함 '나히모프'. 사사카와는 이 선박을 인양해서 소련을 국토 분쟁 협상 테이블로 유도하려고 했으나, 사업은 막대한 손해만 입은 채 막을 내린다.

련은 일본이 인양 작업을 개시하자 갑자기 소유권을 주장하며 외교적인 신경전을 벌였다. 사사카와는 금괴를 인양하면 그것을 소련에 넘겨주는 대가로 소련이 점거하는 북방 영토의 반환을 요구하려고 했다. 즉 보물선 인양을 세계적인 화제로 끌어올려, 경제난을 겪던 소련을 국토 분쟁 협상 테이블로 유도하려는 마지막 통 큰 사업이었다. 이 사업은 첨단 잠수 장비와 엄청난 인력을 동원해 일본뿐 아니라 세계의 관심을 불러일으켰지만 발견된 것은 백금 덩어리 10킬로그램에 불과해 사사카와는 막대한 재산을 탕진하게 되었고, 이때 날린 재산은 수백억 엔이라고 전해진다.[9]

CIA 문서 공개로 불가피해진 사후 재평가

사사카와의 행적은 많은 부분이 베일에 감춰졌고 그가 사망한 현재까지도 밝혀지지 않은 부분이 많다. 그가 살아 있을 때 그를 건드리는 행위는 일본에서 용납되지 않았다. 고다마 요시오 같은 사람은 야쿠자와 직접적인 친분을 맺고 같이 사업을 도모하며 여러 가지 사건에 연루되었지만, 사사카와는 야쿠자와 일정한 거리를 유지하고 전후에는 범죄에 연루되지도 않았다. 그럼에도 언론이나 평론가들은 사사카와의 행적에 대한 비판이나 추적에 굉장히 소극적이었다. 그가 사회적으로 큰 영향력이 있고 그의 아들이 국회의원이라는 것도 이유 중의 하나였지만, 그의 행적을 좇는 사람들이 협박 전화를 받는 등 보이지 않는 위협에 시달렸기 때문이다.[10] 그렇기 때문에 그는 한때 우익이었으나 전후 친미 반공 노선에서 활동했으며 경정으로 번 돈을 자선사업에 투자한 인물 정도로만 받아들여졌다. 사사카와나 고다마가 미국의 하수인 역할을 했다는 설은 오랫동안 떠돌았지만 철저히 베일에 가려진 두 사람의 행적에 대한 구체적인 증거는 별로 없었다.

그러나 2005년 CIA의 극비 문서가 공개되면서 미국이 사사카와, 고다마, 쇼리키 마쓰타로 요미우리 사장, 기시 전 수상 등을 이용해 중국과 북한에 대한 정보를 수집하고 일본 내 공산당을 감시하고 견제해왔음이 밝혀졌다. 1945년 일본에 진주한 미국 첩보 기관은 고다마가 중국에서 엄청난 양의 금과 다이아몬드를 약탈해서 일본으로 빼돌렸다는 것과 그 일에 사사카와가 관련되었다는 것을 알고 있었다. 하지만 철저한 반공주의자인 고다마와 사사카와의 이용 가치에 주목했고, 아시아에서 공산당 세력을 저지하기 위해 이들을 석방하는 대신 미국을 위해 일할 것을 요구하는 밀약을 맺었다.

미군은 기시를 심문하고 나서, 전후 일본이 공산주의 세력의 온상이 될 위험에 있다는 것과 기시, 사사카와, 고다마를 이용하는 것이 효과적이라는 것을 알았다. 세 사람은 도조 히데키 등 전범들이 교수형에 처해진 다음 날인 1948년 12월 24일 석방되어 미국에 협력하는 임무를 수행하게 되었다. 기시는 정계에서, 고다마는 우익 운동과 정치 공작에서, 사사카와는 정부가 공인한 경정에서 얻은 수익을 반공과 자선사업에 뿌리는 역할을 맡은 것이다.[11]

그렇다고 이들이 미국의 생각대로 미국의 국익에 큰 도움이 된 것만은 아니었다. CIA는 고다마에 대해서 "자신의 부와 권력을 얻으려고만

할 뿐, 국가의 장래에는 관심이 없다. 첩보원으로서의 가치가 없다"[12]라고 평가절하할 정도였다. CIA의 문서 내용은 이미 공개되어 서방 언론과 일본 저널리스트들에 의해 언급되었지만, 일본의 메이저 언론은 문서의 구체적인 내용과 사사카와나 고다마 관련 내용에 대해서 침묵을 지키고 있다. 그렇다고는 해도 미국의 꼭두각시 역할을 한 역대 일본 정권과, 사사카와를 포함한 전후 일본의 권력자들에 대한 재평가는 피할 수 없는 상황이다.

돈을 위해서라면 수단을 가리지 않는 자본가

1995년 사사카와가 사망했을 때 남긴 재산은 그렇게 많지 않았다. 나히모프 인양 사업에 천문학적인 돈을 쏟아부었기에 유산은 개인적 채무와 상속세를 빼면 15억 엔 정도였다. 그나마 현금화하기 힘든 부동산 등이 많았기에 장남과 차남은 유산 상속을 포기했다. 한때 자신의 비행대와 비행장까지 가졌던 거부가 남긴 재산이라고는 믿기지 않을 정도지만, 세계적으로 큰 영향력을 발휘하는 일본재단, 국회의원으로 활동하는 차

세상의 칭송과 비난을 동시에 받는 사사카와 료이치의 본모습은 과연 무엇일까?

남 사사카와 다카시, 일본재단 총재인 삼남 사사카와 요헤이 등에 의해 그는 현재까지도 일본 사회에 영향을 미치고 있다.

사사카와는 이른 나이에 무솔리니와 직접 대담을 할 정도로 힘을 가졌고, 일본 군부와 정계 그리고 일반 국민에게도 많은 지지를 받았으며, 엄청난 재산을 기부한 호걸이었다. 전후에는 자선사업으로 일본뿐만 아니라 세계에서 많은 칭송을 받은 것도 분명한 사실이다. 하지만 사람들이 볼 수 없는 장막 뒤에서는 일본군 수뇌부와 비밀 거래를 하기도 하고, 미국의 협력자로 일본 사회에서 권력을 유지해나간 현실주의자였다. 앞에서는 '바른생활 사나이' 였지만, 뒤에서는 원칙과 대의명분 대신 자기 잇속과 권력을 좇는 철저한 실리주의자였던 것이다. 어쩌면 그가 강조한 윤리관이나 도덕관은 실리를 추구하기 위한 하나의 포장이었을지도 모른다는 생각마저 든다.

"그 사람의 본질은 타고난 오사카 상인이다. 돈을 벌기 위해서라면 수단을 가리지 않는 자본가에 지나지 않는다."

사사카와처럼 우익으로 분류되면서도 권력이나 재산과는 거리가 먼 아카오 빈이 그를 두고 한 말이다. 검소, 절약, 효도, 근면을 강조하고, 많은 선행으로 서민들에게 감명을 주었지만, 본질은 역시 장사꾼이라는 말이다. 어쩌면 '오사카 상인' 이라는 말이 시대의 호걸, 일본 사회를 움직이는 권력자로 불린 사사카와를 가장 정확하게 표현하는 말일지도 모른다.

쇼와의 라스트 갓파더

다오카 가즈오

전후 일본을 대표하는 '대부'

•

말런 브랜도 주연의 미국 영화 〈대부〉(프랜시스 코폴라 감독, 1972)는 화려한 파티 장면으로 시작된다. 파티에는 마피아와 그 가족뿐 아니라 기업가, 정치가, 유명 연예인 등이 모습을 드러내고 그들은 대부 돈 콜리오네에게 서로 앞다퉈 인사하고 경의를 표하는가 하면 자신의 고민을 상담한다. 그들의 부탁을 들어주거나, 돈을 대주거나, 법과 경찰이 해결하지 못하는 분쟁을 폭력이라는 무기로 해결해주는 것이 바로 '갓파더God father' 돈 콜리오네다. 일본 현대사에 돈 콜리오네와 비슷한 인물이 있다면 전후 일본 야쿠자의 역사를 새로 쓴 다오카 가즈오田岡一雄일 것이다. 그는 단순히 공포의 대상이 아니라 현재까지 전해오는 숱한 전설과 함

1952년의 다오카 가즈오. 왼쪽부터 차례대로 오노 미쓰루, 다오카 가즈오, 쓰루타 고지. 그는 전후 최대의 야쿠자 조직인 '야마구치구미'의 시작이자 끝이었다.

께 야쿠자 세계에서도 경외의 목소리가 끊이지 않는 일본의 '돈 콜리오네'라고 할 수 있다. 또한 그는 많은 재일 조선인과도 관계를 맺어 재일 조선인 사회와도 깊은 연관성이 있기도 하다.

우리가 흔히 '일본의 조폭'으로 아는 '야쿠자'란 어떤 조직인가? 그 기원은 헤이안 시대(794~1185)까지 거슬러 올라간다. 도박과 흥행 사업에 관련된 이권을 주 수입원으로 삼는 집단으로, 도박을 중범죄로 다룬 에도 시대에는 지하로 숨어들었으나 점차 도박이 유행하면서 야쿠자도 전국에 난립한다. 구성원은 농토가 없는 자, 범죄자, 가난한 자 등 사회에서 소외되거나 이탈한 사람들이 대부분이었는데, 재일 조선인 중에 야쿠자가 많은 것도 이런 경향과 무관하지 않다. 전체 야쿠자 중에서 일본 사회의 아웃사이더이자 피차별 대상이던 차별 계급과 지역 출신이 약 60퍼센트, 재일 조선인·한국인이 약 30퍼센트를 차지한다(2006년 10월 19일 일본 외국특파원협회 초청 강연에서 전 공안公安 조사관 스가누마 미쓰히로가 증언한 것이다). 야쿠자는 주로 새로운 구성원을 '양자'로 맞아들여 부모(오야붕)-아들(코붕) 관계를 맺는 것이 특징인데, 이것은 주종 관계를 나타내는 것이며 혈족을 중심으로 '패밀리'를 이루는 이탈리아 마피아와 대조를 이룬다.[1]

야마구치구미의 3대 오야붕에 추대되다

•

다오카 가즈오는 1913년 시코쿠에 있는 도쿠시마 현의 가난한 농가에서 태어났다. 태어났을 때 아버지는 이미 죽고 없어서 어머니가 밤늦게까지 소작농으로 일해야 했다. 그가 7세 때 어머니도 사망해, 다오카는 숙부 집에 맡겨졌는데 그곳에서 폭력을 당하고 차가운 냉대를 받았다. 소학교를 졸업하자마자 바로 조선소에 견습공으로 취직했지만 싸움을 일으켜 그만두었고, 학교 동창인 야마구치 히데오의 소개로 야마구치의 형 야마구치 노보루가 두목으로 있는 야마구치구미山口組의 항구 노역자 숙소에 머물게 되었다.

야마구치구미는 고베를 본거지로 부두의 하역 노동자를 공급하는 조직으로 노동자 조합 같은 성격을 띠었지만, 실제로는 항구를 거점으로 활동하는 주먹 조직이었다. 어부 출신인 야마구치 하루키치가 1915년 설립한 것을 아들인 야마구치 노보루가 이어받아 제2대 오야붕을 맡고 있었다. 몇 번의 싸움과 소란으로 다오카는 이름이 알려져 노보루의 시선을 끌었고 1936년 23세의 나이에 정식으로 야마구치구미에 가입했다. 이때 야마구치구미는 조직원이 50명 남짓한 지방의 작은 조직에 불과했다. 이후 다오카는 몇 번의 폭력 사건으로 조직 내에서 두각을 드러내다가, 1937년 야마구치구미 사무소를 습격한 경쟁 조직의 조직원을 일본도로 베고 살인죄로 교도소에 들어갔다. 이 사건으로 조직 내에서 그의 위상은 높아졌다.

1942년에 야마구치 노보루가 41세로 요절하자 야마구치구미의 오야붕 자리는 공석이 되었다. 다오카는 1943년 출소 후 다오카구미라는 자신의 조직을 결성했는데, 1945년 종전 후 고베가 무법 지대로 변하자 다오카를 야마구치구미의 오야붕으로 추대하자는 사람이 많았다. 더군다나 그는 야마구치 노보루가 어린 자신의 아들 대신 일찌감치 후계자로 점찍어둔 사람이기도 했다. 결국 1946년 다오카는 서른의 젊은 나이에 불과 30여 명으로 줄어든 작은 조직 야마구치구미의 오야붕이 되었다. 이것이 후일 조직원 3만 6,000명을 거느리는 일본 최대의 야쿠자 조직으로 성장하리라 생각한 사람은 아무도 없었다. 제3대 오야붕에 추대된 다오카는 야마구치구미의 결속력을 높이고, 조직을 정비하기 위해 3개 조항을 정했다.

첫째, '합법적인 직업을 가질 것'. 전통적인 야쿠자의 주 수입원인 도박장 운영만으로는 재건과 변화의 시대를 따라가지 못할 것을 간파하고, 조직원들에게 생선 가게, 과자 가게, 찻집 등 합법적이고 안정된 직업을 가질 것을 적극 권장했다. 이는 야마구치구미가 강력한 조직으로 급속하게 성장하는 계기가 되기도 했다. 그의 부하들은 도박, 매매춘, 마약 같은 음지의 사업에서 탈피해 건설 회사, 교통 회사, 음식점, 카바레, 임대업, 경비 위탁업 등 양지의 사업으로 재빨리 진출해 안정적인 수입을 거두며 다른 야쿠자 조직보다 빠르게 몸집을 불려나갔다.

둘째, '안정 체제의 확립'. 단순한 모임이 아닌 제대로 된 조직으로 이어지려면 조직의 규율과 체제가 정립되어야 한다고 보았다. 회사나 정부 조직에 뒤지지 않을 정도로 신상필벌을 엄격히 해 내부 규율을 따르지 않으면 선배나 고참에게도 제재를 가하고, 모범이 되는 조직원은 신참이라도 과감히 발탁해 큰일을 맡겼다.

다오카가 롤 모델로 삼은 '반즈이인 조베'. 17세기의 인물로, 의리가 있고 서민의 편에 서는 낭만적인 협객이었다.

셋째, '롤 모델은 반즈이인 조베幡随院長兵衛'. 반즈이인 조베는 17세기 에도(현재의 도쿄)에서 활약한 협객으로 의리에 강하고 정에 약하며, 서민의 편에 서서 권력과 맞서 싸우는 낭만적인 협객이었다. 에도 서민들에게 인기가 높아 후일 가부키 작품으로 만들어지기도 했는데, 다오카는 단순한 권력자가 아니라 의리와 명분을 중시하는 사람을 이상으로 삼은 것이다. 실제로 다오카에게는 다른 야쿠자 오야붕들과는 달리 서민적인 에피소드들이 많다. 1978년 경쟁 조직의 조직원에게 총격을 당해 쓰러졌을 때도 "난 괜찮으니까 저기 쓰러진 사람부터 응급처치를 하라"[2]며 주변 사람의 치료와 후송을 우선한 일화는 지금까지도 전설처럼 남아 있다. 그는 부하들에게 사소한 것까지 일방적인 지시를 내리지 않고, 평상시의 태도와 대화로 모범을 보여 존경받는 것을 목표로 삼았고, 실제로 비정하고도 엄격한 모습 뒤에 있는 소박하고 서민적인 면으로 부하들에게 절대적인 존경을 받았다.

무법 천지 고베와 재일 외국인들의 소란

전쟁이 끝나자 일본인은 허무와 비탄에 빠졌다. 지긋지긋한 전쟁에 대한 염증과 공습의 공포에서 해방되어 안도의 한숨을 쉬는 사람들도 있었지만, 타국에 항복하거나 점령당해본 적이 없던 터라 사람들이 커다란 불안과 혼란에 휩싸인 것이다. 이때 곳곳에서 소란을 일으킨 이들이 있었으니, 자의나 타의로 일본에 건너와 일하던 중국인과 대만인 그리고 조선인이었다. 그들은 "일본은 패전국이고 우리는 전승국의 국민이다"라고 주장하며 무임승차와 무전취식을 일삼고, 창고나 기차를 습격해서 물자를 약탈했다. 2등 국민 대우와 일본에 대한 반감 때문에 종전과 동시에 제어장치가 풀려버린 것이다.

항구도시 고베에는 항만 노동자들이 많았으며 중국인, 조선인들이 오사카, 효고 등에 많이 거주했기 때문에 그야말로 무법천지가 되었다. 경찰은 도시 치안 유지는커녕, 오히려 재일 외국인에게 경찰 간부가 살해되거나 린치를 당하는 등 유명무실한 존재가 되었고, 일본을 점령한 미군 헌병만으로는 곳곳에서 일어나는 문제들을 해결할 수 없었다. 재일 외국인들에 의해 1946년 2월 고베 이쿠타 경찰서 순사부장이 납치, 살해되고 4월에는 스마 경찰서 순사부장이 총에 맞아 죽는가 하면, 무장한 300여 명이 집단으로 효고 경찰서를 습격하여 점거하는 등 고베 인근 경찰력은 사실상 붕괴한 상태였다. 이런 상황을 두고 1946년 8월 진보당 국회의원 시이쿠마 사부로는 "고베의 노점상, 노천 식당은 차례차례 조선인과 대만인들에게 잠식되고 있다"[3]고 우려를 표하기도 했다.

이런 혼란은 고베뿐만 아니라 전국 각지에서 일어났는데 도쿄에서는 화교 집단과 야쿠자 집단의 충돌에 기관총이 동원되어 시민들이 공포에 떠는 등 치안을 맡은 일본 경찰과 미군정은 골치를 앓았다. 당시 미군은 일본인보다 '제삼국인'이라 불리던 중국인, 대만인, 조선인을 더 신뢰했고, 제삼국인은 미군에게 협력하면서 미군의 손발이 되었는데, 미군을 등에 업은 제삼국인은 일본 경찰을 전혀 두려워하지 않았다. 조선인의 지나친 행동에 대해서 민단 단장을 역임한 권일은 후일 회고록에서 "생각해보면 당시의 그런 행동은 오랜 시간 억압당한 사람들의 자연 발생적인 반발감에서 나온 것인데, 패전으로 위축된 일본인의 마음속에 조선인에 대한 혐오감을 심어준 요인이 되지 않았나 생각한다"[4]라고 회상했을 정도다.

이때 고베의 유지와 경찰은 야마구치구미에 도움을 청했다. 야마구치구미가 일종의 자경단이 되어 경찰이 지켜주지 못하는 고베의 치안을 지키게 된 것이다. 다오카가 이끄는 야마구치구미는 재일 외국인들과 혈투를 거듭하며 고베를 지켜 경찰과 시민들의 뜨거운 환영을 받았다. 경찰은 야마구치구미가 폭력 사건을 일으켜도 기소하지 않고, 재판으로 넘어가도 빼주겠다는 암묵적인 약속 아래 외국인 집단과 충돌을 일으키는 야마구치구미를 비호했다. 그뿐 아니라, 흉악 범죄를 저지르는 외국인 범죄자를 처치할 때마다 일정 금액을 건네는 등 사실상 야마구치구미를 용병처럼 이용했고,[5] 이를 통해 조직은 그 이름이 널리 알려지고 급속하게 커져갔다. 지금 같으면 상상하기 힘든 공권력과 조직 폭력의 야합이지만, 당시 고베는 그만큼 절박했다. 만약 고베에서 그런 소란이 없었다면, 야마구치구미는 지금도 지방의 작은 조직이었을지도 모른다. 재일 외국인들의 과격한 행동이 결과적으로는 일본 야쿠자 조직을 키워준 셈이다.

재일 조선인 골육상쟁의 비극, 메이유카이 사건

•

고베를 넘어 전국으로 세력을 넓혀가던 야마구치구미는 1960년 '명우회 사건'을 일으킨다. 이 사건은 일본 야쿠자 역사에 남을 중요한 사건 중 하나로 야마구치구미의 위력을 알린 계기가 되었다. 과연 무슨 일이 있었던 것일까.

1960년 9월의 어느 날 오사카에 '킹'이라는 초대형 나이트클럽이 문을 열었다. 이곳의 사장은 재일 조선인 한록춘韓祿春(일본명 다나카 로쿠슌田中祿春. 강원도 고성 출신으로 후일 민단 간부로 활약하면서 한국에 거액의 기부금과 성금을 보내기도 하여 한국 정부에서 표창을 받았다)으로, 그는 오사카의 술집 종업원으로 시작해서 유흥업소를 하나둘 늘려간 유흥가의 큰손이었다. 한록춘은 사업가이자 오사카의 야쿠자 후지카이의 보스였는데, 1957년 다오카와 형제 관계를 맺고 야마구치구미 휘하로 들어갔다.

고베에서 다오카가 개업을 축하하려고 찾아오자 한록춘은 그를 접대하기 위해 다오카와 그 일행을 '아오이시로青い城'라는 술집에 데리고 갔다. 일행 중에는 오사카의 야마구치구미 휘하 나카가와구미의 보스 나카가와 이노자부로도 있었고, 개업 축하 행사에서 무대에 선 유명 가수 다바타 요시오도 있었다. 아오이시로의 한쪽에서는 오사카에서 급성장한 신예 야쿠자 조직 메이유카이 조직원들이 동료의 출소 축하연을 벌였는데, 그들은 여기서 다오카 일행과 충돌을 일으켰다.

예부터 상업 도시로 유명한 오사카에는 크고 작은 야쿠자 조직이 난립해 있었다. 메이유카이도 그중 하나로 역사는 짧으나 조직원이 1,000명을 넘는 큰 조직이었는데, 그 구성원 대부분이 젊은 재일 조선인이었다. 시끌벅적하게 술자리를 즐기던 메이유카이 조직원들은 인기 가수 다바타를 발견하고 자신들을 위해 노래를 불러달라고 요구했다. 이것은 사실상 시비를 걸기 위한 핑계에 불과했다.

나카가와구미의 보스 나카가와가 "다바타는 오늘 손님으로 이 가게에 왔으니 양해해달라"고 하면서 요구를 거절하자 말싸움이 벌어졌고, 나카가와가 "너희들, 누구 앞이라고 이러는 거냐, 이분은 야마구치구미 다오카 오야붕이다"라고 목소리를 높였지만 혈기왕성한 메이유카이 조직원들에게는 통하지 않았다. 흥분한 메이유카이 조직원들이 나카가와를 구타해 가게는 아수라장이 되었고 소식을 듣고 양쪽의 조직원과 경찰이 몰려들면서 일단 소동은 일단락되었다.

사건을 일으킨 장본인은 메이유카이의 간부로, 재일 조선인 종복태와 한건조였다. 나중에 이 사건을 전해 들은 메이유카이 두목 강창홍은 깜짝 놀라지 않을 수 없었다. 나카가와는 일본 최대의 조직 야마구치구미의 오야붕 다오카의 의형제였고, 다오카의 면전에서 그런 무례를 저지른 것이 얼마나 큰 사건인지 알았기 때문이다. 조직원만 1,000여 명인 메이유카이는 오사카에서는 두려워할 것이 없는 거대 조직이었으나, 전국에 휘하 단체를 둔 야마구치구미에 비하면 새파란 조직에 불과했다. 사태의 심각성을 깨달은 강창홍은 야마구치구미와 친분이 있는 스와구미의 두목 스와 겐지에게 중재를 부탁했다.

강창홍이 나카가와에게 고개를 숙여 전면적인 사과를 하겠다고 했지만, '그것만으로는 부족하다'며 나카가와구미가 화해안을 거절함에 따라 협상이 결렬되었고, 두 단체는 폭발 직전의 상태에 놓였다. 이 대립에 야마구치구미 본부는 직접 간여하지 않았기 때문에 오사카에 있는 휘하 단체인 야나가와구미, 후지카이, 나카가와구미의 연합 세력과 메이유카이의 대결이 되었다. 피해자인 나카가와는 당연히 분노했고, 한록춘은 개업을 축하하러 온 오야붕에게 수모를 안겨준 것에 대한 복수에 불타고 있었다.

이것은 재일 조선인 야쿠자끼리의 대립이기도 했다. 한 핏줄인 재일 조선인들이 조직에 따라 편이 갈려 서로 흉기를 겨누고, 죽고 죽이는 참극을 벌인 것이다. 야마구치구미의 연합 세력은 수백 명을 동원해서 메이유카이 조직원과 간부들에게 테러를 가하기 위해 돌아다녔다. 메이유카이 조직원들이 가슴에 새겨넣은 해골 문신은 그들을 쉽게 구분하는 표시가 되어 메이유카이 조직원은 발견 즉시 무참하게 당했다. 야마구치구미와 대립하며 메이유카이와 우호 관계에 있던 야쿠자 조직들도 야마구치구미가 전면에 나서자 몸을 사리거나 메이유카이를 외면했고, 고립무원 상태에서 다수의 사망자와 부상자를 낸 메이유카이는 결국 2주만에 항복을 하고 말았다. 양쪽을 합쳐 120명이 체포되고 72명이 기소된 메이유카이 사건은 메이유카이의 두목 강창흥과 최고 간부 7명이 8월 23일 나무 상자 하나를 들고 야마구치구미를 찾아가 사과를 하면서 일단락되었다. 상자 안에는 두목을 포함한 최고 간부 7명의 새끼손가락이 들어 있었다.6

전국 제패의 길, 재일 조선인 양원석의 폭주

이 사건으로 전국을 떠들썩하게 만든 야마구치구미는 오사카 지역을 완전히 장악했다. 간사이 지역의 최대 도시 오사카를 장악하자, 다오카는 전국 제패의 야망을 불태우는데 이때 혁혁한 공을 세운 인물이 바로 재일 조선인 야나가와 지로柳川次郎, 한국명 양원석梁元錫(1958년 경쟁 상대 기토구미鬼頭組와의 혈투로 전국에 이름을 떨친 전설적인 야쿠자. 한국 프로레슬링협회에서 명예 회장을 맡기도 했다)이다. 오사카에서 결성된 양원석의 조직 야나가와구미는 잔인한 폭력으로 유명한데, 야마구치구미 내부에서도 가장 호전적이고 폭력적인 조직으로 꼽힌다. 야마구치구미가 치른 무력 투쟁에서 많은 조직원이 체포되고 부상당하며 야마구치구미 내 최고의 전투 부대로 다오카의 큰 신임을 얻었으며 오사카뿐만 아니라 와카야마, 기후, 교토, 시가, 이시카와, 도야마, 후쿠이, 니가타를 거쳐 홋카이도까지 진출하는 등 엄청난 기세로 세력을 확장했다. 그 팽창 속도에 대해 야마구치구미 내부에서도 경계의 목소리가 나올 정도였다. 결국 그 공을 인정받은 야나가와구미는 '자매 단체' 에서 '직속 단체' 로 승격했다.

도쿄 진출은 야마구치구미의 큰 숙원 사업이었다. 에도 시대부터 수도인 도쿄에는 오랜 전통을 이어온 명문 야쿠자들이 있었고, 이들은 야마구치구미의 도쿄 진출을 경계하고 있었다. 아무리 전국 최강이라도 도쿄 야쿠자들이 단합해서 저항하면 도쿄 진출은 불가능에 가까웠다. 야마구치구미는 도쿄 바로 아래에 있는 항구도시 요코하마로 진출을 시도했지만, 현지 야쿠자들의 반발에 부딪혀 결국 도쿄 남쪽을 좌우로 흐르는 다마 강多摩川을 넘지 않겠다 약속하고 도쿄 진출을 잠시 보류했다.

이때 양원석은 같은 재일 조선인이자 도쿄에 1,500명 이상의 조직원을 가진 야쿠자 도세카이의 회장 마치이 히사유키(정건영)를 설득해 다오카와 형제의 연을 맺도록 주선했다. 도세카이는 도쿄 최고의 환락가인 긴자를 지배하는 거대 세력이었으나 신생 야쿠자였기에, 기존 도쿄 야쿠자들의 견제와 위협을 받았다. 그들에게 전국구인 야마구치구미와 연을 맺는다는 것은 도쿄의 다른 야쿠자들이 건드릴 수 없게 된다는 의미였다. 다오카의 의형제를 건드리면 야마구치구미가 가만히 있을 리 없고, 이것은 야마구치구미가 도쿄로 진출하는 빌미를 만들어주기 때문이다.

다오카가 정건영과 형제의 연을 맺으려고 한다는 소문이 돌자 도쿄의 야쿠자들은 맹렬히 반대했다. 하지만 고다마 요시오가 도쿄 지역의 오야붕들을 설득해 다오카와 정건영은 정식으로 의형제 관계를 맺는다. 두 사람의 결연식은 고다마 요시오와 도쿄 지역의 거대 조직 오야붕들이 참석한 가운데 치러졌고, 이것은 도쿄 지역 오야붕들이 도세카이를 야마구치구미의 관련 단체로 공인한다는 것을 의미했다.

하지만 의형제 관계를 맺은 지 1년 만에 정건영과 다오카의 관계에 위기가 찾아온다. 다오카는 실업가인 다나카 기요하루와 절친한 사이였다. 도쿄대학 출신으로 이론과 지성을 겸비한 다나카는 원래 일본 공산주의의 거물이었으나 체포된 후 옥중에서 전향을 선언하고 우익으로 변신해서 이후 일본의 사회와 정치에 큰 영향을 끼쳤다. 항구의 야쿠자 출신인 다오카는 다나카가 지닌 지성과 애국의 이미지가 필요했고, 다나카는 책상 위 이론이 아닌 현실의 힘이 필요했다. 두 사람은 마약 박멸 운동을 같이 펼치는 등 친분을 쌓아갔고 다오카는 다나카를 정신적 스승처럼 모셨다.

1963년 11월 다나카가 권총으로 저격당하는 사건이 일어났다. 범인은 정건영의 조직 도세카이의 조직원이었다. 다나카는 근거리에서 쏜 권총에 세 발이나 맞았지만 기적처럼 목숨을 건졌다. 이 사건으로 정건영은 곤란에 처했다. 야쿠자 세계에서 한 번 의형제나 오야붕-꼬붕 관계를 맺으면, 정식으로 파문이나 탈퇴 선언을 하지 않는 이상 상급자에 대한 반역은 금기이기 때문이다. 내부 다툼이나 반역이 일어나더라도 먼저 관계를 끊는다는 절연 선언을 하지 않으면 야쿠자 세계에서는 비겁하고 비상식적인 것으로 취급되어 웃음거리가 되고, 다른 조직으로부터도 고립된다.

다나카 저격은 정건영의 지시가 아니라, 부하가 독단적으로 야마구치구미의 도쿄 진출에 반발해 벌인 일로 보도되었지만, 그 이면에는 일본 현대사의 복잡한 면이 숨어 있었다. 당시 다나카의 대립 세력은, 수상 출신으로 일본 정계에서 막강한 영향력을 자랑하던 기시 노부스케와 고다마 요시오였다. 두 사람은 A급 전범으로 지명되었지만, 불기소 처분으로 풀려나면서 미국에 적극 협력하는 친미로 돌아선다. 하지만 같은 우익의 범주에 들어가는 다나카는 반미주의자였다. 또한, 다나카는 1960년 안보투쟁 당시에 격렬하게 반정부 시위를 하던 학생들에게 자금 지원을 했는데,[7] 이것은 학생들과 이념을 같이했기 때문이 아니고, 학생들의 소요로 기시 내각이 붕괴되기를 원했기 때문이었다.[8]

다나카에 대한 테러는 '친미 고다마, 기시 진영'과 '반미 다나카'의 분쟁에 두 사람의 폭력 도구인 도세카이와 야마구치구미가 휘말린 사건이었다. 도세카이와 야마구치구미는 원래 적대 관계가 아니라 의형제 관계였기에 다오카는 복수로 도세카이가 아닌 고다마 요시오의 목숨을 노렸다. 그는 사건이 일어나기 전부터 고다마가 다나카를 노린다는 것과, 그 배후가 도세카이가 아닌 고다마라는 것을 알고 있었기 때문이다. 하지만 다나카가 '피를 피로 씻는 복수는 하지 말아 달라'[9]고 간곡히 부탁하자 복수를 포기했다. 그러나 정건영은 조직원에 대한 책임 때문에 형님인 다오카에게 새끼손가락을 바쳐 사과해야 했다.[10]

흥행 사업 진출과 미소라 히바리

•

야마구치구미가 재빠르게 진출한 분야 중 하나가 연예 사업이다. 전후 인플레와 식량 부족에 시달리던 일본에는 라디오 외에 이렇다 할 서민의 오락거리가 없었다. 이때 폭발적으로 성장한 것이 영화와 공연 사업이었다. 대도시에는 영화관들이 우후죽순처럼 생겨났고, 관객은 늘 만원이었다. 야마구치구미는 1948년 주최한 노래 공연이 성황을 이룬 것을 계기로 1957년 고베예능사를 설립해서 본격적으로 연예 사업에 진출했다.

특히 국민적인 인기 가수 미소라 히바리美空ひばり(10세에 데뷔하여 전후 일본 가요계를 석권한 가수. 천재 소녀라는 소리를 들으며 가요계와 영화계에서 폭발적인 인기를 누린 일본의 가장 유명한 가수다)는 신인 시절부터 다오카와 긴밀한 관계에 있었다. 히바리가 다오카를 아저씨라 부를 정도였다. 1947년 당시 11세던 무명의 히바리와 처음 만난 이후로 다오카는 죽을 때까지 히바리를 귀여워했으며 히바리는 다오카를 아버지처럼 따랐다. 후일 히바리가 가수 겸 배우로 폭발적인 인기를 얻으며 국민 가수가 되자, 전국 순회공연의 흥행권을 쥔 고베예능사는 막대한 수익을 올렸다. 순회공연은 각 지역의 야쿠자들이 간섭해서 수익을 나누는 것이 보통이었으나 고베예능사의 뒤에는 전국 규모로 성장한 야마구치구미가 있었기 때문에 지방의 중소 야쿠자들은 히바리를 비롯한 고베예능사의 공연에 간섭할 수 없었다.

고베예능사는 히바리 이외에도 다바타 요시오, 미나미 하루오 등 당대의 인기 스타들을 거느렸고, 주최하는 공연은 가는 곳마다 인산인해를 기록했다. 현재 일본의 수많은 정상급 연예인이 소속된 요시모토흥업도 이때부터 야마구치구미의 보호하에 놓여 있었다. 최고의 스타 쓰루타 고지가 야마구치구미가 주최한 행사에 출연을 거부했다가 폭행당하자 합동 공연이나 초대를 거절하는 사람은 없어졌고, 고베예능사의 흥행 사업은 항상 성황을 이루었다.[11] 연예계뿐만 아니라 당시 큰 인기를 얻던 프로레슬링 등에도 참여해 다오카가 일본프로레슬링협회의 부회장을 역임하기도 했다. 재일 조선인인 역도산의 후견인이 바로 다오카였고, 역도산의 보디가드 역할을 한 곳이 다오카의 동생 격인 정건영이 거느린 도세카이였다.

미소라 히바리의 아버지 장례식에는 다오카가 직접 100여 명의 부하를 데리고 다녀갈 정도였으며, 다오카의 장례식에는 미소라가 언론의 비난을 감수하면서까지 참석하기도 했다. 하지만 다오카와 히바리 사이에서 좋은 일만 생긴 것은 아니었다. 다오카는 불량 청년이던 히바리의 동생을 '단체 생활을 시키는 것이 좋다' 라는 이유로 요코하마에 있는 하부 야쿠자 단체에 간부로 가입시켜 야쿠자의 세계에 입문시키는데, 히바리의 동생은 도박, 상해, 불법 무기 소지 등으로 끊임없이 문제를 일으켰고, 야쿠자를 동생으로 둔 가수라는 이유로 히바리가 출연을 거부당하기도 했다.

야쿠자는 원래 연예를 포함한 흥행 사업과 떼려야 뗄 수 없는 관계다. 야마구치구미도 다오카가 오야붕이 되기 전부터 흥행 사업에 간여했는데, 현대적 연예 기획사를 설립하는 것은 시대를 앞서가는 발상이었다.

야마구치구미는 다오카 시대에 이미 연예계 전반에 절대적인 영향을 행사했고, 그런 관계는 지금까지 이어져 연예인과 야쿠자들의 친분이 지금도 일본의 사회문제가 되곤 한다(2011년 8월 일본 최고의 인기 MC 중 한 명인 시마다 신스케島田紳助가 야쿠자와의 친분을 이유로 갑자기 은퇴를 발표해 파문을 일으켰다. 그와 친분이 있었다고 보도된 사람은 야마구치구미의 고위 간부인 재일 한국인 강홍문이었다).

야쿠자 박멸을 위한 경찰의 반격, 정상작전

야쿠자는 일본 사회에서 필요악으로 여겨지곤 한다. 경찰이나 법으로 해결하지 못하는 지하 세계의 질서를 유지하는 역할은 어느 사회에나 필요하기 때문이다. 일본 경찰 역시 전후 혼란기에는 야쿠자, 우익 단체 등의 힘에 의존해 치안을 다스린 만큼 야쿠자와 어느 정도 관계를 유지하고 있었다. 야마구치구미의 오야붕 다오카 역시 경찰에게 감사장을 받거나 고베에서 1일 경찰서장을 맡는 등 경찰과 일정한 친분을 유지했고, 시민들의 지지도 받고 있었다.

하지만 1960년대 히로시마, 하카타 등지에서 야쿠자 간의 유혈 총격전이 연이어 발생하고, 총격전에 휘말려 무고한 시민들이 다치고 목숨을 잃자 시민과 언론은 정부와 경찰에 야쿠자 박멸을 촉구하며 서명운동과 시위행진 등으로 압박을 가했다. 고도 성장기를 거쳐 사회가 어느 정도 안정되고 경제적 여유를 얻자 경찰 역시 야쿠자 박멸을 위한 국가 차원의 단속 작전을 개시했다. 한때는 표창장까지 수여하며 그들의 힘을 빌렸지만, 사회가 정상화되자 야쿠자는 사회를 어지럽히는 한낱 골칫덩이로 전락했다. 1963년 당시 야마구치구미는 직속 단체와 결연 단체를 포함해 18만 4,000명의 조직원을 보유했는데 이는 당시 자위대 병력보다 많은 숫자였다.[12] 야쿠자가 국가 조직을 위협할 정도의 규모까지 성장해버린 것이다.

이용 가치가 없어진 반사회적 집단을 분쇄하기 위한 것이 바로 '정상작전'이라 불리는 대대적인 야쿠자 섬멸 작전이었다. 정상작전은 매년 벌이는 폭력 근절 캠페인 같은 형식적인 것이 아니라, 야쿠자 조직을 완전히 분쇄하기 위한 본격적인 작전이었다. 1964년부터 경찰은 전국 야쿠자의 조직과 구성을 파악한 뒤 그들을 무차별 기소와 체포로 무력하게 만들었다. 공갈, 협박, 폭력, 불법 무기 소지 등의 죄목을 겨우 피한 야쿠자 간부들도 탈세, 배임, 회사법 위반 등으로 체포해서 구치소로 몰아넣었고, 야쿠자 소유 회사들에 강도 높은 세무조사를 병행해 집요하게 괴롭혔다. 또한 조직의 중심 간부들을 잃고 수입원이 끊겨 위기를 맞은 오야붕들에게는 조직을 해산하라는 협박과 회유가 이어졌다.

잠시 몸을 웅크리고 검거 열풍이 지나가길 기다리던 야쿠자들은, 경찰의 공세가 갈수록 점점 세지자 백기를 들고 투항하기에 이르렀다. 그 사이에 해산하는 조직이 속출했다. 1965년 다오카가 협심증으로 입원한 사이, 경찰은 야마구치구미 휘하 단체를 차례로 압박해 측근과 심복들을 해산시키고 탈퇴하게 만들었다. 병석에 있는 다오카도 경찰을 상대로 계속 대결 자세를 취하다가는 조직 전체가 위험해진다는 것을 깨닫고 하부 조직들의 해산과 탈퇴를 인정했다. 형식적으로나마 관계를 끊어야 살아남을 수 있었기 때문이다.

그렇다고는 해도 야쿠자 집단이 순순히 해산한 것은 아니었다. 오야붕이 2인자에게 자리를 넘기고 해산하는 시늉만 하거나, 간판을 주식회사나 정치결사 단체로 바꿔 달고 바람이 잔잔해지기를 기다리는 곳이 많았다. 이 과정에서 많은 조직이 우익 단체로 형식적이나마 변신을 꾀하는데, 재일 조선인이 많던 야쿠자 조직이 우익 단체로 변신하면서 많은 재일 조선인들이 일본 우익 단체에 속하게 되었다. 우리에게는 불편한 진실이고 한국 언론이 침묵하는 부분이지만, 일본 우익 중에 재일 조선인이 많다는 것은 분명한 사실이다.

도쿄의 도세카이와 마쓰바카이, 오사카의 야나가와구미, 고베의 혼다카이처럼 전통과 규모가 있는 거대 조직과 하부 단체 들이 하나둘 해산을 선언했고, 야마구치구미에 대한 압박이 거세지자 그 내부에도 해산을 주장하는 사람이 나타났다. 야마구치구미의 2인자이자 차기 보스가 유력하던 지미치 유키오가 그 대표적 인물로, 입원한 다오카를 대신해 하부 조직의 두목 70명을 소집한 뒤 야마구치구미의 해산을 주장했다. 그는 다오카의 허가를 받지는 않았지만 선 해산 후 보고로 오야붕을 설득할 자신이 있다고 주장했고, 표결에서도 찬성 50명, 반대 20명이라는 결과가 나왔다. 그럼에도 끝까지 '다오카의 의견을 들어봐야 한다'며 반대하는 이들이 있어서 그 자리에서 해산을 선언하려는 시도는 실패하고 말았다.

하지만 다오카는 야마구치구미를 해산하려는 생각이 없었다. 야마구치구미는 다른 조직들과 다르고, 어떤 희생이 따르더라도 지켜내겠다고 생각했기 때문이다. 결국 지미치 유키오는 내부에서도 동조 세력을 얻지 못하고 넘버2에서 해임되어 조직을 떠났다. 야마구치구미의 후계자로 여겨지던 넘버2가 갑자기 후계자 경쟁에서 탈락한 순간이었다.

경찰의 무차별 공세에 야마구치구미에서도 많은 이탈자가 생겼으나 대규모 조직 중에서는 야마구치구미가 유일하게 명맥을 유지했고, 결국 집요한 분쇄 작전에도 불구하고 끝까지 살아남았다. 그것은 다오카의 지도력과 강한 의지가 있었기에 가능했다. 그리고 다오카는 사망할 때까지 일본 역사상 가장 큰 세력을 가진 야쿠자의 수장으로 남았다.

다오카가 남긴 유산

1981년 다오카가 급성 심부전으로 69세의 나이로 사망하자, 전후 일본의 지하 세계를 30년 넘게 지배한 거물의 장례식이 성대하게 치러졌다. 그 자리에는 가족과 조직 관계자들이 구름처럼 몰려들었는데, 일본 최고의 스타 미소라 히바리도 모습을 드러냈다. 야쿠자와의 관계는 연예인에게 치명적인 약점이 될 수 있기 때문에 공개 석상에서는 관계를 숨기는 것이 일반적이었으나, 히바리는 주위의 반대를 무릅쓰고 다오카의 장례식에 참석했다. 이것은 다오카에 대한 의리를 보여준 것이었으나, 후일 언론에서 그녀는 많은 비판을 받았다.

다오카가 사망하자 관심은 과연 누가 제4대 야마구치구미의 오야붕이 될까에 쏠렸다. 다오카 사망 후 일정 기간 집단 지도체제로 운영되던 조직은 다케나카 마사히사가 제4대 오야붕에 취임하면서 새로운 시대를 맞는 것처럼 보였다. 하지만 후계자 선정을 둘러싸고 불만을 품은 세력이 나타나면서 내분 상태에 빠졌고 결국 그 세력이 야마구치구미를 탈퇴하면서 이치와카이라는 새로운 조직을 결성, 조직은 완전히 둘로 쪼개졌다. 직계 구성원만 계산하면 야마구치구미 4,000여 명, 이치와카이 6,000여 명으로, 탈퇴한 그룹의 세력이 더 컸다.[13] 게다가, 이치와카이에서 보낸 자객들이 제4대 오야붕인 다케나카와 부두목을 한꺼번에 암살하면서 두 조직은 전면전에 들어갔고, 보스와 넘버2를 동시에 잃은 야마구치구미는 금방이라도 붕괴할 것처럼 보였다.

하지만 이 대립은 예상외의 결과를 낳았다. 초반 우위에 있던 이치와카이가 불과 4년 만에 붕괴해버리고, 야마구치구미가 반란을 수습하며 그 건재를 과시했다. 야마구치구미가 초반 열세를 극복하고 다시 패권을 잡게 된 것은 다오카가 만들어놓은 전통과 야마구치구미라는 브랜드 덕분이었다. 보스와 넘버2를 잃었음에도 다오카 재임 시절 만든 7인 집단 지도 체제는 조직의 결속과 안정을 유지할 수 있었고, 야마구치구미를 상징하는 마름모 모양의 문장은 다른 조직과 일반 사회에서도 강력한 위력을 발휘했기 때문이다. 야마구치구미에서 나간 간부들이 만든 이치와카이는 세력과 구성원만 보면 전혀 뒤질 것이 없었으나, 이치와카이라는 새로운 이름으로 조직을 결속하기에는 그 전통과 존재감이 너무 부족했다.

다오카는 사망했지만 그가 건설한 거대 제국은 지금도 일본 사회에 큰 영향을 끼치고 있다. 도박장, 매매춘, 마약업, 술집을 운영하던 낡은 모습에서 벗어나 연예, 스포츠, 인재 파견업, 운송, 항만, 건설, 관광, IT

업계 같은 양지로 야쿠자의 세력권을 넓힌 효시가 바로 다오카 가즈오와 야마구치구미라고도 할 수 있기 때문이다.

과거에 야쿠자가 정치가와 결탁하는 예는 적지 않았지만, 정치가가 몰락하거나 배신하면 야쿠자 역시 체포되거나 각종 특혜가 끊기는 등의 위험이 있었다. 하지만 합법적 수입원을 확립한 야마구치구미 같은 근대적 야쿠자는 정치가에게 기대지 않고 홀로서기를 할 수 있었다. 나아가 현재의 야쿠자들은 더욱 지능화되어 기업 사냥과 주가 조작, 상장 등을 이용해 이익을 챙기거나 대기업들의 해결사 노릇을 하는 경제 야쿠자로 변신을 꾀하고 있다.

영화 〈대부〉 등 조폭이 나오는 영화에서 암흑가는 낭만과 의리, 폭력과 권력이 교차하는 공간으로 묘사되곤 한다. 그리고 그런 영화들을 보고 조폭에게 동경을 품거나 그들을 선망의 대상으로 여기는 사람들도 적지 않다. 다오카 역시 경외와 동경의 대상이지만 그에게 인자한 보스의 얼굴만 있었던 것은 아니다. 다오카의 이름을 경찰에게 진술한 사람은 비록 조직원이라 할지라도 쥐도 새도 모르게 실종되거나 변사체로 발견되는가 하면 그의 목숨을 노리는 적은 처참한 보복을 당했다.

하지만 일본 사회가 우려해야 할 것은 다오카 같은 일개 야쿠자의 존재보다도, 정부나 경찰도 손댈 수 없는 야마구치구미라는 폭력 장치가 현 일본 사회의 각 방면에 깊이 뿌리내려 있다는 점일 것이다. 그들은 비록 폭력의 이미지에서 탈피해가고 있긴 하지만, 일본 사회의 많은 부분이 아직도 야쿠자들에게 의존하고 있다. 반대로 말하면 법보다 빠르고 확실한 효과를 얻기 위해 야쿠자에게 일을 의뢰하는 사람들이 있기에 그들이 존속한다고도 할 수 있다. 아마도 이권과 돈을 좇는 인간의 탐욕이 존재하는 이상 일본의 야쿠자는 사라지기 힘들 것이다.

주

1부 일본 속의 한국인들, 그 파란만장한 삶

최영의 허망한 바람의 파이터

1 大山倍達, 『100万人の空手』, 講談社, 1975.
2 小松茂朗, 『陸軍の異端兒 石原莞爾』, 光文社, 1991.
3 大山倍達, 『空手バカ一代 闘魂』, サンケイドラマブックス, 1972.
4 小島一志 · 塚本佳子, 『大山倍達正傳』, 新潮社, 2006.
5 大山倍達, 『100万人の空手』, 講談社, 1975.
6 大山倍達, 『續ケンカ空手』, スポーツニッポン新聞社, 1974.
7 小島一志 · 塚本佳子, 앞의 책.
8 家高康彦, 『實錄 極眞大亂 : 大山培達の死と, 全國各派の眞實』, 東邦出版, 2007.
9 大山倍達, 『空手バカ一代 闘魂』, サンケイドラマブックス, 1972.
10 金一勉, 『朝鮮人がなぜ「日本名」を名のるか』, 三一書房, 1978.

정건영 현해탄에 떨어진 이카로스

1 栗原正和 등 , 『昭和 · 平成 日本 「黑幕」 列傳』, 寶島社, 2005.
2 民團新宿支部 編集, 『民團新宿60年の步み : 雜草の如く生き拔いた同胞の歷史』, 彩流社, 2009.
3 "舊親日派와 反共主義者들을 結集하여 11月 16日 堂堂하게 「建靑」의 結成을 선언", 『民團五十年史』, 在日本大韓民國民團 中央本部, 1997.
4 城內康伸, 『猛牛と呼ばれた男: 「東聲會」 町井久之の戰後史』, 新潮社, 2009.
5 宋安鍾, 『在日音樂の100年』, 青土社, 2009.
6 김형욱 · 박사월, 『김형욱 회고록 : 혁명과 우상』, 제2권, 문화광장, 1987.
7 城內康伸, 앞의 책.

김일 언론에 의해 항일가가 된 영웅

1 「IS 선정 국내 스포츠 10대 뉴스」, 『일간스포츠』, 2006년 12월 18일.
2 정의길, 「사양길 프로레슬링…쓸쓸한 명맥」, 『한겨레신문』, 1991년 3월 26일.
3 「프로레슬링계 양분」, 『동아일보』, 1981년 3월 11일.
4 이동윤, 「장영철 '프로레슬링은 쇼' 발언 기사는 완전 오보였다」, 『문화일보』, 2010년 9월 10일.
5 최병준, 「나의 젊음, 나의 사랑: 프로레슬러 김일편」, 『경향신문』, 1998년 10월 1일.
6 「나의 삶, 나의 도전: 박치기왕 김일」, 『일간스포츠』, 2006년 10월 26일.

7 小針進,『日韓交流スクランブル』, 大修館書店, 2008.
8 原康史,『激録 馬場と猪木』(第12巻), 東京スポーツ新聞社, 2003.
9 小針進, 앞의 책.
10 小針進, 앞의 책.

한창우 그만이 할 수 있는 한류

1 한홍구,「민단 환영식도 불참한 이승만」,『한겨레21』, 2006년 6월 2일.
2 「조선인 밀항감소 맥 사령부서 발표」,『경향신문』, 1947년 7월 13일.
3 韓昌祐,『十六歲漂流難民から始まった2兆円企業』, 出版文化社, 2008.
4 『週刊ポスト』, 2011년 11월 18일.
5 허만섭,『눈은 세계로 가슴은 조국으로: 한창우, 도전과 역전의 성공학』, 생각의지도, 2007.
6 나가노 신이치로,『한국의 경제 발전과 재일 한국 기업인』, 말글빛냄, 2010.
7 韓昌祐, 앞의 책, 2008.

참고 자료

노무라 스스무, 강혜정 · 정동선 옮김,『일본, 일본인이 두려워한 독한 조센징 이야기』, 일요신문사, 1999.

2부 굴종하지 않는 반항아로 한 시대를 살다

이시이 고키 불의와 타협하지 않은 우국의 폭탄 사나이

1 『政界』 2001년 7월호.
2 石井紘基議員追悼集刊行委員會 編,『政治家 石井紘基 その遺志を繼ぐ』, 明石書店, 2003.
3 『朝日新聞』 2003년 7월 6일.

참고 자료

石井紘基,『つながればパワー: 政治改革への私の直言』, 創樹社, 1988.
石井紘基 原作 · 前田和男 脚色 · 花岡一 漫畫,『官僚天國日本破産』, 道出版, 1996.
石井紘基,『日本が自滅する日:「官制經濟體制」が國民のお金を食い盡くす!』, PHP研究所, 2002.

오치아이 히로미쓰 조직 사회 일본의 고고한 개인주의자

1 落合博滿,「なんと言われようとオレ流さ」, 講談社, 1986.

2 TV아사히, 〈뉴스 스테이션(ニュース · ステ―ション)〉 인터뷰, 1996년 12월 14일.

3 テリ―伊藤,「なぜ日本人は落合博滿が嫌いか?」, 角川書店, 2010.

4 『日刊ゲンダイ』, 2011년 2월 18일, 사토 미쓰루(佐藤充) 인터뷰.

5 『週刊ポスト』, 2010년 11월 12일.

6 ねじめ正一, 『落合博光 變人の硏究』, 新潮社, 2008.

7 ロバ―ト ホワイティング, 『和をもって日本となす』, 角川書店, 1990.

이시와라 간지 만주국의 이단아, 이상 국가를 꿈꾸다

1 伊藤嘉啓, 『石原莞爾のヨ―ロッパ體驗』, 芙蓉書房出版, 2009.

2 石原莞爾, 『最終戰爭論』, 經濟往來社, 1972.

3 伊藤嘉啓, 앞의 책.

4 里見岸雄, 『石原莞爾硏究』, 第一集, 精華傳中央事務所, 1950.

5 中山隆志, 『戰略論大系 ⑩石原莞爾』, 芙蓉書房出版, 2002.

6 松田利彦, 『植民地末期朝鮮におけるある轉向者の運動 : 姜永錫と日本國體學 · 東亞連盟運動』, 京都大學人文科學硏究所, 『人文學報』, 79호, 1997.

7 西鄕鋼, 『石原莞爾』, 橘書店, 1937.

8 橫山臣平, 『秘錄 石原莞爾』, 芙蓉書房出版, 1971.

9 小林英夫, 『「日本株式會社」を創った男: 宮崎正義の生涯』, 小學館, 1995.

10 이배석, 「이시와라 간지(石原莞爾)의 전쟁관과 '국방국가' 건설 구상」, 국방대학교 안전보장대학원 군사전략 전공 석사 학위 논문, 2008.

11 橫山臣平, 앞의 책.

12 小島一志 · 塚本佳子, 『大山倍達正傳』, 新潮社, 2006.

13 橫山臣平, 앞의 책.

14 田中秀雄, 『石原莞爾の時代 時代精神の體現者たち』, 芙蓉書房出版, 2008.

기타오지 로산진 세상사에 서툴렀던 맛의 달인

1 黑田草臣, 『器 – 魯山人おじさんに學んだこと』, 晶文社, 2000.

2 『食の歲時記 江歲 · 明治の味を訪ねて』, 新人物王來社, 2006.

3 北大路魯山人, 『春夏秋冬 料理王國』, ちくま文庫, 2010.

4 北大路魯山人, 『魯山人芸術論集』, 美術出版社, 1946.

5 정일성, 『야나기 무네요시의 두 얼굴』, 지식산업사, 2007.
6 白崎秀雄, 『北大路魯山人』, 中央公論社, 1997.
7 白崎秀雄, 『北大路魯山人秀作圖鑑』, グラフィック社, 1979.
8 박영봉, 『요리의 길을 묻다, 로산진』, 진명출판사, 2010.
9 『每日新聞』, 1964년 5월 12일.
10 『星岡』, 1935년 10월호.

3부 개성파다운 사고로 새로운 길을 개척하다

안도 다다오 고독과 싸우며 스스로를 세운 건축가

1 古山正雄, 『安藤忠雄』, taschen, 2007.
2 猪瀬直樹, 『國を變える力』, ダイヤモンド社, 2008.
3 産經新聞文化部, 「わたしの失敗」, 産經新聞出版, 2006.
4 파나소닉 홈페이지(http://panasonic.co.jp) 이우에 사토시(井植敏) '나의 이력서' 중에서.
5 安藤忠雄, 『安藤忠雄建築手法』, ada edita, 2005.
6 松葉一清, 『ANDO』, 講談社, 1996.
7 村上龍, 『人生における成功者の定義と條件』, nhk出版, 2004.
8 『週刊ポスト』 2011년 1월 7일.

참고 자료

安藤忠雄, 『建築家 安藤忠雄』, 新潮社, 2008; 안도 다다오, 이규원 옮김, 『나, 건축가 안도 다다오』, 안그라픽스, 2009.

쑹원저우 경제 대국 일본의 상식을 뒤엎은 화상

참고 자료

宋文洲, 『やっぱり變だよ日本の營業』, 日本經濟新聞出版社, 2009.
宋文洲, 『ここが變だよ 日本の管理職』, 祥傳社, 2010.
宋文洲, 『宋文洲の傍目八目』, 日經BP社, 2007.
宋文洲, 「ここが變だよ日本の會社」, PHP研究所, 2009.
宋文洲, 『ダメな會社ほど社員をコキ使う』, 德間書店, 2005.

송웬저우 뉴스레터: www.soubunshu.com
소프트브레인 사이트: http://www.softbrain.co.jp

미즈키 시게루 요괴들과 함께한 신기한 인생

1 水木しげる, 『妖怪畫談』, 岩波書店, 2002.
2 水木しげる, 『水木しげるのんのん人生』, 大和書房, 2004.
3 武良布枝, 『ゲゲゲの女房』, 實業之日本社, 2008.
4 小松和彦, 『妖怪文化入門』, せりか書房, 2006.
5 水木しげる, 『水木しげるのんのん人生』, 大和書房, 2004.
6 小山昌宏, 『戰後「日本マンガ」論爭史』, 現代書館, 2007.

참고 자료

水木しげる, 『コミック昭和史』(1~6巻), 講談社文庫, 1994.

다하라 소이치로 일본 TV 토론의 권력자

1 田原總一朗, 『テレビと權力』, 講談社, 2006.
2 「韓國: 黑い癒着から離陸」, 『文藝春秋』, 1997년 8월호.
3 佐高信, 『田原總一朗とメディアの罪』, 講談社文庫, 2009.
4 週刊金曜日 取材班, 『電通の正體』, 金曜日, 2006.
5 田原總一朗, 『電通』, 朝日新聞社, 1980.
6 一ノ宮美成 외, 『實錄! 平成日本タブ―大全 Ⅰ』, 寶島社文庫, 2006.
7 一ノ宮美成 외, 앞의 책.
8 『佐藤優の眼光紙背』, 2010년 10월 25일(인터넷 칼럼).

4부 현대 일본을 만든 거인들의 명과 암

세지마 류조 난세의 군인, 재계의 정점에 서다

1 瀨島龍三, 『瀨島龍三回顧錄 幾山河』, 扶桑社, 1995. 이것은 세지마의 일방적인 주장이며, 별실에서 이루어진 대화인 만큼 검증 불가능하다.

2 半藤一利 · 秦郁彦 · 平間洋一 · 保坂正康 · 黒野耐 · 戸高一成 · 戸部良一 · 福田和也, 『昭和陸海軍の失敗』, 文春新書, 2007.
3 田中清玄, 『田中清玄自傳』, 文藝春秋, 1993.
4 山下靜夫, 『シベリア抑留1450日』, 東京堂出版, 2007.
5 別冊寶島編集部, 『日本「黑幕」列傳』, 寶島社, 2007.
6 共同通信社社會部, 『沈默のファイル』, 新潮社, 1999.
7 정희상, 「이후락의 해외 재산 진짜 주인은?」, 『시사IN』, 2009년 11월 14일.
8 KBS 〈미디어 포커스〉, 2005년 4월 15일.
9 瀬島龍三, 앞의 책.
10 瀬島龍三, 앞의 책.
11 조갑제, 「현해탄의 밀사, 세지마 한일 막후 조정자로 변신한 소설 『불모지대』의 주인공」, 『월간조선』, 1986년 9월.
12 『中央公論』, 中央公論新社, 2008년 7월.

와타나베 쓰네오 일본의 미디어 제왕

1 『人民日報』, 1967년 6월 18일.
2 共同通信社社會部, 『沈默のファイル』, 新潮社, 1999.
3 伊藤隆 · 御廚貴 · 飯尾潤, 『渡邊恒雄回顧錄』, 中央公論新社, 2000.
4 魚住昭, 『渡邊恒雄メディアと權力』, 講談社, 2000.
5 伊藤隆 · 御廚貴 · 飯尾潤, 앞의 책.

사사카와 료이치 반공 우익과 기부 천사의 두 얼굴

1 笹川良一, 『人類みな兄弟』, 講談社, 1985.
2 鍋島高明, 『語り繼がれる名相場師たち』, 日經ビジネス文庫, 2010.
3 伊藤隆, 『容疑 · 逮捕 · 尋問』, 中央公論新社, 2008.
4 伊藤隆, 『評傳笹川良一』, 中央公論新社, 2011.
5 채명석, 「노벨 평화상까지 노린 '일본 우익의 수령' 사사카와」, 『시사저널』, 1993년 9월 16일.
6 1976년 10월 21일 제78회 일본 국회 외무위원회 회의록.
7 2005년 5월 30일 연세대학교 교수협의회 선언문.
8 「사사카와 한일 불교 친선회 명예회장 내한 조계사 순국선열 추모법회 참석」, 『동아일보』 1982년 12월 24일.
9 『FRIDAY』, 1994년 7월 1일.
10 別冊寶島編集部, 『日本「黑幕」列傳』, 寶島社, 2007.
11 ジョン · G, ロバーツ, グレン デイビス, 『軍隊なき占領』, 新潮社, 1996.

12 『讀賣新聞』, 2007년 2월 26일.

다오카 가즈오 쇼와의 라스트 갓파더

1 데이비드 캐플란 · 알렉 두브로, 김성민 옮김, 『야쿠자: 조직깡패 세계의 검은 내막』, 일월서각, 1991.
2 別冊寶島編集部, 『日本「黑幕」列傳』, 寶島社, 2007.
3 David W. Conde, 岡倉古志郎, 『解放朝鮮の歷史』, 太平出版社, 1968.
4 權逸, 『回顧錄』, 權逸回顧錄刊行委員會, 1987.
5 田岡一雄, 『山口組三代目田岡一雄自傳 第一部電擊篇』, 德間書店, 1982.
6 田岡一雄, 앞의 책.
7 副島隆彦, 『日本の秘密』, PHP研究所, 2010.
8 大須賀瑞夫, 『田中清玄自傳』, 文藝春秋, 1993.
9 大須賀瑞夫, 앞의 책.
10 城内康伸, 『猛牛と呼ばれた男: 「東聲會」町井久之の戰後史』, 新潮社, 2009.
11 溝口敦, 『山口組ドキュメント血と抗爭』, 三一書房, 1968.
12 미야자키 마나부, 강우원용 옮김, 『야쿠자, 음지의 권력자들』, 이다미디어, 2008.
13 週刊大衆編集部, 『ヤクザ大辭典』, 雙葉社, 1992.
14 『産經新聞』, 2011년 10월 1일.

혼신의 힘

초판 1쇄 2014년 2월 21일 찍음
초판 1쇄 2014년 2월 28일 펴냄

지은이 | 최석영
펴낸이 | 강준우
기획 · 편집 | 박상문, 안재영, 김진원, 박지석, 김환표
디자인 | 이은혜, 최진영
마케팅 | 이태준, 박상철
인쇄 · 제본 | 제일프린테크

펴낸곳 | 인물과사상사
출판등록 | 제17-204호 1998년 3월 11일

주소 | (121-839) 서울시 마포구 서교동 392-4 삼양E&R빌딩 2층
전화 | 02-325-6364
팩스 | 02-474-1413
www.inmul.co.kr | insa@inmul.co.kr

ISBN 978-89-5906-251-5 03300
값 16,000원

이 도서의 국립중앙도서관 출판시도서목록(CIP)은 서지정보유통지원시스템 홈페이지(http://seoji.nl.go.kr)와
국가자료공동목록시스템(http://www.nl.go.kr/kolisnet)에서 이용하실 수 있습니다.
(CIP제어번호 : CIP2014004326)